Schriftenreihe der Forschungsstelle für Bankrecht und Bankpolitik an der Universität Bayreuth

Herausgeber:

Prof. Dr. Bernhard Herz
und
Prof. Dr. Klaus Schäfer

Band 17

ISSN 1613-5032

Verlag Dr. Kovač

Andreas Warkentin

Trade-off Beziehungen in den Dimensionen der Wertpapierliquidität

Ein optionspreistheoretischer Ansatz auf Basis der Optionseigenschaften von Limit Orders

Verlag Dr. Kovač

Hamburg
2016

VERLAG DR. KOVAČ GMBH
FACHVERLAG FÜR WISSENSCHAFTLICHE LITERATUR

Leverkusenstr. 13 · 22761 Hamburg · Tel. 040 - 39 88 80-0 · Fax 040 - 39 88 80-55

E-Mail info@verlagdrkovac.de · Internet www.verlagdrkovac.de

Bibliografische Information der Deutschen Nationalbibliothek
Die Deutsche Nationalbibliothek verzeichnet diese Publikation
in der Deutschen Nationalbibliografie;
detaillierte bibliografische Daten sind im Internet
über http://dnb.d-nb.de abrufbar.

ISSN: 1613-5032

ISBN: 978-3-8300-8788-5

Zugl.: Dissertation, Universität Bayreuth, 2015

© VERLAG DR. KOVAČ GmbH, Hamburg 2016

Für meine Familie

Inhaltsverzeichnis

Abbildungsverzeichnis

Tabellenverzeichnis

Abkürzungsverzeichnis

ASX	Australian Securities Exchange
ATD	Automated Trading Desk
ATS	alternative trading system
bp	Basispunkt
DAX	Deutscher Aktienindex
DBW	Die Betriebswirtschaft
ECN	electronic communication network
ESMA	European Securities and Markets Authority
Eurex	European Exchange
ETF	Exchange-traded fund
HFT	high-frequency trading
IBIS	Integriertes Börsenhandels- und Informationssystem
IOC	Immediate or Cancel (Ordertyp)
JATS	Jakarta Automated Trading System
MATIS	Makler-Tele-Informations-System
MTF	Multilateral Trading Facility
MiFID	Markets in Financial Instruments Directive
NASDAQ	National Association of Securities Dealers Automated Quotations
NBER	National Bureau of Economic Research
NYSE	New York Stock Exchange
RTT	Round Trip Time

SEC	United States Securities and Exchange Commission
SIAM	Society for Industrial and Applied Mathematics
WP	Working Paper
WpHG	Wertpapierhandelsgesetz
Xetra	Exchange Electronic Trading
ZBB	Zeitschrift für Bankrecht und Bankwirtschaft
ZFP	Zeitschrift für Forschung und Praxis

1   Einleitung

1.1   Motivation und Problemstellung

Entgegen den Annahmen der klassischen Kapitalmarkttheorie sind Kapitalmärkte nicht frei von Friktionen. Transaktionskosten, aber auch Zeit- und Informationskosten beeinflussen die individuellen Entscheidungen der auf Kapitalmärkten agierenden Wirtschaftssubjekte und haben damit ebenfalls Auswirkungen auf die Preisbildung in den entsprechenden Märkten. Bezogen auf den Handel von Wertpapieren können die genannten Einschränkungen unter dem Begriff der Markt- oder auch Wertpapierliquidität zusammengefasst werden und bilden den Untersuchungsgegenstand unterschiedlicher Bereiche der Kapitalmarktforschung.

In der Markt-Mikrostuktur-Forschung stellt die Handelbarkeit von Wertpapieren einen Indikator für die Effizienz der betrachteten Marktform dar. Aus der Sicht der Kapitalmarktteilnehmer stellt die Liquidität (nach der Rendite und dem Risiko) eine der wesentlichen Eigenschaften eines Wertpapiers dar. Daher wurde vielfach auf die Bedeutung der Wertpapierliquidität für Investitionsentscheidungen abgestellt.[1] Die in der Literatur untersuchten Fragestellungen erstrecken sich über den Einfluss der Wertpapierliquidität auf die Wertpapierpreise und erwartete Wertpapierrenditen, über liquiditätsgetriebene Krisenverläufe hin zu Überlegungen zum gezielten Management von Liquiditätsrisiken.[2] Die Beantwortung

---

[1]   Beginnend mit den Arbeiten von CONSTANTINIDES(1986) und AMIHUD/MENDELSON (1986) rückte die Wertpapierliquidität und die damit verbundenen Auswirkungen auf die erwarteten Wertpapierrenditen und die Wertpapierpreise für immer stärker in den Blickpunkt des wissenschaftlichen Interesses. Die Bedeutung von systematischen Liquiditätsrisiken wurde von ACHARYA/PEDERSEN (2005) anhand eines liquiditätsadjustierten CAPM verdeutlicht. Falls die Wertpapierliquidität nicht bereits bei der Anlageauswahl Berücksichtigung fand, kommt ihr spätestens während des Transaktionsmanagements eine entscheidende Bedeutung zu. Vgl. JOHANNING (2003).

[2]   Bestehende Untersuchungen legen die Annahme nahe, dass sowohl die Risiken selbst als auch die Risikoprämien im Zeitablauf nicht konstant sind. Vgl. CHORDIA/ROLL/ SUBRAHMANYAM (2001) oder WATANABE/WATANABE (2008). Einerseits verändert sich der Liquiditätsgrad von Wertpapieren in unterschiedlichen Finanzmarktsituationen, andererseits ist auch der Stellenwert und damit der Werteinfluss der Wertpapierliquidität nicht konstant, da Marktteilnehmer Liquidität in bestimmten Situationen unterschiedlich bewerten. Insbesondere in Phasen hoher Volatilität auf den Finanzmärkten nimmt der Stellenwert der Wertpapierliquidität zu. Dies wird als *flight to liquidity* bezeichnet. Vgl. SCHOLES (2000).

dieser Fragestellungen setzt eine zweckmäßige Definition des Liquiditätsbegriffes voraus. Ein ökonomisches Verständnis und eine belastbare Definition sind Grundvoraussetzungen für die Festlegung geeigneter Methoden zur Messung und Operationalisierung von Wertpapierliquidität. Häufig wird der marktorientierte Liquiditätsbegriff der Markt-Mikrostuktur-Theorie mit den Dimensionen Markttiefe, Marktbreite und Erneuerungskraft auch in andere Forschungsbereiche übertragen, ohne dass seine Zweckmäßigkeit überprüft wird. Dabei ist dieser marktorientierte Liquiditätsbegriff nicht zwingend für das Entscheidungskalkül individueller Kapitalmarktteilnehmer nutzbar.

Die Vielschichtigkeit der Wertpapierliquidität hat zur Entwicklung einer Vielzahl von Liquiditätsmaßen geführt. Allein die Zahl der verwendeten Messgrößen verdeutlicht eine gewisse Unsicherheit im wissenschaftlichen Umgang mit Wertpapierliquidität.[3] Es kommt hinzu, dass häufig unterschiedliche Liquiditätsgrößen in Theorie und Empirie verwendet werden. Theoretische Überlegungen stützen sich in der Regel auf isolierte und formal leicht operationalisierbare Aspekte der Wertpapierliquidität, wie etwa die Transaktionskosten. Jedoch vernachlässigen solche vereinfachenden Ansätze den dynamischen Aspekt der Wertpapierliquidität und können die Vielschichtigkeit des Liquiditätsbegriffs nicht erfassen. Demgegenüber versuchen empirische Studien möglichst viele Eigenschaften der Wertpapierliquidität zu erfassen, was zur Verwendung von einer Vielzahl von Liquiditätsindikatoren führt. Entweder werden diese separat verwendet oder mit Hilfe von statistischen Verfahren auf gemeinsame Faktoren verdichtet.[4] Aus theoretischer Perspektive ist ein solches Vorgehen jedoch nicht ohne weiteres zu begründen.

In diesem Zusammenhang wurde wiederholt der Versuch unternommen, die unterschiedlichen Vorstellungen zum Begriff der Wertpapierliquidität empirisch zusammenzuführen und auf eine einzige Variable zu vereinen.[5] Die Schwierig-

---

[3]   Bereits BRUNNER (1996), S. 50–52 führt zwölf verschiedene Konzepte zur Liquiditätsmessung an. VON WYSS (2004), S. 9–22 und S. 149–150 listet insgesamt 34 Liquiditätsmaße auf.

[4]   Insbesondere kommen Korrelationsanalysen, Regressionsmodelle und explorative Faktorenanalysen zum Einsatz.

[5]   Ein solcher Faktor wäre in empirischen Studien, die Liquidität als erklärende Variable einsetzen, von Vorteil, um bspw. den Einfluss von Liquidität auf Wertpapierrenditen zu untersuchen.

keiten liegen darin, dass Liquiditätsindikatoren zu unterschiedlichen Aussagen kommen können. AITKEN/COMERTON-FORDE (2003) stellen fest, dass Indikatoren für Marktliquidität besonders in Krisensituationen zu unterschiedlichen Einschätzungen führen.[6] Insbesondere dokumentieren sie, dass das Handelsvolumen nach einem Krisenausbruch signifikant ansteigt und sich die Tiefe des Orderbuchs erhöht, während sich die Geld-Brief-Spanne weitet. Während ein gestiegenes Handelsaufkommen und eine größere Orderbuch-Tiefe generell als Zeichen erhöhter Liquidität gedeutet werden, impliziert eine größere Geld-Brief-Spanne eine schlechtere Liquiditätssituation.[7] Eine klassische Interpretationsweise der Liquiditätsmaße führt zu widersprüchlichen Ergebnissen und letztlich zu der Einschätzung: „Further research should consider how the time taken to execute a trade affects the measure of liquidity."[8] KORAJCZYK/SADKA (2008) extrahieren die gemeinsamen Komponenten verschiedener Liquiditätsmaße. Aus den Ergebnissen einer Regressionsanalyse wird deutlich, dass das wertpapierspezifische Handelsvolumen nur zu einem vergleichsweise geringen Anteil durch andere Faktoren erklärt werden kann.[9]

Empirische Analysen von Liquiditätsindikatoren und ihren Zusammenhängen haben zum einen zu einem besseren Verständnis der Wertpapierliquidität beigetragen, andererseits aber auch weitere Fragen aufgeworfen. Insbesondere zeigen die Studien, dass die gleichzeitige Verwendung einer großen Anzahl von Liquiditätsgrößen nicht zwingend zu einem Erkenntnisgewinn führt, da die empirisch gemessenen Variablen zu unterschiedlichen Aussagen kommen und sich aus theoretischer Sicht nicht verknüpfen lassen.

---

[6] Die Autoren untersuchen Orders und Transaktionen im Jakarta Automated Trading System (JATS) im Zeitraum von Juni 1996 bis August 1998, in den die Asienkrise fällt und in deren Verlauf die indonesische Rupie am 14. August 1997 vom Dollar abgekoppelt wird. Dieses Ereignis teilt den Untersuchungszeitraum in zwei Perioden und ermöglicht es den Autoren, die Liquidität des Indonesischen Aktienmarktes vor und nach dem Höhepunkt der Krise zu vergleichen. Die Autoren betrachten das Handelsvolumen, den Bid-Ask spread und die Tiefe des Orderbuchs als Indikatoren für die Marktliquidität. Vgl. AITKEN/COMERTON-FORDE (2003), S. 51 f.

[7] Vgl. AITKEN/COMERTON-FORDE (2003), S. 52–54.

[8] AITKEN/COMERTON-FORDE (2003), S. 58.

[9] Vgl. KORAJCZYK/SADKA (2008), S. 63. Zwei weitere Untersuchungen von Liquiditätsmaßen mit Hilfe von Faktorenanalysen gehen auf CHEN (2005) und CHOLLETE/NÆS/ SKJELTORP (2008) zurück.

1.2   Zielsetzung und Gang der Untersuchung

Die vorstehenden Ausführungen verdeutlichen, dass das Konzept der Wertpapierliquidität keine ausreichende theoretische Fundierung besitzt. Insbesondere ist der Zusammenhang unterschiedlicher Aspekte der Wertpapierliquidität nicht hinreichend untersucht. Dies gilt insbesondere dann, wenn eine investorbezogene Perspektive gewählt wird. Im Rahmen der vorliegenden Arbeit soll daher eine für Investitionsentscheidungen zweckmäßige Liquiditätsdefinition erarbeitet werden. Diese Definition soll die gemeinsame Untersuchung mehrerer Liquiditätsdimensionen erlauben. Dabei wird Wertpapierliquidität abweichend von der Mehrzahl der Studien nicht vordergründig als Eigenschaft eines Marktes betrachtet, sondern als ein Bündel von Trade-off Beziehungen aus der Sicht der Marktteilnehmer untersucht.

Zu Beginn dieser Arbeit soll zunächst ein in der Literatur bekanntes, jedoch wenig verbreitetes Liquiditätskonzept aufgegriffen werden. Das dreidimensionale Konzept mit den Dimensionen Transaktionskosten, Transaktionsvolumen und Transaktionsdauer adressiert entscheidungsrelevante Größen aus Investorensicht. Diese Definition der Wertpapierliquidität ist Gegenstand des zweiten Kapitels und wird dort ausgehend von einem objektorientierten Liquiditätsbegriff abgeleitet und konkretisiert. Die weiterführende Analyse zeigt, weshalb der Ansatz eine verhältnismäßig geringe Verbreitung hat: Die drei Dimensionen können nicht isoliert betrachtet werden, sondern müssen aus Investorensicht simultan berücksichtigt werden und stellen Trade-offs dar. Die Zweckmäßigkeit der beschriebenen Liquiditätsdefinition ist damit an die Möglichkeit einer zuverlässigen Charakterisierung der Trade-offs zwischen diesen Dimensionen geknüpft. Die Analyse der Trade-off Beziehungen der aus Anlegersicht relevanten Liquiditätsdimensionen bildet die primäre Zielsetzung dieser Arbeit. Hierzu wird auf die Optionseigenschaften von limitierten Orders zurückgegriffen.

Limitierte Orders stellen ein wesentliches Merkmal des modernen Wertpapierhandels dar und sind maßgeblich für die Entstehung von Liquidität auf Wertpapiermärkten verantwortlich. Limit Orders wurden auf Grund ihrer Eigenschaften bereits von COPELAND/GALAI (1983) mit Finanzoptionen verglichen. Diese Analogie wird im Rahmen der vorliegenden Arbeit zur Charakterisierung der Trade-offs zwischen den Dimensionen der Wertpapierliquidität verwendet.[10] Hierzu wird im dritten Kapitel der Arbeit zunächst die Grundüberlegung der Optionsanalogie dargestellt, um diese anschließend einer eingehenden Prüfung zu unterziehen. Dabei wird insbesondere untersucht, ob die theoretisch begründbaren Optionseigenschaften von Limit Orders aus ökonomischer Sicht Relevanz entfalten. Dazu werden die Gemeinsamkeiten und Unterschiede beider Geschäftstypen untersucht, um im Anschluss bewerten zu können, inwieweit auf Optionen bezogene Begrifflichkeiten und Konzepte auch auf Limit Orders übertragen werden können.

Die Betrachtungen des dritten Kapitels bringen bereits die Liquidität eines Marktes mit den Eigenschaften der Limit Order in Verbindung, können jedoch noch keine Aussagen über die Trade-offs der Liquiditätsdimensionen liefern. Die Basis für eine Analyse der Trade-offs wird im vierten Kapitel gelegt, wo die Optionsanalogie auf die Bewertung limitierter Order ausgeweitet wird. Der Modellrahmen und die Annahmen dieser Bewertung werden eingehend diskutiert. Dabei kann das Vorgehen der Bewertung anhand eines Binomialmodells nachvollzogen werden. Darauf aufbauend wird die algorithmische Bewertung limitierter Orders vorgestellt. Demgegenüber ist die auf CHACKO/JUREK/ STAFFORD (2008) zurückgehende Bewertung in stetiger Zeit mathematisch komplexer, führt jedoch zu einem geschlossenen Ausdruck für den Wert einer Limit Order. Die Ergebnisse beider Modellformulierungen werden abschließend verglichen und diskutiert. Sie bilden die Basis zur Beschreibung der Trade-offs der Liquiditätsdimensionen im fünften Kapitel der Arbeit.

Im fünften Kapitel werden die Trade-offs auf Basis des vorgestellten Bewertungsrahmens charakterisiert. Dabei führen die Optionseigenschaften der Limit Order zunächst zu den Voraussetzungen einer sofortigen Ausführung. Diese Betrachtung wird in der Folge erweitert, sodass eine Erfassung späterer Ausführungen möglich wird. Es wird untersucht, inwieweit der optionstheoretische Ansatz dazu beitragen kann, die Liquiditätsdefinition des zweiten Kapitels um die Trade-off Beziehungen zu ergänzen und damit einen breiteren Einsatzbereich dieses Liquiditätskonzepts zu ermöglichen.

---

[10] STOLL (1992) sieht Limit Orders und die damit verbundene kostenlose Handelsoption als wesentliches Merkmal von Kapitalmärkten an. Im Rahmen der vorliegenden Arbeit wird das Konzept der kostenlosen Handelsoption in Kombination mit der Optionspreistheorie dazu eingesetzt, Trade-offs zwischen den Liquiditätsdimensionen aufzuzeigen.

2 Liquiditätsbegriff

2.1 Subjekt- und objektbezogener Liquiditätsbegriff

Das Begriffspaar „Liquidität" und „Illiquidität" kann sowohl in einem subjektbezogenen als auch einem objektbezogenen Zusammenhang verwendet werden. Einerseits bezeichnet der subjektbezogene Liquiditätsbegriff die Zahlungsfähigkeit eines Wirtschaftssubjektes (z. B. eines Unternehmens) und damit die Fähigkeit, Verbindlichkeiten fristgerecht begleichen zu können.[11] Andererseits handelt es sich bei Liquidität auch um eine Eigenschaft von Wirtschaftsobjekten, wobei der objektbezogene Liquiditätsbegriff die „Geldnähe" von Vermögensobjekten (z. B. Wertpapieren, Immobilien oder anderen Sachgütern) erfasst, d. h. die Leichtigkeit, mit der Wirtschaftsgüter in Geld umgetauscht werden können und umgekehrt.[12] Der Zusammenhang zwischen dem subjektbezogenen und objektbezogenen Liquiditätsbegriff besteht darin, dass die Zahlungsfähigkeit eines Wirtschaftssubjektes durch das Vorhalten hinreichend liquider Wirtschaftsobjekte (in geeignetem Ausmaß) gewährleistet wird.[13]

---

[11] Vgl. POHL/SCHIERENBECK (2009), S. 9.

[12] Vgl. STÜTZEL (1959), S. 622.

[13] Vgl. KEMPF (1999) S. 3. Dieser Zusammenhang hat enormen Einfluss auf die Eigenschaften der Wertpapierliquidität. Eine ausführlichere Betrachtung zum Zusammenhang zwischen dem subjektbezogenem und objektbezogenem Liquiditätsrisiko findet sich bei POHL/SCHIERENBECK (2009). Im Rahmen einer modellgestützten Analyse unterscheiden BRUNNERMEIER/PEDERSEN (2009) zunächst zwischen der Marktliquidität von Wertpapieren und der Refinanzierungsliquidität von Kapitalmarktteilnehmern und zeigen, dass es zu einer selbstverstärkenden Liquiditätsspirale zwischen diesen beiden Größen kommen kann.

2.2   Wertpapier- und Marktliquidität

2.2.1   Wertpapierliquidität

Unter dem Begriff Wertpapier werden verbriefte Rechte verstanden, für deren Geltendmachung der Besitz der verbriefenden Urkunde notwendig ist.[14] Bei Wertpapieren kommt damit der objektorientierte Liquiditätsbegriff zur Anwendung. Ein Markt (als Bezeichnung für eine Gruppe von Käufern und Verkäufern eines bestimmten Gutes oder einer Dienstleistung) übernimmt die Transformationsfunktion von Wirtschaftsobjekten in Geld und umgekehrt.[15]

Die Analyse der Effizienz und Liquidität von Wertpapiermärkten sind zentrale Anliegen der Markt-Mikrostuktur-Forschung.[16] Der dort entwickelte Begriff der „Marktliquidität" wird häufig synonym zum Begriff der Wertpapierliquidität verwendet.[17] Dieser ist jedoch nicht mit obiger Systematisierung vereinbar, da er die Eigenschaften eines Handelsplatzes bezeichnet und sich weder der subjektorientierten noch der objektorientierten Sichtweise des Liquiditätsbegriffs unterordnen lässt. Zwar bezieht sich der Begriff der Marktliquidität auf ein bestimmtes Wertpapier und seine Handelbarkeit, wodurch konzeptionell eine größere Nähe zum objektorientierten Liquiditätsbegriff entsteht, jedoch stellt er auch auf die Eigenschaften von Wertpapiermärkten ab, die letztlich durch das gemeinsame Handeln der dort agierenden Wirtschaftssubjekte determiniert sind.[18] Im

---

[14]   Vgl. BESTMANN (2007), S. 817 f. oder WEIß (2004), S. 738 f.

[15]   NABBEN/RUDOLPH (1994) betrachten die Liquiditätsfunktion als wesentlichen Teil der Sekundärmarktfunktion von Börsen.

[16]   Der Begriff Markt-Mikrostrukur (engl. market microstructure) wurde durch GARMAN (1976) geprägt. Dieser formulierte als Zielsetzung: „(...) to provide a realistic linkage between the aggregate exchange activities of market agents and the observed short-run behavior of real-world markets (...)". O'HARA (1996) definiert Markt-Mikrostruktur als „(...) the study of the process and outcomes of exchanging assets under explicit trading rules."

[17]   SCHMIDT/IVERSEN (1991), S. 210 leiten direkt von der Definition der Wertpapierliquidität auf die Dimensionen der Marktliquidität nach HARRIS (1990) über. KEMPF (1999), S. 18-21, betrachtet den Zusammenhang zwischen den Dimensionen der Wertpapier- und Marktliquidität.

[18]   Ein Grund für die stärkere Verbreitung des Marktliquiditätsbegriffs mag darin liegen, dass der subjektorientierte Liquiditätsbegriff nicht ausreichend greifbar scheint. So auch SCHWARTZ/FRANCIONI (2004): „The typical dictionary definition of a liquid asset is 'one that is in cash or that is readily converted into cash.' This does not help much. (...) A bet-

Rahmen der vorliegenden Arbeit werden die Begriffe Marktliquidität und Wertpapierliquidität deshalb nicht synonym verwendet.

Der Begriff der Wertpapierliquidität wird im Rahmen der vorliegenden Arbeit auf der Basis des objektorientierten Liquiditätsbegriffs definiert: *„Ein Wertpapier ist liquide, wenn es jederzeit in beliebiger Menge ohne Preiszuschlag gekauft und ohne Preisabschlag verkauft werden kann."*[19]

Ausgehend von dieser Definition, die die sehr allgemeine Anforderung der einfachen Handelbarkeit bzw. der „Geldnähe" eines Wirtschaftsobjektes für Wertpapiere konkretisiert, lassen sich drei wesentliche Eigenschaften eines perfekt liquiden Wertpapiers ableiten. Diese Eigenschaften werden im Folgenden als Dimensionen der Wertpapierliquidität bezeichnet und verdeutlichen unterschiedliche Aspekte des Liquiditätsbegriffes.[20]

Eigenschaft	Dimension
Möglichkeit des sofortigen Handelns	Zeit
Handel erfolgt ohne Preiszuschläge oder Preisabschläge	Preis
Das Wertpapier ist in einer beliebigen Menge handelbar	Transaktionsvolumen

Tabelle 1: Dimensionen der Wertpapierliquidität

Obwohl diese drei Dimensionen aus der Definition eines vollkommen liquiden Wertpapiers abgeleitet wurden, können sie eingesetzt werden, um den Liquiditätszustand nicht perfekt liquider Wertpapiere eindeutig zu spezifizieren. Bevor dies in Abschnitt 2.3 dieser Arbeit ausführlich behandelt wird, ist eine Abgrenzung zum Begriff der Marktliquidität erforderlich.

---

[19] *ter approach may be to focus on the attributes of liquidity, such as the depth, breadth, and resiliency of a market."* KEMPF (1999), S. 13. Eine inhaltlich nahezu identische Definition findet sich bei SCHMIDT/IVERSEN (1991), S. 210, aus der GOMBERT (2005) die gleichen Definitionsmerkmale ableitet.

[20] Vgl. KEMPF (1999), S. 16 f. Dieser leitet aus der vorstehenden Liquiditätsdefinition jedoch lediglich zwei Dimensionen des Liquiditätsbegriffes ab: Zeitdimension und Preisdimension. Er begreift die Ordergröße als Teil der Preisdimension. Vgl. KEMPF (1999), S. 25. Im Rahmen der vorliegenden Arbeit wird das Transaktionsvolumen als eigenständige Dimension der Wertpapierliquidität betrachtet.

2.2.2   Marktliquidität

Die früheste mehrdimensionale Definition der Marktliquidität geht auf GARBADE (1982) zurück, der sie als „measures of market performance" bezeichnet.[21] Er schlägt die drei Dimensionen Tiefe („depth"), Breite („breadth") und Erholungsfähigkeit („resilency") vor. Unter Tiefe werden unausgeführte Kauf- und Verkaufsaufträge nahe am aktuellen Preis bezeichnet.[22] Ein Markt ist breit, wenn solche Aufträge in wesentlichem Umfang vorliegen. Die Erholungsfähigkeit ist hoch, wenn orderinduzierte Preisänderungen neue Aufträge anziehen, die ihrerseits die initialen Preisänderungen zurückführen.[23]

KYLE (1985) greift auf einen ähnlichen Ansatz zurück und dokumentiert dabei die Vielschichtigkeit des Begriffs: „ 'Market liquidity' is a slippery and elusive concept, in part because it encompasses a number of transactional properties of markets".[24] Er hebt den Transaktionsaspekt in den Vordergrund und verwendet ebenfalls drei Dimensionen der Marktliquidität: Enge („tightness"), Tiefe („depth") und Erholungsfähigkeit („resilency"). Enge bezeichnet die Kosten einer schnellen Transaktion. Tiefe bezeichnet die Fähigkeit des Marktes, große Aufträge ohne spürbaren Preiseinfluss abzuwickeln. Die Erholungsfähigkeit gibt an, wie schnell Kurse nach einem nicht informationsbedingten Schock auf ihr Ausgangsniveau zurückkehren. Es ist ersichtlich, dass GARBADE (1982) und KYLE (1985) unterschiedliche Begriffe für vergleichbare Eigenschaften des Marktes verwenden.[25]

HARRIS (1990) ergänzt die bisherigen Betrachtungen um eine vierte Dimension.[26] Seine Dimension der Sofortigkeit („immediacy") beschreibt, wie schnell

---

[21]   „The definitions of these terms suggest some of the important attributes of markets which do not attain the ideal of one where all contemporaneous transactions occur at a common equilibrium price", GARBADE (1982), S. 419.

[22]   Dabei wird vordergründig der Handelswille adressiert, d. h. die Aufträge müssen nicht zwingend (für die Öffentlichkeit) sichtbar sein. Vgl. GARBADE (1982), S. 420.

[23]   Vgl. GARBADE (1982), S. 422.

[24]   KYLE (1985), S. 1316. Anführungszeichen im Original.

[25]   Breite nach Garbade (1982) entspricht der Definition der Tiefe nach Kyle (1985). Die Tiefe entspricht wiederum der Enge.

[26]   Die Weite eines Marktes entspricht in seiner Definition der gültigen Geld-Brief Spanne zuzüglich weiterer Transaktionskosten. Die Tiefe bezeichnet die Anzahl der Aktien, die zu einer bestimmten Geld-Brief-Spanne gehandelt werden können. „Erholungsfähigkeit" (seltener: „Erneuerungskraft" vgl. KINDERMANN (2005), S.15) gibt an, wie schnell Wert-

die Ausführung einer Order einer bestimmten Größe zu bestimmten Kosten abgeschlossen werden kann.[27] Durch diese Ergänzung haben sich im Schrifttum somit insgesamt vier Dimensionen der Marktliquidität etabliert und stellen einen wesentlichen Bezugspunkt für Fragestellungen der Markt-Mikrostruktur dar.

Diese vom Schrifttum entwickelten Definitionen der Marktliquidität enthalten zu einem Teil wertpapierbezogene Elemente und spiegeln so den objektorientierten Liquiditätsbegriff wider, nehmen jedoch zusätzlich auch transaktions- und marktbezogene Aspekte auf. Letztere sind nicht mit dem objektorientierten Ansatz vereinbar. Enge und Tiefe können mit der Preis- bzw. Volumendimension der Wertpapierliquidität assoziiert werden. Die Zeitdimension steht in Zusammenhang mit der Sofortigkeit.[28] Die Dimension der Erneuerungskraft geht hingegen weit über den objektorientierten Liquiditätsbegriff hinaus. Die uneinheitliche Verwendung der Dimensionsbezeichnungen bei unterschiedlichen Autoren erschwert zudem die inhaltliche Auseinandersetzung mit dem Begriff der Marktliquidität.[29]

Die Abgrenzung der Begriffe Wertpapierliquidität und Marktliquidität lässt sich anhand eines Beispiels verdeutlichen: Ein Exchange-traded fund (ETF) stellt ein Wirtschaftsobjekt dar, dessen Emittent (Wirtschaftssubjekt) sich verpflichten kann, jederzeit zu den börsenüblichen Handelszeiten An- und Verkaufskurse für bestimmte Volumina zu stellen. In diesem Fall ist dieser ETF ein sehr liquides Wertpapier, da es zu niedrigen Transaktionskosten sofort und in hohen Stückzahlen handelbar ist. Der Markt für dieses Wertpapier ist aber nicht zwangsläufig als ebenso liquide zu beurteilen, da seine Funktionsfähigkeit an die Existenz, Bonität und das vertragskonforme Verhalten eines einzigen großen Marktteilnehmers geknüpft ist. Soweit nicht ausdrücklich von Markliquidität oder liquiden Märkten die Rede ist, beziehen sich die nachfolgenden Ausführungen dieser Arbeit zu den Dimensionen der Liquidität stets auf das Konzept der Wertpapierliquidität.

---

papierpreise auf ihren Ausgangswert zurückkehren, nachdem sie durch ein Ungleichgewicht des order flows verändert wurden. Vgl. HARRIS (1990), S. 3.

[27] Vgl. zur Bedeutung der Dimension Sofortigkeit in unterschiedlichen Marktsystemen auch BORTENLÄNGER (1996), S. 50 f.

[28] Eine direkte Zuordnung ist jedoch nicht möglich, da jede einzelne Dimension der Marktliquidität unter Rückgriff auf mehrere Dimensionen der Wertpapierliquidität definiert wird.

[29] Vgl. KEMPF (1999), S. 18, Fn. 41.

2.3   Dimensionen der Wertpapierliquidität

2.3.1   Ausprägung der Liquiditätsdimensionen

Da sich im weiteren Verlauf der Arbeit zahlreiche Ausführungen auf die Dimensionen der Wertpapierliquidität beziehen, ist neben einer genauen Definition auch eine exakte Beschreibung der Liquiditätsdimensionen notwendig.[30] Bevor in Abschnitt 2.4 die Beziehungen zwischen den Dimensionen der Wertpapierliquidität eingehend untersucht werden, werden zunächst die Dimensionen selbst zum Untersuchungsgegenstand. Dabei wird zu Beginn der Wertebereich des objektorientierten Liquiditätsbegriffes thematisiert, da dieser grundlegende Bedeutung für die anschließende isolierte Untersuchung der Dimensionen Zeit, Volumen und Preis besitzt.

Je nach Kontext kann das Begriffspaar Liquidität und Illiquidität unterschiedliche Ausprägungen annehmen. In jedem gegebenen Zeitpunkt ist ein Wirtschaftssubjekt entweder liquide, d. h. es kann seinen Verbindlichkeiten nachkommen oder es ist dazu nicht in der Lage. Somit existieren in diesem Fall nur zwei mögliche Ausprägungen: ein Zustand der Liquidität sowie ein Zustand der Illiquidität. Demnach stellt der subjektbezogene Liquiditätsbegriff streng genommen ein dichotomes Merkmal dar.[31] Demgegenüber sind mögliche Liquiditätsausprägungen bei einer objektorientierten Betrachtung nicht auf lediglich zwei Zustände beschränkt. Betrachtet man zwei Vermögenswerte, z. B. eine Aktie und eine Immobilie, so sind beide nicht vollkommen liquide, da sie nicht unmittelbar als Zahlungsmittel verwendbar sind. Die Liquidität einer standardisierten Aktie, die an einem regulierten Markt gehandelt wird, ist jedoch in der Regel höher einzustufen als die Liquidität einer Immobilie.[32] Ein Wirtschaftsob-

---

[30]   Die Abgrenzung des Begriffs Wertpapierliquidität zum Begriff der Marktliquidität in der bestehenden Literatur erfolgte im vorherigen Abschnitt.

[31]   Dies gilt insbesondere, wenn lediglich der Liquiditätszustand adressiert wird. Vgl. hierzu KEMPF (1999), S. 4 sowie STÜTZEL (1959), S. 625. Für subjektbezogene Liquiditätsrisiken eignet sich eine „Schwarz-Weiß-Betrachtung" dagegen nicht. POHL/SCHIERENBECK (2009), S. 10.

[32]   Der Liquiditätsgrad von Wirtschaftsobjekten ist wesentlich durch die Marktverhältnisse determiniert. STÜTZEL (1959) nennt vier grundsätzliche Möglichkeiten, die zu einer Erhöhung der Liquidität beitragen. Neben einer Erhöhung der Markttransparenz führt auch eine Verbreiterung des Marktvolumens (z. B. durch Zusammenschluss mehrerer Märkte) zu höherer Liquidität. Vgl. hierzu auch die in Abschnitt 2.2 genannten Dimensionen der

jekt kann einen Zustand vollkommener Liquidität annehmen, wenn es ein Geld-
äquivalent darstellt. Die möglichen Ausprägungen illiquider Zustände sind jedoch vielfältig und als ein Kontinuum zu begreifen.[33] Somit sind die möglichen
Ausprägungen des Begriffspaares Liquidität-Illiquidität abhängig davon, ob
Objekt- oder Subjektorientierung vorliegt. Die möglichen Ausprägungen sind in
der nachfolgenden Tabelle zusammengefasst.

	Subjektbezogen	Objektbezogen
Liquidität	Genau ein Zustand der Liquidität möglich.	Genau ein Zustand der Liquidität möglich, d.h. das Wirtschaftsgut ist geldäquivalent.
Illiquidität	Genau ein Zustand der Illiquidität möglich.	Mögliche graduelle Ausprägungen der Illiquidität stellen ein Kontinuum dar.

Tabelle 2: Ausprägungen der Liquidität

Der Wertebereich des objektorientierten Liquiditätsbegriffes besitzt ebenso Gültigkeit für die drei Dimensionen der Wertpapierliquidität: Transaktionskosten,
Transaktionsvolumen und Zeit. Ein vollkommen liquider Zustand liegt dann
vor, wenn das Wertpapier in allen drei Liquiditätsdimensionen einen vollständig
liquiden Zustand aufweist. Im Umkehrschluss gilt ein Wertpapier genau dann
nicht mehr als vollständig liquide, wenn mindestens eine der drei Voraussetzungen nicht gegeben ist. Weiterhin gilt, dass sich der Bereich der möglichen Ausprägungen in jeder Dimension, wie auch schon beim objektorientierten Liquiditätsbegriff, aus genau einem Zustand vollkommener Liquidität sowie einem
Kontinuum möglicher illiquider Zustände zusammensetzt.[34] Die folgenden Abschnitte definieren und beschreiben dieses Kontinuum für jede der drei Dimensionen der Wertpapierliquidität.[35]

Marktliquidität sowie die dort angegebenen Verweise. Weiterhin können Garantieüber-
nahmen oder feste Ankaufszusagen und Kurspflege durch Dritte zu einer Erhöhung der
Liquidität beitragen (sog. verliehene Liquidität). Vgl. STÜTZEL (1959) S. 623.

[33] Vgl. DAMODARAN (2006), S. 497.

[34] Vgl. STÜTZEL (1959), S. 624.

[35] Dabei wird zwischen einem Transaktionswunsch und der Umsetzung einer Anlage- oder
Desinvestitionsentscheidung differenziert.

2.3.2   Zeitdimension

STÜTZEL (1959), der die Zeitdimension als Umwandlungsfrist bezeichnet, hält fest: *„Mit Annäherung an die Umwandlungsfrist 0 bleibt zwar die Liquidität von Zahlungsmitteln selbst maximal (...); die Liquidität aller anderen Vermögensobjekte aber, nähert sich mit zunehmender Verkürzung der Umwandlungsfrist dem Nullpunkt. In Bezug auf sofortige Ansprüche sind nur Zahlungsmittel selbst liquide."*[36] Die Zeitdimension besitzt damit elementare Bedeutung für die Beurteilung der Liquidität von Wirtschaftsobjekten. Bezogen auf Wertpapiere als Untersuchungsgegenstand gilt es zunächst festzulegen, ob eine einzelne Transaktion oder die Umsetzung einer Anlageentscheidung durch mehrere Orders betrachtet wird.[37] Im Falle der Umsetzung einer Anlageentscheidung ist die Zeitspanne ausschlaggebend, die zwischen der Einleitung der ersten Transaktion und dem Abschluss der finalen Transaktion liegt.[38] Für die Beurteilung der Gesamtdauer ist daher stets die Kenntnis über die Dauer der einzelnen Transaktionen erforderlich. Daher liegt der Fokus der vorliegenden Arbeit auf der Analyse einzelner Transaktionen.

Die Analyse der Zeitdimension der Wertpapierliquidität erfordert eine Betrachtung des Umwandlungsprozesses, im vorliegenden Fall des Wertpapierhandelsprozesses und eine entsprechende Abgrenzung des relevanten Zeitintervalls. Bezogen auf eine einzelne Transaktion erstreckt sich der relevante Zeitraum zur Beurteilung der Liquidität eines Wertpapiers zwischen der Entstehung des Transaktionswunsches und der Erlangung der Verfügungsmacht über das Wertpapier.[39] Aus dem objektorientierten Liquiditätsbegriff erwächst zudem die Ein-

---

[36]   STÜTZEL (1959), S. 624.

[37]   Vgl. JOHANNING (2003), S. 10. Dieser betrachtet die Kosten einer solchen Vorgehensweise und bezeichnet diese als zeitraumbezogenen Market Impact. Die zur Umsetzung einer solchen Handelsstrategie notwendige Zeitspanne wäre entsprechend der Zeitdimension zuzurechnen.

[38]   Dies gilt grundsätzlich unabhängig davon, auf welche Weise (Broker, Eisbergorders, sukzessive Orderaufgabe) eine solche Strategie umgesetzt wird. Vgl. hierzu ebenfalls JOHANNING (2003), S. 11.

[39]   Ein konkreter Transaktionswunsch liegt dann vor, wenn das zu handelnde Asset, das Transaktionsvolumen und der Preis eindeutig spezifiziert ist. Die Zeit, die zur Suche eines Handelspartners notwendig ist, wird vorliegendem nicht betrachtet, da der Suchvorgang an modernen Börsen automatisiert ist. Für eine alternative Auffassung bez. der Suchkosten vgl. LIPPMAN/MCCALL (1986), S. 43 f.

schränkung, dass nur Phasen zu berücksichtigen sind, die nicht wesentlich durch die Eigenschaften des Handelswilligen beeinflusst werden.[40] Unterteilt man den Wertpapierhandelsprozess PICOT/BORTENLÄNGER/RÖHRL (1996) folgend, in eine Informations-, Orderrouting-, Abschluss- und Abwicklungsphase, so lässt sich der für die Zeitdimension der Wertpapierliquidität Ausschlag gebende Zeitraum genauer spezifizieren.[41] Dabei soll zunächst geprüft werden, welche der vier Phasen als Teil der Zeitdimension der Wertpapierliquidität angesehen werden können.

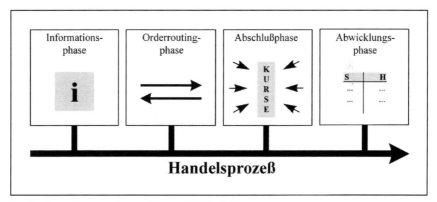

Quelle: PICOT/BORTENLÄNGER/RÖHRL (1996), S. 16.

Abbildung 1: Handelsphasen

Die Anlageentscheidung fällt erst am Ende der Informationsphase, wodurch diese nicht in die vorliegende Betrachtung der Zeitdimension einbezogen wird. Auch die anteilsmäßig hohe subjektbezogene Komponente bei der Anlagewahl spricht gegen eine Einbeziehung in die Zeitdimension, da die Intensität, mit der ein potentielles Anlageziel geprüft wird, stets auch vom Entscheidungsträger abhängt.[42] In der Orderroutingphase wird der Auftrag an den gewünschten Aus-

---

[40] Dieser trifft seine Transaktionsentscheidung, die letztlich ein spezifisches Bündel von Liquiditätseigenschaften darstellt, unter Berücksichtigung der eigenen Präferenzen.

[41] Vgl. zur ablauforientierten Sichtweise des Handelsprozesses sowie der Charakterisierung seiner Phasen im Folgenden PICOT/BORTENLÄNGER/RÖHRL (1996), S. 16 f.

[42] An dieser Stelle gilt es jedoch anzumerken, dass auch die Eigenschaften eines Wirtschaftsobjektes (z. B. seine Standardisierung) durchaus Einfluss auf die Dauer der Informationsphase besitzen.

führungsort geleitet. Da der Transaktionswunsch zu Beginn der Orderroutingphase bereits feststeht, könnte diese Phase in die Zeitdimension einbezogen werden. Für eine Einbeziehung spricht ebenfalls, dass unterschiedlich standardisierte Wertpapiere auch unterschiedliche Orderroutingprozesse durchlaufen, wodurch die für das Orderrouting benötigte Zeitspanne zu einer Eigenschaft des Wertpapiers wird. Gegen eine Einbeziehung spricht, dass die Dauer des Orderroutings in einem gewissen Ausmaß vom Handelswilligen abhängig ist, je nachdem ob ein direkter Zugang zum Handelsplatz vorliegt oder ein Intermediär eingeschaltet werden muss.[43] An dieser Stelle ist eine Unterscheidung zweckmäßig. Wird die Liquidität von Wertpapieren analysiert, die auf Grund ihrer Charakteristika an unterschiedlichen Börsenplätzen gehandelt werden, so ist die Einbeziehung der Orderroutingphase in die Betrachtung sinnvoll. Falls jedoch ein bestimmter Handelsplatz betrachtet wird, ist die Orderroutingphase kaum von wertpapierspezifischen Eigenschaften abhängig. In diesem Fall ist eine Einbeziehung der Orderroutingphase in die Zeitdimension der Liquidität nicht zielführend.

Die Preisfeststellungsphase bezeichnet den eigentlichen Ausführungszeitraum einer Order. Legt man die vollautomatisierte und kontinuierliche Notierung elektronischer Wertpapiermärkte zu Grunde, so ist die Zeitdauer bis zum Abschluss des Verpflichtungsgeschäftes von der Spezifikation der Order (insb. bez. der beiden weiteren Dimensionen Preis und Transaktionsvolumen) abhängig. Diese determinieren die Zeitdauer bis zur Ausführung der Order in Abhängigkeit von der Angebots- und Nachfragesituation des Marktes, die sich im Orderbuch für das betreffende Wertpapier widerspiegelt.[44] Diese Phase wird im Rahmen der vorliegenden Analyse der Wertpapierliquidität als maßgebliches Intervall für die Abgrenzung der Zeitdimension einer Transaktion herangezogen.

Die letzte Phase des Wertpapierhandelsprozesses ist die Abwicklungsphase, in der das Verfügungsgeschäft (also auch die Übereignung des Wertpapiers) vollzogen wird. Dieser Schritt steht grundsätzlich in enger Beziehung zum transferierten Wertpapier und könnte somit als Bestandteil der Zeitdimension betrach-

---

[43]   In diesem Zusammenhang haben die sog. „Proximity Services" als Bestandteil der Angebotspalette vieler Börsenplätze besondere Bedeutung.

[44]   Vgl. PICOT/BORTENLÄNGER/RÖHRL (1996), S. 17 sowie 57 f.

tet werden. Aus ökonomischer Sicht besitzt der Handlungswillige jedoch bereits mit Abschluss des Verpflichtungsgeschäfts, also schon vor Beginn der Abwicklungsphase, ausreichende Verfügungsgewalt über das Wertpapier und die wesentlichen Rechte und Pflichten.[45] Da die Transaktion aus diesem Grund bereits als abgeschlossen betrachtet werden kann, wird die Abwicklungsphase nicht in die Analyse der Zeitdimension einbezogen.

2.3.3 Preisdimension

Die Kosten einer Wertpapiertransaktion werden durch die Preisdimension erfasst, die aufgrund ihres monetären Charakters eine dominierende Rolle in der Literatur einnimmt.[46] Im Rahmen der vorliegenden Betrachtung sollen die relevanten Kostenbestandteile abgegrenzt werden. Die Erfassung jeglicher Transaktionskosten sollte grundsätzlich in relativer Form erfolgen, um den Vergleich unterschiedlicher Wertpapiere zu ermöglichen. Dies bedeutet, dass die absoluten Kosten der Transaktion ins Verhältnis zum Geldvolumen der Transaktion zu setzen sind.

In Übereinstimmung mit der Analyse der Zeitdimension, sollen nur Kosten berücksichtigt werden, die dem Umwandlungsvorgang zuzuordnen sind und nur unwesentlich von den Eigenschaften des handelnden Wirtschaftssubjekts beeinflusst werden. Da die Zeitspanne für den Such- und Auswahlvorgang nicht in die Zeitdimension einbezogen wurde, können hierbei anfallende Informationskosten ebenfalls nicht berücksichtigt werden. Auch diese sind zu eindeutig auf die Eigenschaften des handelnden Wirtschaftssubjekts zurückzuführen.

Die der Transaktion selbst zurechenbaren Kosten lassen sich in zwei Bestandteile aufspalten: explizite und implizite Transaktionskosten.[47] Explizite Kosten

---

[45]   Vor der Übereignung hat der Käufer eines Wertpapiers zwar lediglich einen Eigentumsverschaffungsanspruch gegen den Verkäufer, jedoch ist er hinsichtlich dieses Verschaffungsanspruches bereits ab Vertragsschluss verfügungsberechtigt, d. h. er kann ihn z. B. abtreten. Vgl. zu den Übertragungsmöglichkeiten von Aktien VATTER (2010), Rn. 49–62.

[46]   Soweit die Wertpapierliquidität in modellgestützten Untersuchungen auf eine einzige Größe reduziert wird, greifen viele Arbeiten auf die Transaktionskosten zurück. Dies spiegeln sowohl die frühesten Arbeiten von CONSTANTINIDES (1986) und AMIHUD/ MENDELSON (1986) wider, als auch weiterführende Betrachtungen wie etwa bei ACHARYA/PEDERSEN (2005) oder BRUNNERMEIER/PEDERSEN (2009).

[47]   Vgl. JOHANNING (2003), S. 7–9 oder GOMBER/SCHWEICKERT (2002), S. 486.

fallen beim Wertpapierhandel in Form von Gebühren und Provisionen für die Inanspruchnahme der Dienstleistungen von Finanzintermediären oder in Form von Steuern an. Die Gebühren umfassen die Umsatzprovision in Form eines prozentualen Anteiles des Umsatzes oder als fixer Nominalbetrag (Ticket-fee) sowie die Brokergebühren, die für die Ausführung der Order am Kapitalmarkt anfallen.[48] Ein Abgrenzungsmerkmal expliziter Transaktionskosten ist, dass sie dem Marktteilnehmer ausdrücklich in Rechnung gestellt werden.[49] Der Großteil der expliziten Kosten hängt mit dem Routing der Order zusammen. Wie auch bei der Zeitdimension sollte in diesem Fall also abgewogen werden, ob eine Einbeziehung dieser Kosten zweckmäßig ist. Dies ist insbesondere bei einem Vergleich unterschiedlicher Börsenplätze der Fall.

Im Rahmen der vorliegenden Arbeit stellen die impliziten Transaktionskosten die wichtigere Kostenkategorie dar. Implizite Transaktionskosten bezeichnen den Unterschied zwischen dem Transaktionspreis und dem fairen Marktwert und fallen aufgrund von Marktunvollkommenheiten an. Diese Unvollkommenheiten ergeben sich insbesondere durch nicht vollkommen liquide Märkte.[50] Der Market Impact erfasst die Kosten einer adversen Kursbewegung im Zeitraum zwischen Ordererteilung und Ausführung.[51] Bei sofortiger Ausführung sind dies die Kosten, die beim Abschluss einer unlimitierten Marktorder entstehen.[52] Diese

---

[48]   Dabei wird der Teil der Brokergebühren, der nicht für die Orderausführung anfällt, als Soft-Commission bezeichnet und stellt die Kompensation des Brokers für Research und weitere Dienstleistungen dar. Vgl. JOHANNING (2003), S. 8.

[49]   Vgl. GOMBER/SCHWEICKERT (2002), S. 486.

[50]   Vgl. hierzu LÜDECKE (1996), S. 17 f.; AITKEN/COMERTON-FORDE (2003), S. 46; GOMBER/ SCHWEICKERT (2002), S. 486.

[51]   Die exakte Erfassung des Price Impact setzt die Kenntnis des Reservationspreises voraus und ergibt sich als die Abweichung des Ausführungskurses zu diesem Preis. Da sich der Reservationspreis nicht beobachten lässt, ist die Verwendung einer Benchmark notwendig. Vgl. JOHANNING (2003), S. 9. Hierfür wird häufig der Mittelkurs der Geld-Brief-Spanne zum Zeitpunkt der Orderplatzierung gewählt. Diese Vorgehensweise führt zum sog. effektiven Spread. Alternativ lassen sich durch die Verwendung zeitlich verzögerter Geld-Brief-Spannen sog. realisierte Spreads bestimmen. Vgl. HARRIS (2003), S. 424–426.

[52]   Vgl. JOHANNING (2003), S. 8 f., der die Bezeichnung „zeitpunktbezogener Market Impact" verwendet. In Abgrenzung dazu kann ein zeitraumbezogener Market Impact verwendet werden, um die impliziten Kosten einer Anlageentscheidung zu messen, die durch mehrere Orders umgesetzt wird. Ausschlaggebend ist dann die Differenz zwischen dem durchschnittlichen Ausführungskurs der einzelnen Orders und dem Reservationspreis bei anfänglicher Ordererteilung. Vgl. JOHANNING (2003), S. 10 f.

Kosten können als Liquiditätsprämie interpretiert werden und stellen die wichtigste Komponente der impliziten Transaktionskosten und der Kostendimension der Wertpapierliquidität dar.[53]

2.3.4 Transaktionsvolumen

In der Literatur wird das Volumen einer Transaktion im Rahmen theoretischer Betrachtungen zum Teil als eigenständige Liquiditätsdimension vernachlässigt und stattdessen in Kombination mit einer der beiden anderen Liquiditätsdimensionen betrachtet. So betrachtet bspw. KEMPF (1999) lediglich Zeit- und Preisdimension der Liquidität. Seine Definition der Preisdimension erfasst jedoch *„die Kursänderung aufgrund einer Marktorder in Abhängigkeit ihrer Größe"* und beinhaltet damit eine Mengenkomponente.[54] Im Rahmen der vorliegenden Analyse wird das Volumen einer Transaktion als gleichwertige Dimension der Wertpapierliquidität betrachtet.[55]

Bezogen auf eine einzelne Transaktion erfasst sie das Volumen der handelbaren Wertpapiere, wobei ein perfekt liquider Zustand im Falle einer mengenmäßig unbeschränkten Transaktion vorliegt.[56] Dies bedeutet, dass der perfekt liquide Ausprägungszustand nicht mit dem Nullpunkt zusammenfällt. Stattdessen entspricht ein mögliches Transaktionsvolumen von Null einem vollkommen illiquiden Zustand. Die Erfassung des Transaktionsvolumens erfolgt in Geldeinhei-

---

[53] Vgl. GOMBER/SCHWEICKERT (2002), S. 486, zählen außer dem Market Impact noch Timing- und Opportunitätskosten zu den impliziten Transaktionskosten. Diese werden vorliegend nicht der Kostendimension der Wertpapierliquidität, sondern der Zeitdimension zugeordnet. Nach JOHANNING (2003) ergeben sich die Wartekosten als Differenz zwischen Mittelkurs bei Anlageentscheidung und dem Mittelkurs bei Ordererteilung und sind vor allem auf den Investmentstil oder institutionelle Vorgaben zurückzuführen. In einigen Fällen werden Orders aufgrund strategischer Überlegungen verzögert aufgegeben. Vgl. JOHANNING (2003), S. 13. Soweit die Wartekosten sich aus den Eigenschaften des Wirtschaftssubjektes ergeben, sind sie vorliegend nicht zu berücksichtigen.

[54] KEMPF (1999), S. 25.

[55] Bereits STÜTZEL (1959) spricht bei seiner Analyse der Liquidität eines Vermögens in diesem Zusammenhang von der Dimension „Umwandlungsbetrag". MOULTON (2005) und HODRICK/MOULTON (2009) sprechen sich für eine stärkere Beachtung der Mengendimension aus. Auch MOORTHY (2003) und MORAWSKI (2008) behandeln die Mengendimension als gleichberechtigt.

[56] Eine ökonomische Begrenzung des Transaktionsvolumens ergibt sich durch den Gesamtwert der ausstehenden Wertpapiere.

ten.[57] Im Unterschied zu den beiden anderen Dimensionen der Wertpapierliquidität ergeben sich keine Schwierigkeiten bei der Abgrenzung des relevanten Transaktionsvolumens. Soweit die Betrachtung auf der Ebene einer Anlageentscheidung erfolgen soll, kann die Betrachtung auf den Gesamtwert aller Einzelorders ausgeweitet werden.

---

[57] Die Alternative, das Volumen einer Transaktion ins Verhältnis zum Gesamtwert aller ausstehenden Anteile zu setzen, schränkt die Vergleichbarkeit unterschiedlicher Wertpapiere ein.

2.4   Trade-offs der Liquiditätsdimensionen

2.4.1   Vorüberlegungen

Ein nicht vollkommen liquides Wertpapier ist dadurch gekennzeichnet, dass mindestens eine der drei Dimensionen nicht im vollkommen liquiden Zustand vorliegt. In dieser Situation ist es in der Regel möglich, vollkommene Liquidität in dieser vormals illiquiden Dimension zu erhalten, wenn eine Verschlechterung in einer der beiden übrigen Liquiditätsdimensionen in Kauf genommen wird. Diese Tauschmöglichkeit wird im Rahmen dieser Arbeit als Trade-off der Liquiditätsdimensionen bezeichnet.[58] Die Existenz von Trade-offs zwischen den Liquiditätsdimensionen ergibt sich dabei aus der Annahme, dass sich jeder Liquiditätsdimension ein Nutzen zuordnen lässt, der mit steigender Liquidität zunimmt.[59] Soweit Liquidität jedoch nicht uneingeschränkt verfügbar ist, stellen auch die Dimensionen ein knappes Gut dar. Durch die Wahl der Parameter einer Transaktion kann sich jeder einzelne Marktteilnehmer entsprechend seiner Präferenzen für eine bestimmte Kombination der einzelnen Dimensionen entscheiden.[60] Soweit alle Wirtschaftssubjekte ihren Liquiditätsnutzen auf diese Weise maximieren, führt ihr gemeinsames Handeln über den Marktmechanismus zu marktweiten Trade-offs, die letztlich den Preis einer Liquiditätsdimension in Einheiten der anderen Liquiditätsdimensionen angeben. Diese Trade-off Beziehungen stellen den Betrachtungsgegenstand der nachfolgenden Abschnitte dar.

Die Unerreichbarkeit einer vollständig liquiden Ausprägung lässt sich schematisch anhand eines Zieldreiecks verdeutlichen. Die Eckpunkte stellen hierbei die jeweils vollkommen liquide Ausprägung einer Dimension dar, d. h. sofortige Ausführung, fehlender Preiseinfluss oder ein unbeschränktes Transaktionsvolu-

---

[58]   Vgl. MOULTON (2005) oder HODRICK/MOULTON (2009).

[59]   Wertpapierliquidität ist eine positive Eigenschaft. Ein rationaler Investor wird bei einer Entscheidung zwischen zwei Wertpapieren, die sich lediglich in ihrem Liquiditätsniveau unterscheiden, stets das liquidere der beiden Wertpapiere wählen. Vgl. AMIHUD/MENDELSON (2006)

[60]   So lässt sich eine Transaktion durch ein entsprechend attraktives Gebot, d. h. über die Kostendimension beschleunigen.

men. Die Verbesserung einer Liquiditätsdimension geht mit einer Verschlechterung in mindestens einer der beiden verbleibenden Dimensionen einher.[61]

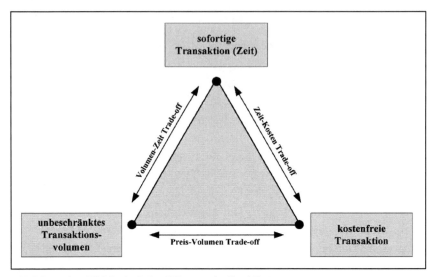

Abbildung 2:   Zieldreieck der Wertpapierliquidität

Die Seiten und die Grundlinie des Dreiecks können in dieser Darstellung als der Trade-off zwischen den jeweiligen Liquiditätsdimensionen interpretiert werden.[62] Insgesamt ergeben sich drei zweidimensionale Trade-off Beziehungen. Zeit- Volumen, Zeit-Kosten, und Kosten-Volumen. Bei einer Untersuchung dieser Trade-offs steht die Beziehung zweier Liquiditätsdimensionen im Vordergrund, während die verbleibende dritte Dimension vernachlässigt werden muss. Im Folgenden wird angenommen, dass die Beziehung zwischen zwei Liquiditätsdimensionen durch eine Funktion beschrieben werden kann. Die verschiedenen Konsequenzen dieser Annahme werden im nächsten Abschnitt diskutiert.

---

[61]   Bei der Darstellung eines vollkommen liquiden Wertpapiers würden die Ecken dagegen zusammenfallen.

[62]   Auch die Höhenlinien können einer Interpretation zugeführt werden. Sie stellen den Bezug zwischen perfektem Liquiditätszustand in einer Dimension (Eckpunkt) und dem Trade-off in den beiden anderen Dimensionen dar (Seite oder Basis des Dreiecks).

2.4.2 Zweidimensionale Trade-offs

Folgt man den Ausführungen des vorangegangenen Abschnitts, so existieren insgesamt drei zweidimensionale Trade-offs zwischen den Liquiditätsdimensionen. Obwohl sich diese nicht für eine vertiefte Analyse eignen, da die Fokussierung auf zwei Dimensionen stets die Vernachlässigung der dritten zur Folge hat, kann eine Betrachtung der zweidimensionalen Trade-offs den Einstieg in die dreidimensionale Sichtweise erleichtern. Die nachfolgenden Ausführungen stellen das Wesen der analysierten Trade-offs dar und zeigen Besonderheiten auf, die bei der gleichzeitigen Berücksichtigung mehrerer Liquiditätsdimensionen auftreten.

Zu Beginn wird der Trade-off zwischen der Zeit- und der Preisdimension betrachtet. Dieser gibt an, wie sich die Transaktionskosten verringern, wenn auf eine sofortige Transaktion verzichtet wird.[63] Während eine sofortige Transaktion in der Regel mit den höchsten impliziten Transaktionskosten verbunden ist, kann der Verzicht auf einen sofortigen Ausführungswunsch zu einer wartezeitabhängigen Veränderung des Transaktionspreises führen.

In der nachfolgenden Abbildung wird dieser Sachverhalt exemplarisch für drei fiktive Assets (A1–A3) dargestellt. Dabei wird der jeweils realisierbare Verkaufspreis in Abhängigkeit der in Kauf genommenen Transaktionsdauer betrachtet.[64]

---

[63] Dieser Zusammenhang umfasst auch den Forschungsbereich sog. „Fire Sales", womit eine erzwungene sofortige Liquidation von Wertpapieren oder anderen Vermögenswerten bezeichnet wird. Vgl. dazu COVAL/STAFFORD (2007). Die ökonomische Relevanz und die Größenordnung möglicher Abschläge haben im Zuge der jüngsten Finanzkrisen erhöhte Aufmerksamkeit auf sich gezogen. Vgl. hierzu DIAMOND/RAGHURAM (2011) oder SHLEIFER/VISHNY (2011).

[64] Vgl. hierzu auch MORAWSKI (2008).

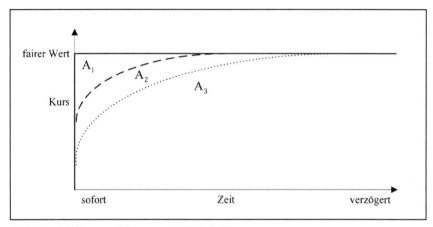

Quelle: In Anlehnung an MORAWSKI (2008), S. 18.

Abbildung 3:   Zeit-Kosten Trade-off beim Verkauf eines Wertpapiers

Der Schnittpunkt der Funktion mit der Ordinate gibt die Kosten einer sofortigen Transaktion an. Mit den zeitbedingt steigenden Liquidationswerten verringern sich die impliziten Kosten der Transaktion bis an den Punkt, in dem die Ausführung nicht mehr mit Kosten verbunden ist, d. h. sie findet zum fairen Wert statt.[65] Dieser Zeitpunkt gibt die Zeitdauer an, nach der eine Transaktion ohne implizite Kosten abgewickelt werden kann.[66] Die Betrachtung der drei Funktionen zeigt, dass lediglich A1 ein vollkommen liquides Asset darstellt, da es unabhängig von der Wartezeit zum fairen Preis verkauft werden kann. Dagegen sind A2 und A3 nicht vollständig liquide, da eine sofortige Transaktion mit einem Kursabschlag verbunden ist. Im Vergleich dieser beiden Assets stellt A2 dabei eindeutig das liquidere dar, da es jederzeit zu einem Wert liquidiert werden kann, der näher am fairen Wert liegt. Im gewählten Beispiel lässt sich also eine eindeutige Reihenfolge des Liquiditätsnutzens bilden. Dies lässt sich bei

---

[65]   Im weiteren Verlauf der Arbeit wird der Begriff des fundamentalen Wertes synonym verwendet.

[66]   Nicht dargestellt ist die Möglichkeit, Transaktionskursvorteile durch Liquiditätsangebot zu realisieren. Im vorliegenden Fall kann ein Verkaufsgebot oberhalb des fairen Wertes platziert werden. Bei entsprechend langer Wartezeit auf einen Transaktionspartner, der eine sofortige Transaktion wünscht, können die von diesem Marktteilnehmer für die sofortige Ausführung geleisteten Kosten durch den Liquiditätsanbieter vereinnahmt werden. Eine genaue Analyse dieses Sachverhalts, auch im Zusammenhang mit den Optionseigenschaften von Limit Orders, erfolgt in Kapitel 3.2.3 dieser Arbeit.

der simultanen Betrachtung zweier Dimensionen nicht grundsätzlich vorausset-
zen, was anhand der folgenden Betrachtung des Zusammenhangs zwischen dem
Transaktionsvolumen und den Transaktionskosten gezeigt wird.

Der grundlegende Zusammenhang zwischen dem Transaktionsvolumen und den
Transaktionskosten wird bei der Betrachtung eines elektronischen Wertpapier-
marktes mit fortlaufender Auktion deutlich.[67] Beim Handel großer Volumina,
z. B. mit Hilfe einer Market Order, wird eine große Order gegen mehrere kleinere Limit Orders ausgeführt, wobei sich die Preiskonditionen mit jeder weiteren
genutzten Limit Order verschlechtern.[68] Der Anstieg der Transaktionskosten
ergibt sich aus den steigenden impliziten Transaktionskosten, die im Gegensatz
zu den expliziten Transaktionskosten nicht ohne weiteres nachvollziehbar sind,
jedoch in der Regel die größere Kostenkomponente darstellen.[69] Sie wachsen
mit steigendem Transaktionsvolumen überproportional an, während sich die
fixen Komponenten expliziter Transaktionskosten bei steigendem Transaktionsvolumen auf eine größere Anzahl von Wertpapieren verteilen.[70] Dadurch sind
die impliziten Transaktionskosten bei größeren Handelsvolumina höher als die
Hälfte der Geld-Brief-Spanne.[71]

Auch der Zusammenhang zwischen den Transaktionskosten und dem Transaktionsvolumen kann grafisch verdeutlicht werden. Nur geringe Volumina lassen
sich zum fairen Wert handeln. Steigt das Transaktionsvolumen weiter, so erhöhen sich ebenfalls die impliziten Transaktionskosten. Dabei ist nicht zwingend
anzunehmen, dass der Kostenverlauf monoton steigend ist, da Konstellationen
denkbar sind, in denen ein vollständiger Verkauf u. U. geringere Transaktionskosten mit sich bringt als ein Teilverkauf. Abbildung 4 stellt exemplarisch mögliche Trade-offs dar.

---

[67] Der Preiseinfluss von Blocktrades wurde in der finanzwirtschaftlichen Literatur schon
      früh empirischen Studien unterzogen. Vgl. KRAUS/STOLL (1972). Neuere Untersuchungen
      beschäftigen sich insbesondere mit dem Auftreten unterschiedlicher Preiseffekte je nach-
      dem, ob der Blocktrade von Käufer- oder Verkäuferseite initiiert wurde. Vgl.
      SAAR (2001).

[68] Vgl. GOMBER/SCHWEICKERT (2002), S. 486 f.

[69] Vgl. AITKEN/COMERTON-FORDE (2003), S. 46.

[70] Vgl. GOMBER/SCHWEICKERT (2002), S. 486.

[71] Vgl. GOMBER/SCHWEICKERT (2002), S. 489.

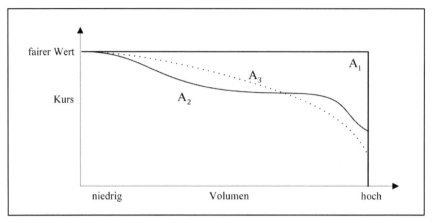

Abbildung 4:   Kurs und Transaktionsvolumen

Auch in diesem Fall stellt A1 das vollkommen liquide Asset dar, während A2 und A3 zu einem bestimmten Grad illiquide sind. Dabei lässt der dargestellte Verlauf der Trade-offs keine eindeutige Rangordung des Liquiditätsgrads zu, da A3 bei geringeren Volumina liquider ist, während dies bei höheren Volumina für A2 gilt. Während es sich bei der Ausprägung einzelner Liquiditätsdimensionen um mindestens ordinalskalierte Merkmale handelt, ist dies für die Betrachtung der Trade-offs nicht zwingend gegeben.[72]

Der Zeit-Volumen Trade-off stellt die verbleibende Kombinationsmöglichkeit der Liquiditätsdimensionen dar. Die Abwicklung eines hohen Transaktionsvolumens erfordert in der Regel einen längeren Zeitraum als für geringere Volumina. Soll eine Menge Wertpapiere gehandelt werden, die gegenwärtig nicht vom Markt befriedigt werden, kann dies wie oben gezeigt mit Preiseinbußen einhergehen. Alternativ muss eine gewisse Wartezeit in Kauf genommen werden, in der sich neue potentielle Handelspartner zum Handel entschließen.

Auch dieser Zusammenhang lässt sich grafisch betrachten. Die Zeitdauer bis zu einer vollständigen Transaktion steigt mit höherem Transaktionsvolumen an, bis zu einem Punkt, an dem das maximale Transaktionsvolumen erreicht wird.

---

[72]   STÜTZEL (1959) spricht in diesem Zusammenhang von einer Halbordnung.

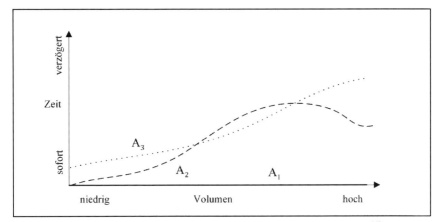

Abbildung 5: Transaktionszeit und -volumen

Wiederum stellt A1 ein vollkommen liquides Asset dar, da eine sofortige Ausführung unabhängig vom Transaktionsvolumen möglich ist. A2 und A3 weisen eine geringere Liquidität auf. Der hier unterstellte Verlauf des Trade-offs von A3 impliziert eine besonders niedrige Liquidität, da selbst die Transaktion geringer Volumina nicht sofort möglich ist. Die Analyse der Zeit-Volumen Beziehung steht im Zusammenhang mit der Untersuchung von Orderaufteilungsstrategien. Dabei wird eine Orderaufteilung gesucht, die die Transaktionskosten minimiert.

2.4.3 Dreidimensionale Betrachtung

Die Analysen der einzelnen Trade-offs im vorherigen Abschnitt können zu einer gemeinsamen dreidimensionalen Betrachtung zusammengeführt werden. Die simultane Betrachtung der drei Trade-offs und ihrer funktionalen Zusammenhänge ergibt eine Fläche in einem durch die drei Dimensionen aufgespannten Raum.[73] Diese Fläche kann die Liquidität eines Wertpapiers eindeutig beschreiben.[74] Abbildung 6 zeigt eine schematische Darstellung einer Liquiditätsfläche.

---

[73] Vgl. MOORTHY (2003), S. 30.

[74] Mit den Worten von STÜTZEL (1959): „(…) der Liquiditätsgrad von Vermögensbeständen [kann] nie durch eine einfache Kennzahl, sondern nur durch eine Fläche innerhalb eines Koordinatensystems mit den drei Achsen ‚Liquiditätsgrad', ‚Umwandlungsbetrag',

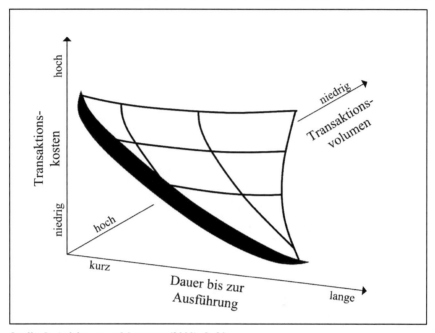

Quelle: In Anlehnung an MOORTHY (2003), S. 30.

Abbildung 6:   Liquiditätsfläche

Das in der Abbildung dargestellte Wertpapier ist nicht vollständig liquide, da vollkommene Liquidität lediglich in einzelnen Dimensionen erreichbar ist, jedoch nicht in allen drei zugleich. Ein vollkommen liquider Zustand existiert nur im Ursprung des Koordinatensystems, wo alle drei Liquiditätsdimensionen in ihrer liquidesten Ausprägung vorliegen. Der Verlauf der Fläche beschreibt die Austauschmöglichkeiten zwischen den Liquiditätsdimensionen, die im Rahmen dieser Arbeit als Trade-offs bezeichnet werden.

Die gleichzeitige Betrachtung der drei Liquiditätsdimensionen Zeit, Transaktionskosten und Transaktionsvolumen ist eine Voraussetzung für eine vollständige Charakterisierung der Liquidität eines Wertpapiers. Diese Dimensionen können eine Entscheidungsgrundlage für Investitionsentscheidungen bieten. Hierzu sind sie auf Grund ihrer unmittelbaren Beeinflussbarkeit durch den Investor

---

,Umwandlungsfrist' gemessen werden." STÜTZEL (1959), S. 623. Vgl. ebenfalls MOORTHY (2003), der im englischen von liquidity surface spricht.

besser geeignet als die marktorientierten Dimensionen der Markt-Mikrostuktur-Forschung.[75]

Die Liquiditätsfläche gibt alle realisierbaren Liquiditätszustände des Wertpapiers an. Bei der Durchführung einer Wertpapiertransaktion entscheidet sich ein Marktteilnehmer für einen bestimmten Liquiditätszustand. Hierzu gestaltet der Anleger die Transaktion entsprechend seiner Liquiditätspräferenzen aus. Die auf diese Weise realisierte Kombination der drei Liquiditätsdimensionen entspricht einem Punkt der Liquiditätsfläche.[76] Diese Idealvorstellung des Umgangs mit Wertpapierliquidität stößt jedoch an ihre Grenzen, da für jeglichen Einsatz des vorgestellten Konzeptes eine genauere Charakterisierung der Trade-offs sowie die Kenntnis der Präferenzen des Entscheiders erforderlich sind.

Die bisherigen Ausführungen stützten sich auf hypothetische Verläufe der Trade-off Funktionen. Die für eine praktische Umsetzung erforderliche Konkretisierung der Trade-offs realer Wertpapiere ist jedoch nicht ohne weiteres möglich. Am Markt sind lediglich einzelne Punkte der Liquiditätsfläche direkt ablesbar.[77] Für sofortige Transaktionen liefert die Analyse des Orderbuchs den aktuellen Verlauf des Kosten-Volumen Trade-offs, da sich die Informationen des Orderbuchs zu einer Liquiditätsfunktion zusammenfassen lassen, die den Verlauf der gebotenen Preise in Abhängigkeit des Transaktionsvolumens angibt.[78] Dieser Zusammenhang gilt jedoch nur für sofortige Transaktionen und erfasst damit nur einen geringen Teil der gesuchten Liquiditätsfläche.[79] Der Verlauf der Trade-offs für nicht sofortige Transaktionen ist dagegen nicht anhand des Orderbuchs ablesbar.

---

[75] Vgl. Hierzu die Ausführungen in Abschnitt 2.2.2 dieser Arbeit.

[76] Dies setzt voraus, dass der Anleger seinen Nutzen aus jeder der drei Liquiditätseigenschaften kennt und seine Entscheidung auf dieser Basis optimiert. Die konkrete Auswahl einer Liquiditätskombination ist nicht Gegenstand der vorliegenden Arbeit.

[77] Dies gilt nur dann wenn das Wertpapier an einem organisierten Markt gehandelt wird und ein öffentliches Orderbuch besteht. Im Rahmen einer Bestimmung von Liquiditätseigenschaften OTC gehandelter Wertpapiere kann darauf jedoch nicht zurückgegriffen werden.

[78] Vgl. KEMPF (1998), S. 300–302.

[79] Damit kann lediglich der Preis-Volumen Trade-off in der Sofortigkeitsebene erfasst werden.

Die Frage nach dem Wesen der Trade-offs, insbesondere abseits einer sofortigen Ausführung ist Gegenstand der nachfolgenden Kapitel dieser Arbeit. Die Beantwortung dieser Fragestellung soll auf Basis einer optionspreistheoretischen Betrachtung erfolgen, wobei die Optionseigenschaften von limitierten Orders genutzt werden sollen. Diese Optionsanalogie und ihre ökonomische Relevanz werden im nachfolgenden Kapitel behandelt. Die Ausführungen stellen die Grundlage für eine modellgestützte Bewertung von Limit Orders und die darauf aufbauende Untersuchung der dreidimensionalen Trade-offs der Wertpapierliquidität im vierten und fünften Kapitel dar.

3 Limit Orders als kostenlose Handelsoptionen

3.1 Entstehung kostenloser Handelsoptionen

3.1.1 Voraussetzungen der Optionsanalogie

In einer richtungsweisenden Arbeit zeigen COPELAND/GALAI (1983), dass limitierte Gebote eines Market Makers als kostenlose Optionen aufgefasst werden können.[80] Während einer fortlaufenden Auktion kann eine Limit Order von jedem Marktteilnehmer zu einem vorab festgelegten Kurs (= Limitgebot) ausgeführt werden. Somit berechtigt eine Limit-Kauforder die Gegenseite zum Verkauf des Wertpapiers und entspricht einer Put-Option, während eine Limit-Verkaufsorder die Gegenpartei zum Kauf berechtigt und damit die Eigenschaften einer Call-Option aufweist. Die Gültigkeit dieser Analogie ist nicht mit den Annahmen des vollkommenen Kapitalmarktes vereinbar. Die Interpretation von Limit Orders als kostenlose Handelsoptionen ist demnach an das Vorliegen bestimmter Marktunvollkommenheiten geknüpft. Es lässt sich zeigen, dass folgende Bedingungen erfüllt sein müssen:

Die erste Bedingung schafft zunächst die Voraussetzung für die generelle Existenzberechtigung von Limit Orders und betrifft das zeitliche Zusammentreffen von Angebot und Nachfrage, also den Orderfluss (engl.: *order flow).*[81] Bei gleichzeitigem Zusammentreffen von Käufern und Verkäufern sind Market Orders ausreichend, um alle Transaktionswünsche zu befriedigen. Nur wenn Angebot und Nachfrage asynchron am Markt eintreffen, bleiben Kauf- oder Verkaufsaufträge unausgeführt und können auf Wunsch in Form von Limit Orders im Orderbuch gesammelt werden.[82]

---

[80] Vgl. COPELAND/GALAI (1983), S. 1464 f.

[81] In der deutschsprachigen Literatur ist auch der Begriff Orderstrom anzutreffen. Vgl. THEISSEN (1998), S. 141. Vgl. zum Begriff order flow auch KYLE (1985), S. 1315.

[82] Die kontinuierliche Auktion ist nur eine Möglichkeit, um bei asynchronem Zusammentreffen von Angebot und Nachfrage sowohl die Preisfindung als auch eine entsprechende Handelsmöglichkeit zu gewährleisten. Weitere Möglichkeit bestehen im Market-Maker-Prinzip und in der Gesamtkursfeststellung. Zudem sind Mischformen möglich. Vgl. hierzu THEISSEN (1998), S. 6–16.

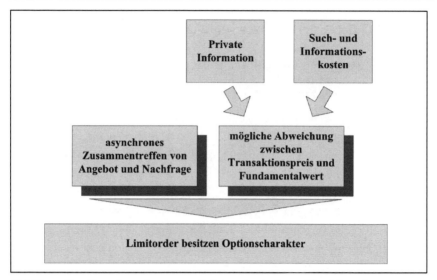

Abbildung 7:   Grundannahmen zur Existenz kostenloser Handelsoptionen

Die zweite Voraussetzung zielt auf den Zusammenhang zwischen Transaktions-
preisen und fundamentalem Wert der gehandelten Wertpapiere und damit letztlich auf die Effizienz der Wertpapierpreise. Fallen Ausführungskurs und tatsäch-
licher Wert immer zusammen, so tun dies auch Referenzkurs und
Ausübungspreis einer kostenlosen Handelsoption. Eine solche Option wäre zu
jedem Zeitpunkt wert- und bedeutungslos. Die Werthaltigkeit kostenloser Handelsoptionen ist damit daran gekoppelt, dass Wertpapiermärkte nicht völlig in-
formationseffizient sind. Fundamentalwert und Transaktionspreis eines Wertpapiers müssen zumindest kurzfristig und im geringen Umfang voneinander
abweichen können.[83]

Die Werthaltigkeit kostenloser Handelsoptionen lässt sich im Kontext der drei
Abstufungen der Markteffizienzhypothese verdeutlichen.[84] Auf streng informa-
tionseffizienten Märkten sind die in Limit Orders enthaltenen Optionen nie

---

[83] Der betrachtete Sachverhalt stellt einen Teil des Preisfindungsprozesses auf Wertpapiermärkten dar. Die Ausübung einer kostenlosen Handelsoption erhöht die Informationseffizienz der Wertpapierpreise.

[84] FAMA (1970) gibt drei Abstufungen der Markteffizienzhypothese an: die schwache, die
mittelstrenge und die strenge Form.

werthaltig. Ist die strenge Form der Informationseffizienz nicht gegeben, kommen einzelne Kapitalmarktteilnehmer aufgrund wertrelevanter privater Informationen zu abweichenden Einschätzungen über den Fundamentalwert. Sind diese Informationen in den Limit Orders anderer Marktteilnehmer noch nicht berücksichtigt, werden diese Limit Orders aus der Sicht des Insiders zu werthaltigen kostenlosen Handelsoptionen. Such- und Informationskosten können verhindern, dass alle öffentlich verfügbaren Informationen ohne Verzögerung eingepreist werden.[85] In diesem Fall ist auch die mittelstrenge Form der Informationseffizienz nicht erfüllt. Limit Orders, die bei Veröffentlichung wertrelevanter Informationen nicht sofort entsprechend der neuen Informationen angepasst werden, stellen werthaltige kostenlose Handelsoptionen für die übrigen Marktteilnehmer dar.[86] Abbildung 7 fasst die Voraussetzungen für die Existenz kostenloser Handelsoptionen zusammen. Die folgenden Abschnitte befassen sich detailliert mit der Entstehung kostenloser Handelsoptionen, wobei zwischen privaten Informationen sowie Such- und Informationskosten als Auslöser für Marktineffizienzen differenziert wird.[87]

---

[85] Bereits FAMA (1970), S. 388 hält fest: „(…) though transaction costs, information that is not freely available to all investors, and disagreement among investors about the implications of given information are not necessarily sources of market inefficiency, they are potential sources. And all three exist to some extent in real word markets."

[86] Auch die Missinterpretation öffentlich verfügbarer Informationen, sog. ‚noise trading' besitzt gewisse Bedeutung im Zusammenhang mit kostenlosen Handelsoptionen. Noise Trader handeln auf Basis von Informationen, denen sie Wertrelevanz zusprechen, obwohl diese bereits im Wertpapierpreis berücksichtigt sind. Somit üben Noise Trader kostenlose Handelsoptionen u. U. zum eigenen Nachteil aus. Vgl. zum Begriff des Noise Trader auch BAGEHOT (1971), S. 13, sowie BLACK (1986), S. 531.

[87] Kostenlose Handelsoptionen können auch durch Regelverstöße und Unregelmäßigkeiten im Wertpapierhandel entstehen. So zeigen STOLL/SCHENZLER (2006) die Existenz kostenloser Handelsoptionen im Zusammenhang mit der verzögerten Ausführung von Orders an der NASDAQ. Durch eine absichtliche Verzögerung kennt der beauftragte Händler den maßgeblichen Referenzkurs und kann den Kundenauftrag als kostenlose Handelsoption zum eigenen Vorteil nutzen (d. h. verspätet ausführen oder zurückweisen).

3.1.2   Kostenlose Handelsoptionen aufgrund asymmetrischer Informationsverteilung

Der originäre Beitrag von COPELAND/GALAI (1983) wählt als Ausgangspunkt einen Kapitalmarkt mit unterschiedlich informierten Marktteilnehmern:[88]

- Insider mit wertrelevanten privaten Informationen
- liquiditätsmotivierte Trader[89] mit öffentlichen Informationen
- Market Maker mit öffentlichen Informationen

Der Market Maker ist verpflichtet, jederzeit Geld- und Briefkurse in Form von Limit Orders zu stellen, um den kontinuierlichen Handel zu ermöglichen.[90] Dabei kann er den Typ (Insider oder liquiditätsmotivierter Trader) der Gegenpartei nicht ex ante, d. h. vor der Transaktion feststellen. Gemäß der eingangs beschriebenen Analogie stellen die Geld- und Briefgebote des Market Makers Optionen aus Sicht der übrigen Akteure dar.[91] Unterstellt man rationales Verhalten des Market Makers, ist davon auszugehen, dass diese kostenlos bereitgestellten Optionen aus seiner Sicht stets „aus dem Geld" sind, da er die Geldkurse (Briefkurse) unter (über) dem fundamentalen Wert festlegt. Unter diesen Voraussetzungen ist es für die Marktteilnehmer zwar möglich, die kostenlose Handelsoption auszuüben, jedoch ist die Ausübung auf Basis öffentlich verfügbarer Informationen unvorteilhaft. Aus der Sicht eines besser informierten Insiders stellt sich die Situation anders dar, denn bei Kenntnis eines abweichenden fundamentalen Wertes kann sich die kostenlose Option im Geld befinden. In diesem

---

[88]   Vgl. COPELAND/GALAI (1983), S. 1458–1460. Das primäre Ziel des Beitrags liegt nicht in der Bewertung von Limit Orders, vielmehr werden die Determinanten der Geld-Brief-Spanne untersucht. Da im Rahmen der vorliegenden Betrachtung die Optionsanalogie im Vordergrund steht, werden die weiteren, nicht damit zusammenhängenden Annahmen des Modells nicht explizit betrachtet.

[89]   Liquiditätsmotivierte Trader nehmen Portfolioanpassungen aufgrund persönlicher Liquiditätsschocks (bspw. sofort umzusetzende Konsumentscheidungen) vor. Vgl. COPELAND/GALAI (1983), S. 1459. Ihr Handeln ist also nicht informationsmotiviert. In der Markt-Mikrostruktur-Literatur werden sie häufig gemeinsam mit den Noise Tradern zur Gruppe der uninformierten Marktteilnehmer zusammengefasst.

[90]   Der betrachtete Markt ist also nach dem Market-Maker-Prinzip organisiert.

[91]   COPELAND/GALAI (1983), S. 1465–1468 charakterisieren die Gesamtposition des Market Makers als eine Strangle-Option (im Original „Straddle mit unterschiedlichen Basispreisen") und zeigen, dass diese näherungsweise mit Hilfe des Black/Scholes-Modells bewertet werden kann.

Fall übt der informierte Insider die kostenlose Handelsoption zu Lasten des Liquiditätsanbieters aus.

Bei der Wahl der Geld-Brief-Spanne steht der Market Maker vor einem Dilemma: eine zu geringe Geld-Brief-Spanne erhöht die Gefahr, durch Insider ausgenutzt zu werden, da die kostenlose Handelsoption werthaltiger wird. Gleichzeitig vermindern sich die Erlöse aus dem Handel mit uninformierten Marktteilnehmern. Eine zu hohe Geld-Brief-Spanne senkt zwar den Wert der kostenlosen Handelsoption, führt jedoch dazu, dass die Sofortigkeitskosten aus Sicht der liquiditätsmotivierten Marktteilnehmer möglicherweise so hoch werden, dass diese sich aus dem Markt zurückziehen. Damit steigt der relative Anteil der besser informierten Insider, die jeweils nur bei ausreichend werthaltigen privaten Informationen handeln.[92] Der Market Maker kann dieser Problemstellung durch die optimale Wahl der Geld-Brief-Spanne und damit der Basispreise der kostenlosen Handelsoptionen begegnen.[93]

3.1.3 Kostenlose Handelsoptionen bei Such- und Monitoringkosten

Während die Optionsanalogie im Modell von COPELAND/GALAI (1983) auf dem Einfluss privater Informationen gründet, lassen sich kostenlose Handelsoptionen auch bei der Verarbeitung öffentlicher Informationen beobachten. Dabei wird angenommen, dass die Informationsbeschaffung und -verarbeitung nicht kostenfrei erfolgen sowie eine ständige Marktbeobachtung Kosten verursacht.

---

[92] Letztlich handelt es sich um einen Fall adverser Selektion und stellt eine Variante des „Lemons"-Problems von AKERLOF (1970) dar. Das gehandelte Wertpapier ist zwar von gleichbleibender Qualität, jedoch sind die Insider besser über den Wert informiert. Stellt der Market Maker schlechtere Kurse, ziehen sich uninformierte Handelspartner aus dem Markt zurück. Dies verschlechtert das Verhältnis zwischen den Marktteilnehmern zugunsten der Insider. Eine weitere Vergrößerung der Geld-Brief-Spanne ist also nicht zielführend.

[93] Vgl. hierzu LÜDECKE (1996), S. 11 f. Informationsunterschiede zwischen Kapitalmarktteilnehmern werden auch bei GLOSTEN/MILGROM (1985) und HANDA/SCHWARTZ (1996) behandelt. Sie betrachten den Optionscharakter der Limit Order in einer Marktstruktur, die sowohl von informationsbasierten als auch von liquiditätsbasierten Handelsabsichten geprägt ist. CHACKO/JUREK/STAFFORD (2008) bestimmen aus dem Optionsansatz heraus die Kosten einer sofortigen Transaktion. Auch eine Vielzahl empirischer Untersuchungen motivieren ihre Hypothesen anhand der Optionspreisanalogie. Vgl. u. a. BERKMAN (1996) oder MCINISH/WOOD (1992).

Unter diesen Voraussetzungen kann davon ausgegangen werden, dass Anleger ihre Reservationspreise nicht kontinuierlich, sondern in diskreten Intervallen anpassen.[94] Einmal platzierte Limit Orders werden damit für einen bestimmten Zeitraum unverändert aufrechterhalten, obwohl möglicherweise wertrelevante Ereignisse in diesem Zeitraum stattgefunden haben und sich der Fundamentalwert hierdurch verändert hat.[95] Eine nicht rechtzeitig geänderte oder stornierte Limit Order unterliegt bei einer Ausführung dem ‚Winners Curse Problem‘, wenn die fehlende Anpassung an neue öffentliche Informationen vom nächsten Marktteilnehmer ausgenutzt wird.[96] Somit können Limit Orders bereits bei fehlender mittelstrenger Informationseffizienz Optionscharakter aufweisen.[97] Annahmen über das Vorliegen privater Informationen sind nicht zwingend notwendig.[98] Somit stellt diese Sichtweise eine Verallgemeinerung der Idee von COPELAND/GALAI (1983) dar. Unter diesen Annahmen ist der Wert der kostenlosen Handelsoptionen nicht mehr in erster Linie von Umfang und Werthaltigkeit der privaten Informationen abhängig. Stattdessen rücken Art und Höhe der Such- und Informationskosten, die Markt-Mikrostruktur, die Liquiditätspräferenzen der Marktteilnehmer und die Wertpapier-Preisdynamik in den Vordergrund.

---

[94] CHACKO/JUREK/STAFFORD (2008), S. 1271 führen bspw. eine exogene Variable ein, die sie als Entscheidungshorizont bezeichnen. Nach Verstreichen dieser Zeitspanne legt der Investor seinen neuen Reservationspreis fest.

[95] Beispiele für einen solchen Modellaufbau bieten DUFFIE/GÂRLEANU/PEDERSEN (2005) oder CHACKO/JUREK/STAFFORD (2008).

[96] Vgl. FOUCAULT (1999). Werden Limit Orders bei Vorliegen neuer wertrelevanter Informationen ausgenutzt, so wird vom „picking off" einer Order gesprochen.

[97] Die Platzierung einer Limit Order in gewissem Abstand zum gegenwärtigen Marktpreis stellt selten eine praktikable Lösung dar, da die Wahrscheinlichkeit einer Nichtausführung steigt. In der Literatur wird dieser Sachverhalt auch als Spannungsfeld zwischen ‚picking off'-Risiko und Ausführungsrisiko beschrieben. Vgl. FOUCAULT (1999), S. 105.

[98] Während das Vorliegen strenger Informationseffizienz auch die mittelstrenge Form mit einschließt, verhält es sich bei fehlender Informationseffizienz genau umgekehrt. Fehlende mittelstrenge Informationseffizienz impliziert, dass auch die strenge Form der Informationseffizienz nicht erfüllt ist.

3.2 Ökonomische Relevanz kostenloser Handelsoptionen

3.2.1 Möglichkeiten und Grenzen der Beurteilung der ökonomischen Relevanz

Die Existenz kostenloser Handelsoptionen auf Limit Order-Märkten beantwortet nicht die Frage nach ihrer ökonomischen Relevanz. Insbesondere vor dem Hintergrund der gewählten Zielsetzung erscheint eine Analyse des ökonomischen Stellenwertes kostenloser Handelsoptionen zwingend notwendig. Eine auf Basis der Optionsanalogie erfolgende weiterführende Betrachtung besitzt nur begrenzte Aussagekraft, solange der Optionscharakter von Limit Orders keine Rolle auf realen Kapitalmärkten spielt. Grundsätzlich ist nicht auszuschließen, dass der Optionswert einer Limit Order derart gering ist, dass er für die Marktteilnehmer keine Bedeutung hat.

Die Beantwortung der Frage nach der ökonomischen Relevanz der kostenlosen Handelsoption kann aus drei unterschiedlichen Perspektiven erfolgen. Zunächst kann der Wert kostenloser Handelsoptionen direkt betrachtet werden, wobei insbesondere seine Größenordnung von Interesse ist. Weiterhin stellt die Ausübung von Limit Orders häufig Liquiditätskonsum dar, was nicht alleine anhand optionspreistheoretischer Überlegungen erfasst werden kann. Deshalb berücksichtigt ein zweiter Ansatz die Liquiditätswirkung von kostenlosen Handelsoptionen.[99] Schließlich wird das Verhalten der Marktteilnehmer im Hinblick auf die Nutzung und Vermeidung kostenloser Handelsoptionen untersucht.

3.2.2 Wertorientierter Ansatz

3.2.2.1 Finanztheoretische Charakterisierung kostenloser Handelsoptionen

Bewertungsmodelle für Finanzoptionen können nicht ohne weiteres auf den vorliegenden Sachverhalt übertragen werden, da eine naive Übertragung der Optionspreistheorie unter Einbeziehung der üblichen Ausgestaltung von Limit Orders lediglich Tendenzaussagen über die wichtigsten Determinanten des Op-

---

[99] Während ein Investor, der eine aus dem Geld befindliche Finanzoption ausübt, irrational handeln würde, kann dies im Fall von kostenlosen Handelsoptionen u. U. als Liquiditätsnachfrage gedeutet werden.

tionswertes von Limit Orders ermöglicht. Ein Rückgriff auf die Prinzipien der Optionspreistheorie muss daher von einer sorgfältigen Analyse der Eigenschaften der kostenlosen Handelsoption begleitet werden. Die Ableitung belastbarer Aussagen über den Optionswert von Limit Orders erfordert eine genaue finanzwirtschaftliche Charakterisierung der kostenlosen Handelsoption und ihre Abgrenzung gegenüber Finanzoptionen.

Für die Dauer der Gültigkeit eines Limitgebots wird der Auftraggeber zum Anbieter eines von der Gegenseite jederzeit ausübbaren Kontraktes. Die Gegenseite ist dabei nicht eindeutig spezifiziert und kann von jedem anderen Marktteilnehmer eingenommen werden, solange das Limitgebot gültig ist. Das Gebot verliert seine Gültigkeit entweder durch Ausführung oder Stornierung. Die nachfolgende Tabelle ermöglicht den Vergleich einer Finanzoption und einer Limit Order.[100]

Eine Finanzoption berechtigt den Inhaber der Option	Eine im Orderbuch bestehende Limit Order berechtigt die übrigen Marktteilnehmer
• eine bestimmte Menge eines bestimmten Gutes	• eine durch das Limitgebot spezifizierte Menge eines Wertpapiers
• zu einem festgelegten Preis	• zu einem durch das Limitgebot festgelegten Preis
• zu einem festgelegten Zeitpunkt bzw. jederzeit bis zu einem Verfallsdatum	• jederzeit, solange die Limit Order gültig ist[101]
• zu erwerben (Call Option) bzw. • zu veräußern (Put Option)	• zu erwerben (Verkaufs-Limitgebot) bzw. • zu veräußern (Kauf-Limitgebot)

Tabelle 3:   Charakteristika von Optionskontrakten und Limit Orders

Dieser Vergleich zeigt die Gemeinsamkeiten zwischen Limit Orders und Finanzoptionen. Der Basiswert, die Menge und der Preis sind bei einem Limitgebot ebenso eindeutig spezifiziert wie bei einem Optionsgeschäft. Das Erwerbs- und das Veräußerungsrecht können eindeutig einer Verkaufsorder bzw. einer

---

[100] Im Folgenden wird der Begriff „Finanzoption" für vertraglich vereinbarte Optionskontrakte verwendet, um sie von kostenlosen Handelsoptionen abzugrenzen.

[101] Dies ist mit einer Option amerikanischen Typs vergleichbar.

Kauforder zugeordnet werden. Somit lässt sich die Platzierung bzw. Ausführung von Limitgeboten als eine der vier möglichen Grundpositionen von Optionsgeschäften darstellen.

Verkauf einer Kaufoption: Platzierung einer Limit-Verkaufsorder	Kauf einer Kaufoption: Handel gegen eine bestehende Limit-Verkaufsorder
Verkauf einer Verkaufsoption: Platzierung einer Limit-Kauforder	Kauf einer Verkaufsoption: Handel gegen eine bestehende Limit-Kauforder

Tabelle 4:   Entsprechungen von Limit Orders und Optionen

Ein wesentlicher Unterschied zwischen Finanzoptionen und Limit Orders ergibt sich bezüglich des Inhabers des Optionsrechtes. Während bei einem Optionsgeschäft ein bestimmter Optionskäufer dem Optionsverkäufer eine Prämie zahlt und dadurch exklusiv das Optionsrecht erwirbt, existiert im Falle eines Limitgebotes zunächst kein Vertragspartner. Vielmehr ist der Besitz der Option von der Ausgestaltung des Handelsprozesses abhängig.[102] Jeder Marktteilnehmer kann das Limitgebot ohne Zahlung einer Prämie nutzen. Im Moment der Transaktion erlischt das Gebot und steht danach den übrigen Marktteilnehmern nicht mehr zur Verfügung.

Das Fehlen eines eindeutigen Vertragspartners und einer festen Laufzeit sind nicht die einzigen Konsequenzen der fehlenden vertraglichen Vereinbarung. Finanzoptionen bieten unterschiedliche Arten der Erfüllung, da die Settlement-Konditionen eindeutig durch vertragliche Vereinbarungen geregelt werden können. Bei Limitgeboten fehlt diese vertragliche Spezifikation, wodurch die physische Lieferung implizit die maßgebliche Art der Erfüllung darstellt.[103]

---

[102] Vgl. STOLL (1992) S. 84–87.

[103] Dies führt auf unvollkommenen Kapitalmärkten zu Problemen bei der Bestimmung eines Referenzkurses, da zu ein und demselben Zeitpunkt unterschiedliche Preisnotierungen existieren können, z. B. Transaktionspreise, Geld- und Briefkurse.

3.2.2.2 Innerer Wert von Limit Orders

Der Wert von Finanzoptionen kann in die Komponenten innerer Wert und Zeitwert unterteilt werden. Wird der Ausübungspreis mit K und der Referenzkurs des Basiswertes mit S bezeichnet, bestimmt sich der innere Wert einer Option zu

- $\max(S - K, 0)$ im Falle einer Kaufoption sowie
- $\max(K - S, 0)$ im Falle einer Verkaufsoption.

Im Falle der kostenlosen Handelsoption bestimmen entsprechend der Optionsanalogie Limitgebot und Referenzkurs den inneren Wert. Eine kostenlose Handelsoption besitzt also immer dann einen inneren Wert größer Null, wenn das Verkaufslimit unter dem Referenzkurs oder das Kauflimit über dem Referenzkurs liegt. Positive innere Werte können grundsätzlich unter den in Abschnitt 3.1 diskutierten Annahmen auftreten. Fraglich ist dabei jedoch die Auswahl des maßgeblichen Referenzkurses. Die nachfolgenden Ausführungen verwenden zunächst den Fundamentalwert als Referenzkurs, um die Bestimmung des inneren Wertes von Limit Orders gemäß der Optionsanalogie aufzuzeigen. Im Anschluss werden die Limitationen dieser Referenzkurswahl gemeinsam mit möglichen Alternativen diskutiert. Abbildung 8 verdeutlicht die Entstehung positiver innerer Werte anhand der schematischen Darstellung eines Limit Orderbuchs und einer exemplarischen Verkaufsorder K^{sell}.[104] Solange der fundamentale Wert des Wertpapiers V_0 unter dem Limitgebot liegt, beträgt der innere Wert der (in der Verkaufsorder enthaltenen) Kaufoption Null. Nach einer Änderung des Fundamentalwertes auf V_1 ist der innere Wert dagegen positiv und beträgt nun $V_1 - K^{\text{sell}}$.

---

[104] Die Analyse bezieht sich im Folgenden auf exakt eine limitierte Order des Orderbuches, ohne dass die übrigen Gebote und die Volumina genau spezifiziert werden. Die angestellten Überlegungen lassen sich jedoch analog auf benachbarte Gebote im Orderbuch übertragen. Zur Kennzeichnung der Orders wird im Folgenden das Superskript sell bzw. buy verwendet.

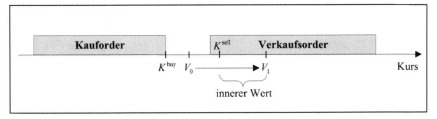

Quelle: In Anlehnung an LINNAINMAA (2010), S. 1475.

Abbildung 8:   Innerer Wert einer limitierten Verkaufsorder

Die Gültigkeit der obigen Darstellung hängt von der Definition des Begriffs „innerer Wert" ab. Dabei ist insbesondere entscheidend, ab wann der innere Wert als realisiert gelten kann. In der obigen Darstellung wird der Erwerb eines Wertpapiers mit fundamentalem Wert V_1 zu lediglich K^{sell} mit der Realisation des inneren Wertes in Höhe von $V_1 - K^{sell}$ gleichgesetzt. Dagegen kann eingewendet werden, dass aufgrund des fehlenden Cash Settlements durch die Ausübung der kostenlosen Handelsoption lediglich eine Wertpapierposition aufgebaut wird, ohne dass ein Erfolg realisiert wurde.[105]

Für die Beurteilung des inneren Wertes kann alternativ zu obiger Darstellung eine monetäre Realisation gefordert werden, die erst mit der Glattstellung der Position erreicht wird. Der monetäre Gegenwert des Wertpapiers bei sofortiger Realisation entspricht jedoch nicht zwingend dem fundamentalen Wert, vielmehr ist wiederum zu berücksichtigen, zu welchen Konditionen die Position glattgestellt werden kann. Nimmt man an, dass die sofortige Glattstellung nur durch die anschließende Platzierung einer Market Order erfolgen kann, stellt der beste Orderbuchkurs den Referenzkurs für die Optionsbewertung dar.[106] In der obigen Abbildung gibt demnach die beste Kauforder K^{buy} den Referenzkurs an.

Der innere Wert der kostenlosen Handelsoption kann bei dieser strengen Definition und der Forderung nach sofortiger Realisation des inneren Wertes weder bereits bei der Platzierung noch im Ausführungszeitpunkt positive Werte an-

---

[105] Je nachdem, ob eine Kauf- oder Verkaufsoption ausgeübt wurde, kann eine long- oder short- Position des Wertpapiers aufgebaut werden.

[106] Bei Vorliegen impliziter Transaktionskosten müssen auch zur Bewertung von Finanzoptionen strenggenommen Geld- und Briefkurse herangezogen werden. Vgl. dazu MERTON (1990), S. 341 f.

nehmen.[107] Bei Platzierung ist dies in der Ausgestaltung von Wertpapierhandelssystemen begründet, die Orders, die das Orderbuch kreuzen, sofort gegen das
bestehende Orderbuch ausführen.[108] Das Matching erfolgt in diesem Fall gegen
die beste Order der anderen Marktseite (Preispriorität). Hierdurch findet die
Transaktion nicht zum spezifizierten Limitgebot, sondern analog zu einer Markt
Order zum besten verfügbaren Kurs statt. Dieser Kurs stellt gleichzeitig auch
den Referenzkurs für eine sofortige Glattstellung der Position dar und führt damit stets zu einem inneren Wert von Null.

Bei Ausübung der Option kann der innere Wert ebenfalls keine positiven Werte
annehmen. Der Grund liegt darin, dass Informationen, die zu einer Änderung
des Fundamentalwertes führen, nicht zeitgleich im gesamten Orderbuch verar-
beitet werden. Orderbuchkurse spiegeln damit zeitweise nicht den aktuellen
Wert des Underlyings wider und können den inneren Wert der kostenlosen Handelsoption nicht abbilden. (In Abbildung 8 enthält der Kurs K^{buy} noch nicht die
neue Information, die zur Veränderung des Fundamentalwertes führt.)

Beide Sachverhalte werden anhand von Abbildung 9 verdeutlicht. Die Ver-
kaufsorder K_1^{sell} wird zum höheren Kurs K^{buy} ausgeführt, der gleichzeitig den
Referenzkurs für eine Glattstellung der Position darstellt. Der innere Wert der
kostenlosen Handelsoption beträgt $\max(0, K^{\text{buy}} - K^{\text{buy}}) = 0$. Auch die Ausübung
einer zweiten Verkaufsorder K_2^{sell} führt trotz einer Fundamentalwertänderung
nicht zu einem positiven inneren Wert, da auch hier K^{buy} als Referenzkurs herangezogen werden müsste: $\max(0, K^{\text{buy}} - K_2^{\text{sell}}) = 0$.

---

[107] Der zugrunde gelegte Betrachtungszeitpunkt entspricht dem Zeitpunkt der Platzierung,
    sodass angenommen werden kann, dass im Betrachtungszeitraum keine informationsba-
    sierte Veränderung des Fundamentalwertes stattfinden kann. Auch etwaige anschließende
    Orderbuchanpassungen werden nicht einbezogen.

[108] Vgl. bspw. die Kernregeln der Zusammenführung von Aufträgen (Matching) im fortlau-
    fenden Handel des Xetra Marktmodells, Deutsche Börse AG (2012), S. 50–53.

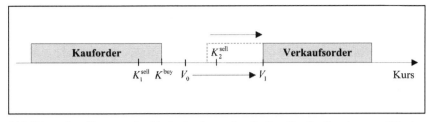

Abbildung 9: Kreuzen des Orderbuchs und sofortige Realisation innerer Werte

Eine zweite Alternative könnte in der Verwendung des besten Orderbuchkurses nach Verarbeitung der neuen Information liegen, d. h. nachdem sich das Orderbuch an den neuen fundamentalen Wert angepasst hat.[109] Abbildung 10 führt das Beispiel aus Abbildung 8 unter der Annahme fort, dass nach der Wertänderung neue Kauf- und Verkaufsgebote um den neuen Fundamentalwert V_1 platziert werden. Gemäß obiger Überlegung wird K_2^{buy} als bester verfügbarer Kurs anstatt V_1 als Referenzkurs herangezogen, da dieser Kurs die Anforderung der sofortigen Realisierbarkeit des inneren Wertes eher erfüllt und gleichzeitig bereits die neue wertbeeinflussende Information enthält. Zur Glattstellung der aufgebauten Wertpapierposition wird eine Markt Order gegen das beste Kaufgebot ausgeführt. Es kann ein monetärer Erfolg in Höhe von $K_2^{buy} - K^{sell}$ realisiert werden.

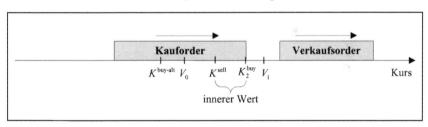

Abbildung 10: Referenzkurs und innerer Wert bei Glattstellung der Position

Die Heranziehung von aktualisierten Orderbuchkursen als Referenzkurs bringt jedoch die Problematik der Unsicherheit mit sich. Da die genaue Art der Anpassung des Orderbuches nicht im Voraus bekannt ist, stellt der Referenzkurs eine

---

[109] In der Realität erfolgt die Anpassung ganzer Orderbücher auf neue wertrelevante Informationen durch individuelle Entscheidungen aller beteiligten Marktteilnehmer. Die folgenden Ausführungen stellen insofern eine starke Vereinfachung dar, um die Referenzkurswahl nachvollziehbar erläutern zu können.

unsichere Variable dar. Ex-ante Betrachtungen lassen sich somit lediglich unter speziellen Annahmen zur Anpassung des Orderbuches anstellen.

Es wird deutlich, dass der innere Wert einer kostenlosen Handelsoption und seine Realisierbarkeit durch die Wahl des Referenzkurses beeinflusst werden. Keine der vorgestellten Alternativen kann konzeptionell vollständig überzeugen. Der Fundamentalwert ermöglicht eine gute Erfassung der Optionseigenschaften von Limit Orders. Kritisch ist jedoch die fehlende sofortige Realisierbarkeit des inneren Wertes. Dieses Kriterium kann durch Orderbuchkurse zwar erfüllt werden, verfehlt aber vollständig die Abbildung der Optionseigenschaften der Orders. Die Verwendung von Orderbuchkursen nach einer etwaigen Anpassung an neue Informationen ist nur durch zusätzliche Annahmen möglich. Der aktuelle Transaktionskurs entspricht direkt nach Orderausführung stets dem ursprünglichen Limitgebot und ist ebenfalls ungeeignet, da mit diesem Kurs weder eine Möglichkeit der Glattstellung noch die Erfassung der Optionseigenschaften der Limit Order möglich ist.[110] Die Eigenschaften der unterschiedlichen Referenzkurse werden in der nachfolgenden Tabelle zusammengefasst.

	Fundamentaler Wert	Orderbuchkurs vor Anpassung	Orderbuchkurs nach Anpassung	Transaktions-kurs
Positive innere Werte	möglich	nicht möglich	möglich	nicht möglich
Realisation	endfällig	sofort	nahezu sofort	nicht möglich
Eignung	bedingt, da eine sofortige monetäre Realisation fehlt	ungeeignet	bedingt, da Annahmen zur Orderbuchanpassung notwendig	ungeeignet

Tabelle 5:   Auswirkungen der Referenzkurswahl

Soweit nicht anderweitig festgelegt, wird im Rahmen der folgenden theoretischen Ausführungen der fundamentale Wert als Referenzkurs herangezogen.

---

[110] Die Verwendung älterer Transaktionskurse als Referenzkurs scheidet aufgrund des sog. Bid-Ask-Bounce ebenfalls aus. Dieser Effekt stellt sich ein, wenn Marktorder der Kauf- und Verkaufsseite an den bestehenden Brief- und Geldkursen ausgeführt werden. Transaktionspreise schwanken damit zwischen den Brief- und Geldkursen. Der innere Wert würde in diesem Fall davon abhängen, von welcher Marktseite die vorangegangene Transaktion initiiert wurde. Vgl. für eine Diskussion des Problemfeldes der Referenzkurswahl auch GÄRTNER (2007) S. 95–98.

3.2.2.3 Zeitwert von Limit Orders

Der Zeitwert als zweite Komponente des Optionswertes spiegelt die Chancen des Optionsinhabers während der Restlaufzeit der Option wider. Die wesentlichen Bestimmungsgrößen des Zeitwertes sind die Restlaufzeit sowie die Volatilität des Basisobjektes.

Versucht man das Konzept des Zeitwertes auf eine Limit Order zu übertragen, fällt zunächst auf, dass keine eindeutige Laufzeit spezifiziert ist. Eine Limit Order kann jederzeit storniert bzw. in ihren Konditionen angepasst werden. Dies hat einen entscheidenden Einfluss auf die sich ergebenden Risiken und Chancen. Zusätzlich spielt die Verfügungsgewalt über die kostenlose Handelsoption eine wichtige Rolle für ihren Zeitwert. Die Markt-Mikrostruktur regulierter Handelsplätze ist so ausgestaltet, dass eine Limit Order von allen übrigen Marktteilnehmern zur Ausführung gebracht werden kann.[111] Hierzu ist lediglich die Platzierung einer ausreichend großen Market Order notwendig. In dieser Konkurrenzsituation ist es bei rationalen, auf individuelle Nutzenmaximierung bedachten Marktteilnehmern nicht vorstellbar, dass sich kostenlose Handelsoptionen längere Zeit im Geld befinden können. Sobald ein innerer Wert größer Null erreicht wird und dies von mindestens einem weiteren Marktteilnehmer erkannt wird, ist davon auszugehen, dass es zu einer Ausübung der kostenlosen Handelsoption kommt. In ihren Charakteristika sind kostenlose Handelsoptionen daher mit Barrier Optionen vergleichbar. Aus diesem Grund überschätzt eine Black/Scholes-Bewertung den Zeitwert einer kostenlosen Handelsoption. Vor dem Hintergrund dieser Einschränkungen werden im Folgenden die Restlaufzeit der Option sowie die Volatilität des Underlyings als die wichtigsten Einflussgrößen auf den Zeitwert kostenloser Handelsoptionen betrachtet.

Der Wert einer Finanzoption kann ihren aktuellen inneren Wert nur bei einer verbleibenden Restlaufzeit größer Null übersteigen. Im Fall der kostenlosen Handelsoption stellt die Geltungsdauer der Limit Order die Entsprechung zur Restlaufzeit dar. Dabei ist zu beachten, dass Stornierungsmöglichkeiten und u. U. weitere Bedingungen der Orderausführung bestehen.[112] Die Gültigkeit

---

[111] Alternative Handelssysteme können dem Betreiber ein Vorgriffsrecht einräumen.

[112] Vgl. STOLL (1992) S. 84–87.

einer Limit Order wird in der Regel bei Ordererteilung festgelegt.[113] Die im Vergleich zu Finanzoptionen deutlich kürzeren Restlaufzeiten führen dazu, dass nur ein enger Zeitrahmen für Veränderungen des Referenzkurses besteht, wodurch der Zeitwert kostenloser Handelsoptionen deutlich beschränkt wird. Dieser Umstand wird zusätzlich durch die Möglichkeit von Anpassungen oder Stornierungen der Orders verstärkt, da die Rücknahme eines Limitgebotes jederzeit möglich ist, solange keine Ausführung stattgefunden hat. Die Restlaufzeit einer kostenlosen Handelsoption ist somit stochastisch und häufig deutlich kürzer als die ursprünglich festgelegte Gültigkeitsdauer.[114] Wie im Folgenden gezeigt wird, stehen die stochastischen Eigenschaften der Restlaufzeit zudem im Zusammenhang mit der Volatilität des Basiswertes.

Neben der Restlaufzeit ist die Höhe des Zeitwertes einer Finanzoption wesentlich von der zukünftigen Volatilität des Basiswertes abhängig. Sie beschreibt das Ausmaß der erwarteten Kursschwankungen während der Restlaufzeit der Option. Auf Grund der Wahlmöglichkeit des Optionsinhabers und des sich dadurch ergebenden asymmetrischen Chance-Risiko-Profils, ist im Einklang mit der Optionsanalogie von einem positiven Einfluss der Volatilität auf den Optionswert von Limit Orders auszugehen.[115]

Bei genauer Betrachtung lassen sich in Bezug auf die Volatilitätswirkung Unterschiede zwischen kostenlosen Handelsoptionen und Finanzoptionen feststellen. Die vergleichsweise kurze und darüber hinaus unsichere Restlaufzeit von Limit Orders führt zunächst dazu, dass insbesondere die kurzfristige Volatilität des Basiswertes für die Höhe des Zeitwertes ausschlaggebend ist. Weiterhin muss

---

[113] Im Xetra Handelssystem der Deutschen Börse AG sind drei Arten von Gültigkeitsbeschränkungen vorgesehen. *Good-for-day, good-till-date,* und *good-till-cancelled,* wobei die beiden letzteren eine maximale Gültigkeit von 360 Kalendertagen besitzen. Vgl. Deutsche Börse AG (2012).

[114] SCHLAG/MÖNCH/SCHURBA (2006) dokumentieren, dass über 85% aller nicht- oder nur teilausgeführten Limit Orders für DAX30-Titel wieder storniert werden. Die Hälfte der gelöschten Orders wurde im Untersuchungszeitraum bereits nach weniger als 17 Sekunden wieder gelöscht.

[115] Ein asymmetrisches Chance-Risiko Profil bedeutet, dass sich nachteilige Veränderungen des Basiswertes nicht auf die Vermögensposition des Optionsinhabers auswirken, da dieser von seinem Ausübungswahlrecht Gebrauch machen kann. Dies gilt insbesondere für am Geld notierende Optionen und somit auch für den vorliegenden Untersuchungsgegenstand, die Limit Order.

beachtet werden, dass der Zeitwert letztlich alle potentiellen, in der Zukunft liegenden inneren Werte der Option unter Berücksichtigung ihrer Eintrittswahrscheinlichkeiten widerspiegelt. Im Gegensatz zu Finanzoptionen ist die Erreichbarkeit dieser Zustände nicht nur an den realisierten Kursverlauf, sondern auch an die stochastische Restlaufzeit geknüpft. Diese kann wiederum durch das Ausmaß der Kursschwankungen beeinflusst werden. Dies ist immer dann der Fall, wenn Limit Orders als Reaktion auf Kursänderungen angepasst werden.

Auf realen Wertpapiermärkten befinden sich Orderbücher in einem dynamischen Wandel und reagieren laufend auf Fundamentalwertänderungen, Ausführungen von Orders und die mit den Ausführungen einhergehenden Kursveränderungen.[116] Diese durch individuelle Marktteilnehmer getroffenen Entscheidungen führen aus der Sicht des Marktes zu einer Veränderung der Basispreise der kostenlosen Handelsoptionen. Die Gesamtheit der Order-Anpassungen, die Platzierung neuer Orders und das resultierende Orderbuch werden gemeinhin als Orderbuchdynamik bezeichnet.[117] Die Dynamik des Orderbuches, d. h. die Reaktion des Orderbuches auf Marktereignisse beeinflusst gemeinsam mit der Kursdynamik die in der Zukunft liegenden inneren Werte von kostenlosen Handelsoptionen und damit auch ihren gegenwärtigen Zeitwert. Dieser Einfluss der Orderbuchdynamik auf künftige innere Werte einzelner Orders wird nachfolgend unter unterschiedlichen Annahmen betrachtet. Beginnend mit einem statischen Orderbuch wird die Betrachtung in der Folge auf Orderbücher mit höherer

---

[116] Die hier beschriebene Anpassung des Orderbuchs besitzt einige Gemeinsamkeiten mit der Liquiditätsdimension der Erholungsfähigkeit, sollte jedoch im vorliegenden Kontext nicht mit dieser gleichgesetzt werden. Erholungsfähigkeit bezeichnet die Fähigkeit eines Marktes, mit neuen Aufträgen auf kurzfristige Kursveränderungen zu reagieren. Dabei sind jedoch transitorische, nicht permanente Preisänderungen gemeint. Vgl. hierzu und für weitere Definitionen der Erholungsfähigkeit GÄRTNER (2007), S. 9 f. Im Folgenden soll keine Einschränkung bezüglich der Art der Preisänderung gelten.

[117] Für den Begriff Orderbuchdynamik (engl.: order book dynamics) existiert keine eindeutige Definition in der Literatur. In Untersuchungen zur optimalen Auswahl und Platzierung von Orders auf Limit Order-Märkten bezeichnet der Begriff die resultierenden Veränderungen eines Orderbuchs auf aggregierter Ebene. Vgl. FOUCAULT/KADAN/KANDEL (2005) S. 1208, HALL/HAUTSCH (2006), S. 974 oder auch BIAIS/WEILL (2009), S. 26. In empirischen Untersuchungen werden damit die im Zeitverlauf veränderlichen Eigenschaften von Orderbüchern bezeichnet. Vgl. MASLOV/MILLS (2001), S. 235 f., ELLUL ET AL. (2007), S. 638–641 sowie SANDAS (2001), S. 706 f. Neuere Untersuchungen verstehen die Orderbuchdynamik als einen integralen Teil des Preisbildungsprozesses auf Wertpapiermärkten, anstatt diese lediglich als Ergebnis der Preisbildung zu betrachten.

Anpassungsfähigkeit ausgeweitet.[118] Dabei werden zunächst die Annahmen zur Reaktion der Marktteilnehmer auf Fundamentalwertveränderungen und die daraus resultierenden Orderbuchveränderungen festgelegt und im Anschluss die Auswirkungen auf die inneren Werte der enthaltenen Orders untersucht.

Das zunächst betrachtete, größtenteils statische Orderbuch bleibt von Fundamentalwertänderungen unbeeinflusst und ändert sich lediglich durch die Ausführung der besten Gebote. Limit Orders werden also lediglich ausgeführt, jedoch nicht storniert oder geändert. Ihre Laufzeit ist bis auf die Möglichkeit einer vorzeitigen Ausführung deterministisch. Die Basispreise der kostenlosen Handelsoptionen bleiben im Zeitablauf konstant, wodurch eine pfadunabhängige Realisierbarkeit künftiger innerer Werte möglich ist.[119] Abbildung 11 veranschaulicht den Sachverhalt für einen exemplarischen Kursverlauf (gradueller Wertanstieg). Im Rahmen der diskreten Betrachtung steigt der Fundamentalwert in t_1 bis t_3 und fällt in t_4. Drei Verkaufsgebote werden im Folgenden betrachtet. Sie bestehen ab t_0 und werden bis t_4 teilweise zur Ausführung gebracht. Dementsprechend ändert sich das Orderbuch lediglich durch die Ausführung der Limit Orders K_{0-2}^{sell} und K_{0-3}^{sell}.

---

[118] Die Modellierung von Orderbüchern und die empirische Untersuchung der Orderbuchdynamik realer Wertpapiermärkte stellt eine eigene Forschungsrichtung dar. Die Dynamik des Orderbuchs ist insbesondere von den Eigenschaften der Marktteilnehmer abhängig. Vgl. stellvertretend BIAIS/HILLION/SPATT (1995) sowie ROȘU (2009). Die im Folgenden verwendeten Orderbücher können den Detailgrad dieser Studien nicht erreichen und dienen lediglich zur Verdeutlichung des Zusammenhangs zwischen Volatilität und dem Zeitwert der kostenlosen Handelsoption.

[119] Gemäß der zuvor getroffenen Annahme wird der fundamentale Wert als Referenzkurs herangezogen.

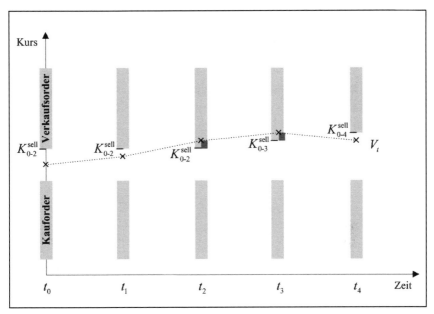

Abbildung 11: Innere Werte in einem statischen Orderbuch

Da das Orderbuch nicht auf Veränderungen des Fundamentalwertes reagiert, können sowohl in t_2 als auch in t_3 innere Werte (dunkel) von bereits seit t_0 bestehenden Limit Orders vereinnahmt werden. Gleichgerichtete Wertänderungen des Underlyings führen zu einer Realisierung der inneren Werte in künftigen Perioden und bedingen positive Zeitwerte der Limit Orders in t_0. Dies gilt unabhängig von der konkreten Ausprägung des Kursprozesses, da lediglich das Erreichen eines bestimmten Kursniveaus ausschlaggebend ist.

Der Sachverhalt ändert sich, sobald eine höhere Anpassungsbereitschaft der Marktteilnehmer unterstellt wird. Unter der Annahme, dass jede Ausführung zu einer Anpassung des Orderbuchs an den jeweils letzten Ausführungskurs führt, stellt sich nach den resultierenden Stornierungen/Änderungen einzelner Limit Orders ein abweichendes Ergebnis ein.[120] Eine ausführungsbedingte Anpassung des Orderbuches führt zu einer Veränderung der Basispreise der kostenlosen

---

[120] Die laufende Anpassung von Limit Orders als Reaktion auf Ausführungen ist eine Strategie zum Schutz gegen ungewollte kostenlose Handelsoptionen und stellt eine der wesentlichen Implikationen der Untersuchung von COPELAND/GALAI (1983) dar.

Handelsoptionen, was wiederum die Realisierbarkeit innerer Werte in der Zukunft beeinflusst. Abbildung 12 demonstriert den Sachverhalt für einen Wertprozess der mit dem aus Abbildung 11 identisch ist. Abweichend von der obigen Darstellung reagiert das Orderbuch auf die Ausführung in t_2 und verschiebt sich derart, dass der letzte Transaktionskurs die neue Spannenmitte bildet.[121] Das Verkaufsgebot K_{0-3}^{sell} wurde auf K_{3-4}^{sell} angepasst, womit sich zugleich auch der Basispreis der kostenlosen Handelsoption verändert.

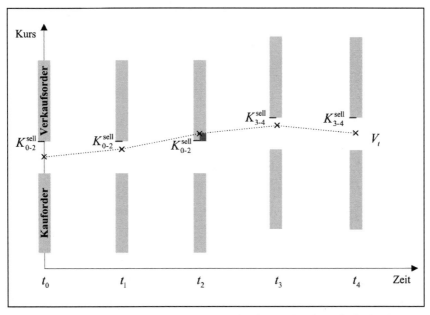

Abbildung 12: Kumulative Wertänderungen in einem adaptiven Orderbuch

Dies hat zur Folge, dass abweichend zum statischen Orderbuch vorliegend nur in t_2 ein positiver innerer Wert realisiert werden kann. Die Kursveränderung in t_3 führt nun, aufgrund der veränderten Basispreise der kostenlosen Handelsoption in t_3, nicht mehr zu einem positiven inneren Wert.

Die Überlegung verdeutlicht, dass die Dynamik des Orderbuches verhindern kann, dass eine Akkumulation gleichgerichteter Kursänderungen zum Erreichen

---

[121] K_{0-3}^{sell} sowie alle weiteren Order zwischen V_3 und K_{3-4}^{sell} wurden demnach annahmegemäß storniert oder auf K_{3-4}^{sell} erhöht.

positiver innerer Werte führt. Dies verringert wiederum den aktuellen Zeitwert der kostenlosen Handelsoption. Dieser Zeitwert wird in einem dynamischen Umfeld zu einer pfadabhängigen Größe, da die kostenlose Handelsoption ähnlich einer Barrier Option bei Erreichen bestimmter Kursschwellen untergehen kann.[122]

Der Zeitwert kostenloser Handelsoptionen verringert sich umso stärker, je sensibler die Marktteilnehmer reagieren. Bezieht man Orderbuchänderungen als Reaktion auf Veränderungen des Fundamentalwertes in die Betrachtung ein, verringert sich der Zeitwert noch weiter. Sukzessive Wertveränderungen führen dann u. U. nicht mehr zu einer zukünftigen Realisation innerer Werte, da sich die Basispreise der kostenlosen Handelsoptionen ebenfalls laufend verändern. In diesem Zusammenhang erlangen Kurssprünge einen besonderen Stellenwert für die Werthaltigkeit kostenloser Handelsoptionen. Zum einen verhindern plötzliche Kurssprünge eine rechtzeitige Anpassung des Orderbuchs, zum anderen kann durch einen Kurssprung ein hoher innerer Wert realisiert werden. Je höher die Dynamik des Orderbuchs, umso eine entscheidendere Rolle spielen Kurssprünge für den Zeitwert der kostenlosen Handelsoption.

Zur Verdeutlichung der Bedeutung der Orderbuchdynamik für die Werthaltigkeit kostenloser Handelsoptionen stellt Abbildung 13 den bereits bekannten Kursprozess erneut dar, diesmal mit einem dynamisch auf Fundamentalwertänderungen reagierenden Orderbuch. In der Darstellung bildet sich eine konstante Geld-Brief-Spanne mit V_{t-1} als Spannenmittelpunkt. Obwohl in jeder Periode Wertveränderungen auftreten, kommt es nicht zu positiven inneren Werten der kostenlosen Handelsoption. Im Gegensatz zu sukzessiven Änderungen würde ein Kursprung (t_3, dunkel dargestellt) durchaus zu einem positiven inneren Wert führen.

---

[122] Die Barriere-Eigenschaft entfaltet damit Wirkung sowohl auf den inneren Wert als auch auf den Zeitwert kostenloser Handelsoptionen.

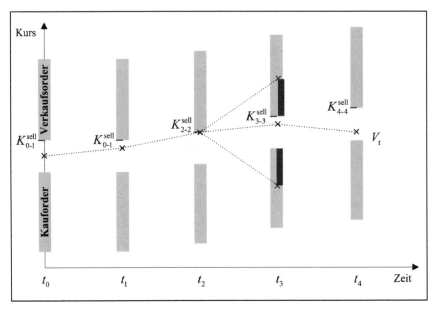

Abbildung 13: Volatilität und Zeitwert kostenloser Handelsoptionen

Zusammenfassend lässt sich festhalten, dass der Zeitwert der kostenlosen Handelsoption besonders hoch ist, wenn Preise kurzfristig, diskontinuierlich und stark schwanken.[123] Für die Größenordnung des Wertes kostenloser Handelsoptionen bedeutet dies, dass nur eine Volatilität über die Grenzen der Geld-Brief-Spanne hinaus, bspw. durch Kurssprünge zu einem ökonomisch relevanten Zeitwert führen kann.

3.2.2.4 Zwischenfazit zum wertorientierten Ansatz

In diesem Abschnitt wurden Grundlagen der Bewertung kostenloser Handelsoptionen untersucht und die Unterschiede gegenüber Finanzoptionen verdeutlicht. Die Bestimmung des inneren Wertes ist an die Annahmen bezüglich des Referenzkurses geknüpft. Die Überlegungen zeigen, dass die inneren Werte durch die Wettbewerbsintensität des Marktes beschränkt sind, da kostenlose Handelsoptionen mit positiven inneren Werten nur solange am Markt verbleiben, bis ihr Optionswert von anderen Marktteilnehmern vereinnahmt oder die Order

---

[123] Vgl. STOLL (1992) S. 84–87.

durch ihren Auftraggeber geändert oder storniert wird. Der Zeitwert der kostenlosen Handelsoption kann positive Werte annehmen, ist jedoch in gleicher Weise wie auch der innere Wert durch den Wettbewerb der Marktakteure beschränkt. Zudem führen Anpassungen und Stornierungen von Orders zu
Änderungen der Basispreise der kostenlosen Handelsoption.[124] Der Zeitwert
kostenloser Handelsoptionen wird somit vor allem durch Kurssprünge beeinflusst. Im Ergebnis könnte die hohe Wettbewerbsintensität und Dynamik realer
Wertpapiermärkte dafür sprechen, dass kostenlose Handelsoptionen nahezu
wertlos sind und aus ökonomischer Sicht zu vernachlässigen sind.

Die bisherigen Ausführungen orientierten sich an der Bewertung von Finanzoptionen und berücksichtigten nur Strategien, die dem Optionsinhaber einen monetären Vorteil verschaffen. Folgerichtig wurden lediglich positive innere Werte
betrachtet, da der Optionsinhaber eine Option nur bei einem positiven inneren
Wert ausübt. Ist die Ausübung unvorteilhaft, so lässt der Inhaber die Option
verfallen. Diese Überlegung lässt sich nicht ohne weiteres auf kostenlose Handelsoptionen auf einem unvollkommenen Kapitalmarkt übertragen. Aufgrund
der Liquiditätswirkung von Limit Orders kann eine unvorteilhafte Ausübung
durchaus rational sein. Dies soll im folgenden Abschnitt betrachtet werden.

3.2.3 Liquiditätswirkung kostenloser Handelsoptionen

3.2.3.1 Liquiditätseigenschaften von Limit Orders

Zunächst soll gezeigt werden, wie der innere Wert einer kostenlosen Handelsoption mit der Liquiditätswirkung der zugrundeliegenden Limit Order korrespon-
diert. Als Ausgangspunkt dient eine begriffliche Kategorisierung von Limit
Orders nach HARRIS (2003). Danach können Limit Orders gleichermaßen Liquiditätsangebot wie auch -nachfrage darstellen.[125] In der nachfolgenden Übersicht
werden limitierte Kauf- und Verkaufsaufträge anhand ihrer Position im Orderbuch kategorisiert und hinsichtlich ihrer Liquiditätswirkung beurteilt.

---

[124] Ein weiterer Faktor bei der Bewertung von Finanzoptionen ist der risikofreie Zinssatz.
Bezogen auf die Bewertung von kostenlosen Handelsoptionen ist jedoch mit Blick auf die
kurzen Restlaufzeiten davon auszugehen, dass der risikofreie Zins die Größenordnung des
Optionswertes nicht entscheidend beeinflusst.

[125] Vgl. im Folgenden HARRIS (2003), S. 72–74.

	Kauforder	Limitgebot	Verkaufs-order	
Marketable	über dem besten Briefkurs	*behind the Market*
Marketable	zum besten Briefkurs	*at the Market*
in the market	zwischen bestem Brief- und Geldkurs	*in the market*
at the Market	zum besten Geldkurs	*Marketable*
behind the Market	unter dem besten Geldkurs	*Marketable*

(Linke Randbeschriftung: Liquiditätsangebot | Liquiditätsnachfrage; rechte Randbeschriftung: Liquiditätsnachfrage | Liquiditätsangebot)

Quelle: In Anlehnung an HARRIS (2003) S. 74.

Tabelle 6:   Kategorien von Limit Orders

Marketable offers können ähnlich wie eine Market Order sofort zur Ausführung gebracht werden. Sie werden dabei gegen bereits im Orderbuch enthaltene Limit Orders der gegenüberliegenden Marktseite ausgeführt. Da das Orderbuch dadurch verkürzt wird und eine sofortige Ausführung zustande kommt, kann dies als Liquiditätskonsum interpretiert werden. Die weiteren Kategorien *in the market, at the market* und *behind the market* haben gemeinsam, dass sie nicht sofort zur Ausführung gebracht werden. Sie unterscheiden sich in ihrer relativen Lage zum bislang besten Gebot der gleichen Marktseite. Eine Limit Order, die genau dem bisherigen besten Gebot im Orderbuch entspricht, wird als *at the market* bezeichnet. *In the market* Limit Orders verbessern den aktuellen Preis, *behind the market* Limit Orders liegen dahinter. Die Ausführungspriorität und damit die Ausführungswahrscheinlichkeit verschlechtern sich entsprechend.[126] Solange diese Orders unausgeführt im Orderbuch verbleiben, stellen sie Liquidi-

---

[126] Bislang wurde die Größe einer Order nicht in die Betrachtung einbezogen. In Hinblick auf Ausführungswahrscheinlichkeiten ist das Volumen der Order immer dann ein entscheidender Parameter, wenn die Wahrscheinlichkeit für eine vollständige Orderausführung betrachtet wird. Größere Orders haben bei gleichem Limit-Preis in der Regel eine geringere Wahrscheinlichkeit der vollständigen Ausführung als kleinere Order.

tät für die nachfolgenden Marktteilnehmer bereit.[127] Dieses Liquiditätsangebot erfolgt jedoch nicht kostenlos. Die Kosten variieren mit der Höhe des Limitgebots und verhalten sich genau entgegengesetzt zur Ausführungspriorität. Während *at the market* Orders Liquidität zu den gleichen Bedingungen wie das Orderbuch anbieten, verringern *in the market* Orders die Liquiditätskosten für die übrigen Teilnehmer. *Behind the marktet* Orders fordern die höchsten Liquiditätskosten.

3.2.3.2 Innerer Wert kostenloser Handelsoptionen als Liquiditätsindikator

Da die Höhe des Limitgebotes sowohl für die Liquiditätswirkung einer Limit Order ausschlaggebend ist, als auch einen wesentlichen Faktor für die Bewertung der kostenlosen Handelsoption darstellt, lässt sich ein Zusammenhang zwischen dem inneren Wert kostenloser Handelsoptionen und ihrer Liquiditätswirkung herstellen. Um diesen Liquiditäts-Wert-Zusammenhang im Detail aufzuzeigen, bedarf es zunächst einer vereinfachenden Festlegung: Es wird angenommen, dass der faire Wert eines Wertpapiers V zwischen dem gegenwärtigen Geldkurs und dem Briefkurs liegt.[128] Unter dieser Annahme lässt sich die Kategorisierung der Limit Orders um den Aspekt des Wertes der kostenlosen Handelsoption erweitern.

---

[127] Dies entspricht der grundlegenden Annahme der Markt-Mikrostruktur-Theorie, wonach Limit Orders Liquiditätsangebot darstellen.

[128] Diese Annahme ist insbesondere in Abwesenheit neuer öffentlicher oder privater Informationen sinnvoll.

Kauforder		$K - V$	Innerer Wert $\max(K - V, 0)$
über dem besten Briefkurs	Liquiditätsnachfrage	> 0	> 0
zum besten Briefkurs		> 0	> 0
zwischen bestem Brief- und Geldkurs		$???$	≥ 0
zum besten Geldkurs	Liquiditätsangebot	< 0	$= 0$
unter dem besten Geldkurs		< 0	$= 0$

Tabelle 7:   Liquiditätskosten und innerer Wert einer Limit Order

Am Beispiel einer Kauforder verdeutlicht Tabelle 7, dass eine Limit Order immer dann Liquiditätsnachfrage darstellt, wenn der innere Wert der kostenlosen Handelsoption eindeutig positiv ist. Je höher der innere Wert, umso aggressiver der Handelswunsch. Limit Orders, die Liquiditätsangebot darstellen, werden dagegen durch innere Werte von Null charakterisiert. Die Kosten für die so bereitgestellte Liquidität variieren dabei. Der Term $K - S$ gibt den Preisabschlag an, den ein Liquiditätskonsument beim Rückgriff auf dieses Angebot in Kauf nehmen würde. Der innere Wert, der die Wahlmöglichkeit des Optionsinhabers berücksichtigt und deshalb nie negative Werte annimmt, kann die Liquiditätskosten nicht abbilden.

Eine Beschreibung der Liquiditätseigenschaften mit Hilfe der gängigen Definition des inneren Wertes ist deshalb nicht möglich. Aufgrund der Wahlmöglichkeit des Optionsinhabers ist dieser stets als positive Größe definiert. Diese Wahlmöglichkeit besteht auch im Rahmen der vorliegenden Betrachtung kostenloser Handelsoptionen. Die Liquiditätswirkung von Limit Orders geht mit der Realisierung eines „negativen inneren Wertes" aus der kostenlosen Handelsoption einher. Dies bedeutet nicht, dass die Wahlmöglichkeit des Optionsinhabers zwischen Ausführung und Verfall der Option außer Kraft gesetzt wird. Die Ausführung bei einem vorliegenden negativen inneren Wert ist freiwillig und ein Ausdruck der Liquiditätsnachfrage auf unvollkommenen Kapitalmärkten.[129] Vor seiner Realisierung kann der innere Wert der kostenlosen Handelsoption wie gewohnt keine negativen Werte annehmen. Der Begriff „negativer innerer Wert" im Rahmen der vorliegenden Arbeit bezieht sich auf Limit Orders und einen durch Orderausführung realisierbaren negativen Erfolg, impliziert jedoch stets, dass negative innere Werte solange fiktiv bleiben, bis eine Realisierung erfolgt.[130]

Tabelle 8 verdeutlicht den Zusammenhang zwischen dem inneren Wert der kostenlosen Handelsoption und der Liquiditätswirkung der Limit Order. Eine kostenlose Handelsoption, die sich im Geld befindet, wird von anderen Marktteilnehmern zur Ausführung gebracht, um ihren inneren Wert zu vereinnahmen. Aus Sicht des ursprünglichen Bieters ermöglicht dies eine sofortige Transaktion und stellt somit Liquiditätskonsum dar. Das Gegenteil gilt für eine Limit Order, deren Limitpreis so gewählt wurde, dass der innere Wert negativ ist, da ihre sofortige Ausführung zu einem Verlust führen würde. Falls eine Gegenpartei trotz dieses Verlustes zu einem Handel bereit ist, wird wiederum eine sofortige Transaktionsmöglichkeit (jedoch diesmal für die Gegenpartei) begründet. Der ursprüngliche Bieter hat somit Liquidität bereitgestellt.

---

[129] In diesem Sinne auch CHACKO/JUREK/STAFFORD (2008), S. 1255.

[130] Dieses Spannungsfeld zwischen der Realisierbarkeit von Ausführungskursvorteilen im Sinne dieses Abschnitts und der Gefahr der adversen Selektion, die ursächlich für die Optionseigenschaften der Limit Orders ist, hat zu weiteren, komplexeren Optionsanalogien geführt, die über COPELAND/GALAI (1983) hinausgehen. Insbesondere existiert in der Literatur ein alternatives Konzept, das die Limit Order als Bündel aus mehreren Optionskontrakten auffasst. BEINER/SCHWARTZ (2001) vergleichen die Verwirklichung von Handelsabsichten mittels Markt- und Limit Orders. Den durch eine Limit Order realisierbaren Ausführungskursvorteil gegenüber dem Reservationspreis interpretieren sie als Zahlungsstrom aus einer binären Option. Ähnlich argumentiert LEHMANN (2006), der eine Limit Order als Bündel von zwei binären Optionen betrachtet. Jede Limit Order besteht demnach aus einer „Cash or nothing" sowie einer „Asset or nothing option". Diese Betrachtung wird vorliegend nicht weiter verfolgt.

Option	Kauforder	Verkaufs-order	Bieter	Gegenpartei	Liquiditäts-wirkung der Limit Order
.. im Geld	Limitgebot **über** Referenz-kurs	Limitgebot **unter** Referenz-kurs	„verschenkt" werthaltige Option	vereinnahmt Opti-onswert durch Bereitstellung von Liquidität	Liquiditäts-*konsum*
..aus dem Geld	Limitgebot **unter** Referenz-kurs	Limitgebot **über** Referenz-kurs	„verschenkt" Option mit negativem inneren Wert	übt Option trotz negativem inneren Wert aus, um sofort handeln zu können	Liquiditäts-*angebot*

Tabelle 8:   **Innerer Wert und Liquiditätswirkung von Limit Orders**

Somit liegt ein entscheidender Unterschied zwischen kostenlosen Handelsoptio-nen und Finanzoptionen in der liquiditätsgenerierenden Wirkung der Limit Or-ders. Im Gegensatz zu Finanzoptionen ist es denkbar, dass eine kostenlose Han-delsoption trotz negativen inneren Wertes ausgeübt wird, wenn die Gegenpartei auf diese Weise eine sonst nicht vorhandene sofortige Handelsmöglichkeit er-hält. Es zeigt sich, dass die ökonomische Relevanz kostenloser Handelsoptionen nicht allein an ihrem (inneren) Wert gemessen werden darf. Vielmehr muss die Möglichkeit einer unvorteilhaften Ausübung berücksichtigt werden. Nehmen Kapitalmarktteilnehmer diesen Abschlag in Kauf, um eine sofortige Ausführung zu erhalten, so eignet sich die Höhe des Abschlags für die Beurteilung der Li-quiditätssituation eines Wertpapiers.[131]

3.2.4   Subjektorientierter Ansatz / Verhalten der Marktteil-nehmer

3.2.4.1 Einfluss institutioneller Veränderungen in der Handels-intermediation

Die bisherigen Überlegungen zur Bewertung und Liquiditätswirkung von kos-tenlosen Handelsoptionen haben ergeben, dass Limit Orders nur niedrige positi-ve Optionswerte annehmen können. Gleichzeitig können sie eingesetzt werden,

---

[131]   Je nach Liquiditätslage des Marktes und der Aggressivität des Handelswunschs können Liquiditätskosten beträchtliche Ausmaße annehmen.

um Liquidität bereitzustellen und hierfür Prämien zu vereinnahmen. Dies kann als Ausübung von Optionen mit negativen inneren Werten interpretiert werden und spricht für die ökonomische Relevanz, trotz begrenzter positiver Optionswerte.

Im Rahmen der bisherigen Betrachtung wurden jeweils einzelne Limit Orders zum Kauf oder Verkauf einzelner Wertpapiere untersucht. Der niedrige Wert einzelner kostenloser Handelsoptionen könnte mit steigendem Handelsvolumen an Bedeutung gewinnen.[132] Das hohe und weiter steigende Handelsaufkommen an den weltweiten Kapitalmärkten und insbesondere im elektronischen Handel könnte für die ökonomische Relevanz der kostenlosen Handelsoption sprechen.[133] Daher wird nachfolgend untersucht, wie Marktteilnehmer kostenlose Handelsoptionen nutzen.[134] Die Ausführungen beginnen zunächst mit einer Analyse des Angebotsprofils von Börsenplätzen, die in ihrer Eigenschaft als wichtige Handelsintermediäre im Wertpapierhandel entscheidenden Einfluss auf den Umgang der Marktteilnehmer mit Limit Orders haben.

Änderungen der Rahmenbedingungen im Wertpapierhandel sind häufig auf den Wettbewerb zwischen Börsenplätzen zurückzuführen und damit letztlich auf die Wünsche der Marktteilnehmer.[135] Drei Bereiche, in denen es in jüngster Vergangenheit zu Veränderungen gekommen ist, stehen im Zusammenhang mit kostenlosen Handelsoptionen. Abbildung 14 bietet einen ersten Überblick über die relevanten institutionellen Veränderungen.

---

[132] Dabei ist mindestens von einem linearen Wachstum auszugehen.

[133] Das jährliche Aktienhandelsvolumen in Xetra (nur Equity Segment) bewegte sich Ende des Jahres 2013 in der Größenordnung von einer Billion Euro pro Monat.

[134] Falls die kostenlose Handelsoption ökonomische Relevanz besitzt, sind Anpassungen im Verhalten der beteiligten Marktteilnehmer zu erwarten.

[135] Vgl. KASCH-HAROUTOUNIAN/THEISSEN (2009).

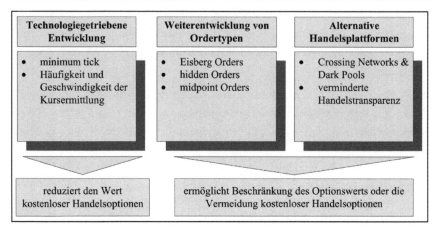

Abbildung 14: Einfluss der Börsenplatzentwicklung auf die kostenlose Handelsoption

3.2.4.2 Technologische Weiterentwicklung der Börsenplätze

Die vollständige Automatisierung des Orderrouting und der Abschlussphase ist an die Möglichkeit einer direkten Ordereingabe in ein System geknüpft, das unmittelbar mit der Handelsplattform verbunden ist und eine anschließende vollautomatisierte Preisfeststellung ermöglicht.[136] Beides ist mit enormen Effizienzsteigerungen verbunden, die sich auf die Markttransparenz und die Transaktionskosten auswirken.[137] Für die Bedeutung kostenloser Handelsoptionen sind insbesondere die mit der fortschreitenden Computerisierung einhergehende Absenkung der kleinstmöglichen Notierungssprünge sowie die steigende Geschwindigkeit des Handels relevant.

Der kleinstmögliche Notierungssprung (gebräuchlicher ist die englischsprachige Bezeichnung ‚minimum tick size‘ oder kurz ‚minimum tick‘) gibt die kleinstmögliche Kursänderung an, die ein Wertpapier aufweisen kann. Er wird durch den Börsenbetreiber unter Beachtung regulatorischer Vorschriften und im Rahmen seiner technischen Möglichkeiten festgelegt.

---

[136] Vgl. BORTENLÄNGER (1996), S. 80 f. sowie S. 94 f.

[137] Vgl. BORTENLÄNGER (1996), S. 106 f.

Historisch gesehen lässt sich eine sinkende Tendenz der kleinstmöglichen Notierungssprünge beobachten. So hat die NYSE den kleinsten Notierungssprung Mitte 1997 von US$ 0,125 auf US$ 0,0625 herabgesetzt. Im Jahr 2001 folgte im Zuge der Dezimalisierung des US-Amerikanischen Börsensystems eine weitere Herabsetzung auf US$ 0,01.[138] Aktuell beträgt die minimum tick size für Aktien unter US$ 10 nur noch US$ 0,001.[139] Die übrigen US-Amerikanischen Börsen durchliefen eine ähnliche Entwicklung. Deutsche Wertpapierbörsen haben die Absenkung der minimum tick size vergleichsweise früh vollzogen. Während der kleinste Notierungssprung anfangs bei DM 0,125 lag, lassen sich bereits seit den 60er Jahren Notierungssprünge von DM 0,1 feststellen. Ab den 90er Jahren waren Notierungssprünge von DM 0,01 bei Kursniveaus unter DM 5 möglich. Nach der Einführung des Euros wurde die minimum tick size auf € 0,01 festgesetzt. Im Handel mit Pennystocks sind seit 2001 Sprünge von € 0,001 möglich. Die Regelung wurde zunächst für Aktien mit Kurswerten unter € 0,25 eingeführt.[140] Aktuell gilt sie für Aktien mit Kurswerten unter € 5.[141]

Die Absenkung der Notierungssprünge mindert die impliziten Transaktionskosten für Wertpapiere mit niedrigen absoluten Kurswerten (insbesondere Pennystocks). Darüber hinaus besitzt die minimum tick size elementare Bedeutung für den Wert der kostenlosen Handelsoption, da Limitgebote unter Beachtung des kleinstmöglichen ticks platziert werden. Die durchwegs gesunkenen minimum ticks führen zu einem weniger diskontinuierlichen Preisverlauf des Underlyings. Die Möglichkeit, Limit Orders mit sehr genauen Preisen zu versehen, reduziert positive Optionswerte.[142] Somit ist der Wert kostenloser Handelsoptionen über die vergangenen Jahrzehnte kontinuierlich gesenkt worden.

---

[138] Vgl. Schulz (2006), S. 125 f. Die Dezimalisierung sollte die Transaktionskosten verringern und so die Handelsaktivität steigern. Eine unerwartete Konsequenz der Reform lag jedoch darin, dass mit den Geld-Brief-Spannen auch der Anreiz für die Liquiditätsbereitstellung gesenkt wurde. Vgl. BUTI ET AL. (2013), S. 3.

[139] NYSE EURONEXT (2013), S. 4. Erwähnenswert sind zudem die Überlegungen der SEC, die Regelungen zur minimum tick size zu modifizieren. Im Gespräch ist eine generelle Anhebung des Notierungssprunges für illiquide Wertpapiere sowie ein Wahlrecht für Unternehmen innerhalb bestimmter regulatorischer Vorgaben.

[140] Vgl. SCHULZ (2006), S. 128 f.

[141] Vgl. Deutsche Börse AG (2013b), S. 3 f.

[142] Vgl. hierzu Abschnitt 3.2.2.3 dieser Arbeit.

Die Beschleunigung des Börsenhandels hat ebenfalls Auswirkungen auf die kostenlose Handelsoption, wenngleich der Einfluss auf den Wert nicht eindeutig bestimmbar ist. BORTENLÄNGER (1996) schlussfolgert, dass die Computerisierung des Handelsmechanismus und die damit einhergehende Verkürzung des Kursbildungs- und Informationsgewinnungszyklus die Volatilität erhöhen.[143] Eine höhere Volatilität erhöht den Wert kostenloser Handelsoptionen. Weiterhin liegen die Reaktionszeiten des Xetra Handelssystems gemessen an der Round-Trip-Time mittlerweile in Bereichen von unter 5 ms, während zum Jahrtausendwechsel Round-Trip-Zeiten von über 100 ms nicht ungewöhnlich waren.[144] Der Xetra Handelsmechanismus unterscheidet Ordereingänge sogar mit einer Genauigkeit von 1 ms.[145] Diese Entwicklung ermöglicht Marktteilnehmern eine noch schnellere Reaktionsmöglichkeit auf neue Entwicklungen. Sowohl die Ausübung kostenloser Handelsoptionen als auch die Änderung oder Stornierung von Orders lassen sich schneller umsetzen.

Insgesamt ermöglicht die technologische Weiterentwicklung der Börsen eine exaktere Platzierung und Steuerung von Limit Orders und erlaubt einen aktiveren Umgang mit darin enthaltenen kostenlosen Handelsoptionen.

---

[143] Vgl. BORTENLÄNGER (1996), S. 96 f.

[144] Der Begriff Round Trip Time (RTT; „Rundreisezeit") stammt aus der Netzwerktechnik und bezeichnet die Zeitdauer, die ein Datenpaket benötigt, um den Weg zu seinem Ziel und von dort wieder zum Ausgangspunkt zurückzulegen. Vgl. stellvertretend BENVENUTO/ZORZI (2011), S. 665. In Anlehnung daran wird im Börsenhandel mit diesem Begriff die Zeitspanne bezeichnet, die zwischen dem Senden einer Order durch den Kunden bis zur Bestätigung des Ordereinganges durch das Handelssystem liegt. Vgl. PRIX/ LOISTL/HUETL (2007), S. 737. BUDIMIR/SCHWEICKERT (2009) verwenden den Begriff der Latenz synonym. Der Begriff Round Trip Time bezieht sich also auf genau eine Transaktion und sollte deshalb nicht mit den Round Trip Kosten verwechselt werden. Dieser Begriff bezeichnet die Kosten für den Kauf und anschließenden Verkauf eines Wertpapiers (zwei Transaktionen) und stellt ein verbreitetes Liquiditätsmaß dar.

[145] Vgl. PRIX/LOISTL/HUETL (2007), S. 719.

3.2.4.3 Börsenwettbewerb und alternative Handelssysteme

Alternative Handelssysteme (engl.: alternative trading system; ATS) sind privatrechtlich organisierte, außerbörsliche und inzwischen ausschließlich elektronische Handelsplattformen, die in unterschiedlichen Ausprägungen und Funktionsweisen existieren.[146] ATS haben in den vergangenen Jahrzehnten vermehrt Teilfunktionen des Börsenhandels übernommen und reagierten dabei häufig als erste auf Wünsche der Marktteilnehmer, wodurch sie zu einem wesentlichen Innovationstreiber im Börsenwettbewerb avancieren konnten.[147] Für die vorliegende Untersuchung stellen sie deshalb ein interessantes Anschauungsobjekt dar, da die vielfältigen Ausgestaltungsmöglichkeiten und Marktmechanismen von ATS zu einem, im Vergleich zu regulierten Börsen, abweichenden Umgang mit Limit Orders und kostenlosen Handelsoptionen führen können.

Vielfach versprechen sich die Nutzer alternativer Handelsplattformen Vorteile gegenüber regulierten Börsen bei der Ausführung ihrer Handelswünsche, insbesondere beim Handel großer Wertpapierpositionen. ATS profitieren dabei von einem vergleichsweise niedrigen Regulierungsniveau und nutzen diese Spielräume bei der Ausgestaltung ihrer Marktmodelle.[148] Drei typische Ausgestaltungsmerkmale alternativer Handelssysteme haben besondere Bedeutung für die Existenz und Werthaltigkeit kostenloser Handelsoptionen.[149] Tabelle 9 gibt einen einführenden Überblick.

---

[146] Vgl. KUMPAN (2006), S. 7 mit weiteren Nachweisen. Anfangs waren ATS reine Informationssysteme. Erst später wurde der Handel in diesen Systemen möglich. Vgl. LUDWIG (2004).

[147] Vgl. KUMPAN (2010), Rn. 1.

[148] Eine Vielzahl alternativer Handelssysteme wurde von großen Marktteilnehmern gegründet, um die Abwicklung eigener Transaktionen zu verbessern.

[149] Aus diesem Grund existiert eine Vielzahl von Arten und Ausgestaltungsvarianten von ATS. Im Folgenden werden nur diejenigen betrachtet, deren Ausgestaltung in Zusammenhang mit kostenlosen Handelsoptionen steht. Für eine umfangreiche Übersicht und Systematisierung von ATS vgl. MITTAL (2008).

Merkmal	Referenzkursimport	Verringerte Handelstransparenz	Markt-Mikrostruktur
Auswirkungen auf kostenlose Handelsoptionen	Referenzkursimport bei Ausführung verändert die Gebote von Orders und damit auch die Basispreise kostenloser Handelsoptionen	Insbesondere eine verringerte Vorhandelstransparenz ermöglicht das Verbergen kostenloser Handelsoptionen[150]	Die abweichende Markt-Mikrostruktur alternativer Handelssysteme führt dazu, dass sich die Verfügungsmacht über kostenlose Handelsoptionen ändert

Tabelle 9:   Merkmale alternativer Handelssysteme

Die Erläuterung der drei Merkmale soll anhand drei idealtypischer Ausgestaltungsformen alternativer Handelssysteme erfolgen, um einen Rückschluss auf die Bedeutung kostenloser Handelsoptionen in diesen Systemen zu ermöglichen.[151] Die in Tabelle 10 vorgestellten Grundtypen alternativer Handelssysteme (Crossing Networks, Internalization Pools und Ping Destinations) sind inzwischen selten in ihrer Reinform anzutreffen, da vermehrt Plattformen auftreten, die mehrere Geschäftsmodelle vereinen. Sie eignen sich dennoch besonders, um die Spielräume bei der Ausgestaltung alternativer Handelssysteme zu verdeutlichen und die Auswirkungen auf kostenlose Handelsoptionen aufzuzeigen.[152] Die folgenden Ausführungen, insbesondere zu den Charakteristika der Handelssysteme stützen sich auf MITTAL (2008).

---

[150] MADHAVAN/PORTER/WEAVER (2005) zeigen empirisch, dass ein erhöhter Grad von pretrade Transparenz zu einer Verringerung der Anzahl platzierter Limit Orders führt. Sie interpretieren dies als Indiz dafür, dass der Wert der kostenlosen Handelsoption bei höherer Handelstransparenz steigt, wodurch Marktteilnehmer häufiger auf Limit Orders verzichten.

[151] Zwei weitere Kategorien werden nicht aufgeführt: Exchange based pools werden an späterer Stelle behandelt. Sog. consortium based pools stellen eine Mischform der anderen Kategorien dar und bieten somit keine neuen Erkenntnisse in Bezug auf kostenlose Handelsoptionen.

[152] Die Geschäftsmodelle der Handelssysteme entwickeln sich sehr dynamisch. Regulatorische Anforderungen führen außerdem dazu, dass sich die Gestaltung europäischer Handelssysteme von US-Amerikanischen Plattformen unterscheidet.

	Public Crossing Networks	Internalization Pools	Ping Destinations
Eigentümer/ Betreiber	Broker	Multinationale Investmentbanken	Market Maker / Hedgefunds
Interaktions-möglichkeiten	Kunde/Kunde	Kunde/Kunde oder Kunde/Betreiber	nur Kunde/Betreiber
Geschäfts-modell	Gebühren	Gebühren / Kosteneinsparung	Kosteneinsparung
Besonderheiten bei der Ausführung	öffentlicher Zugang, keine eigene Preiser-mittlung	nicht öffentlich, Be-treiber entscheidet über Zugang	Algorithmus entschei-det über Annahme von IOC-Orders
Kosten	vergleichswese hoch	mittel	z. T. sehr niedrig
Transparenz	hoch	niedrig	niedrig

Quelle: Charakteristika der ATS nach MITTAL (2008), S. 20–23.

Tabelle 10: Charakterisierung alternativer Handelssysteme

Elektronische Crossing Networks stellen in den USA seit 1986 eine Alternative zum Börsenhandel dar.[153] In Europa werden sie seit der Einführung der Richtli-nie über Märkte für Finanzinstrumente (Markets in Financial Instruments Direc-tive, MiFID) im Jahr 2004 aus regulatorischer Sicht den multilateralen Handels-systemen (engl.: multilateral trading facility, oder kurz MTF) zugeordnet und existieren in unterschiedlichen Ausgestaltungsformen.[154] Die Kernaufgabe von Crossing Networks liegt in der Zusammenführung von Angebot und Nachfrage der Kunden. Das wesentliche Abgrenzungsmerkmal zu anderen alternativen Handelssystemen besteht darin, dass der Betreiber nicht auf eigene Rechnung handelt und der Handel ähnlich wie an den regulierten Börsen lediglich zwi-schen den Kunden des Crossing Networks stattfindet.[155] Im Unterschied zu regu-

---

[153] Vgl. CLEMONS/WEBER (1992) S. 8 und NÆS/SKJELTORP (2002). Die damals selbständige Handelsplattform Instinet ist seit 2007 Teil der Investmentbank Nomura.

[154] Vgl. KUMPAN (2010). Rn. 7. Die MiFID kennen neben den regulierten Märkten zwei weitere Kategorien von Handelssystemen: Multilaterale Handelssysteme und Systemati-sche Internalisierer. Der Begriff MTF umfasst dabei mehr als nur Crossing Networks. Aus regulatorischer Sicht wird bspw. auch der Freiverkehr den MTFs zugeordnet.

[155] Zu den bekanntesten operierenden Crossing Networks zählen ITG Posit Now, Instinet BlockMatch®, Liquidnet Europe, BATS Chi-X Europe.

lierten Märkten erfolgt jedoch keine eigene Preisermittlung.[156] Stattdessen erfolgt ein Rückgriff auf einen, an einem Referenzmarkt festgestellten Preis, in der Regel auf den Mittelpunkt der dort aktuell geltenden Geld-Brief-Spanne.[157] Als Referenzmarkt wird gewöhnlich ein liquider und regulierter Handelsplatz gewählt, wodurch die Qualität der importierten Kurse gewährleistet werden soll. Der Verzicht auf eine eigenständige Kursermittlung im Crossing Network ermöglicht eine deutliche Verringerung der Handelstransparenz, da die Übermittlung und Veröffentlichung von Preisen und Geboten nicht mehr zwingend für die Kursbildung notwendig ist.[158] Die fehlende Sichtbarkeit der Orders kombiniert mit der Ausführung zum Spannenmittelpunkt des Referenzmarktes führt dazu, dass die Optionscharakteristika der Gebote verändert werden. Die fehlende Sichtbarkeit der Order als direkte Folge der verminderten Vorhandelstransparenz bedingt, dass die kostenlose Handelsoption zunächst nicht wahrnehmbar ist. Der Kursimport beeinflusst dagegen die Werthaltigkeit kostenloser Handelsoptionen. Der Handel zu einem importierten Kurs statt des Limitgebotes ändert den Ausübungspreis der kostenlosen Handelsoption und beeinflusst auf diese Weise auch ihren Wert.

Abbildung 15 verdeutlicht den Sachverhalt anhand der Darstellung eines exemplarischen Orderbuchs des Referenzmarktes, das sich um den Fundamentalwert V gebildet hat. Es werden die Optionseigenschaften einer limitierten Verkaufsorder K_{CN}^{sell} untersucht. Das übrige Orderbuch des Crossing Networks ist nicht sichtbar, jedoch soll angenommen werden, dass unausgeführte und unlimitierte Kauforder im Crossing Network vorliegen. Diese könnten zum importierten Referenzkurs ausgeführt werden, eine Ausführung gegen K_{CN}^{sell} ist in der Ausgangssituation jedoch nicht möglich, da das Verkaufslimit über dem importierten Kurs V_0 liegt. Nach einer Änderung von V_0 auf V_1 ändert sich das Orderbuch

---

[156] LUDWIG (2004), S. 122 bezeichnet diese Art der Preisfindung deshalb als „passively priced" oder mit negativer Konnotation sogar als „parasite pricing". Vgl. ebenfalls SEC (1994), Appendix IV-7.

[157] Vgl. YE (2011), S. 8 f., KUMPAN (2006), S. 17.

[158] Dies gilt sowohl für die Vor- als auch für die Nachhandelstransparenz, da nicht nur die Identität der Marktteilnehmer, sondern auch ihre Gebote und realisierte Transaktionskurse unveröffentlicht bleiben. Crossing Networks mit sehr geringer Vorhandelstransparenz werden auch als Dark Pools bezeichnet. Vgl. MITTAL (2008).

des Referenzmarktes und damit auch der importierte Kurs.[159] Die limitierte Verkaufsorder im Crossing Network profitiert von der Referenzkursänderung und wird zum neuen vorteilhafteren Kurs K_{CN2}^{sell} ausgeführt.[160]

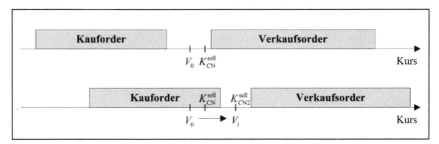

Abbildung 15: Referenzkurs und innerer Wert in Crossing Networks

Die Gefahr adverser Selektion sinkt, da die Markt-Mikrostruktur des Crossing Networks die Anpassung des Transaktionskurses an die neue Informationslage begünstigt. Obwohl also eine Ausnutzung der Limit Order nicht vollständig ausgeschlossen werden kann, sind die Optionseigenschaften von Orders in Crossing Networks zumindest eingeschränkt.[161]

Die von multinationalen Investmentbanken betriebenen Internalisierungssysteme (Internalization Pools) bilden die zweite bedeutende Kategorie alternativer Handelssysteme. Internalisierung bezeichnet die Zusammenführung von Kundenaufträgen direkt beim Broker oder Händler, ohne dass auf einen weiteren Handelsplatz zurückgegriffen werden muss. Dabei kann es sich um Kundenaufträge oder aber den Eigenhandel des Brokers handeln.[162] Internalisierung ist mit

---

[159] Die Annahmen zur Veränderung des Orderbuches entsprechen damit den Annahmen aus Abschnitt 3.2.2.3 dieser Arbeit.

[160] Jedoch besteht keine Garantie für diese (im vorliegenden Fall sehr vorteilhafte) Änderung des Ausführungskurses. In Abhängigkeit des Kurs-Anpassungsprozesses am Referenzmarkt und des Timings von Kauforders im Crossing Network können auch Kurse zustande kommen die zwischen K_{CN}^{sell} und K_{CN2}^{sell} liegen.

[161] Vgl. MITTAL (2008), S. 28 f. Die Strategie nutzt die Abhängigkeit des Gebotes vom Referenzmarkt aus und versucht die eigentlich verborgene Order im Crossing Network zu identifizieren. Durch gezielte Einflussname auf den Ausführungskurs am Referenzmarkt kann der Ausführungskurs im Crossing Network verändert werden. Eine etwas ausführlichere Betrachtung folgt in Abschnitt 3.2.5.4 dieser Arbeit.

[162] THEISSEN (2002) sowie DEGRYSE/VAN ACHTER/WUYTS (2012). Die Begriffsabgrenzung nach WpHG führt zu einer Auffassung des Internalisierungsbegriffs, die den Eigenhandel

dem sog. Preferencing verwand, das wechselseitige Absprachen mehrerer Broker bezüglich der Auftragsausführung bezeichnet.[163] Die Betreiber verfolgen primär das Ziel, Transaktionskosteneinsparungen durch Internalisierung des eigenen Orderflusses zu realisieren und einen Teil der Geld-Brief-Spanne zu vereinnahmen.[164]

Das genaue Preisbestimmungsverfahren von Internalisierern lässt sich aufgrund der niedrigeren Transparenz der Geschäftsmodelle nicht eindeutig charakterisieren.[165] Die Referenzkurse regulierter Märkte stellen zwar auch hier die Basis für die Festlegung der Transaktionskurse dar, im Unterschied zu Crossing Networks ist diese Referenz jedoch nicht die Mitte der Geld-Brief-Spanne, sondern die Geld - und Briefkurse selbst. Der Anbieter bemüht sich darum, bessere Kurse im Vergleich zum jeweiligen Referenzkurs bereitzustellen, ohne dass ein Rechtsanspruch auf eine tatsächliche Kursverbesserung besteht.[166] Der Eigenhandel des Betreibers ist ein weiteres wesentliches Abgrenzungsmerkmal zu Crossing Networks mit Folgen sowohl für die Anreizstruktur des Betreibers als auch für die Verfügungsmacht über die kostenlose Handelsoption. Diese geht nun auf den Betreiber über und ist nicht mehr öffentlich. Zudem besteht der Anreiz, Orderinformationen mit dem eigenen Order Desk zu teilen.[167] Die im Vergleich zu

---

stärker in den Vordergrund rückt: „Internalisierung i. S. v. § 2 Abs. 10 ist bilateraler Handel. Wertpapierdienstleistungsunternehmen sind dementsprechend nur dann als systematische Internalisierer einzuordnen, wenn sie Eigenhandel betreiben […].Da „Eigenhandel" erforderlich ist, wird das interne Matching von korrespondierenden Kundenaufträgen nicht erfasst. […] Sofern allerdings ein Internalisierungssystem gelegentlich auch Kundenaufträge zusammen-führt, wird es dadurch noch nicht zu einem multilateralen Handelssystem." KUMPAN (2010), WpHG § 2, Rn 128.

[163]   Vgl. MUTSCHLER (2007), S. 36 f. Sind monetäre Zahlungen Teil der Absprache, so spricht man von „payment for order flow".

[164]   Vgl. MITTAL (2008), S. 21.

[165]   Eine Ausnahme bildet Xetra Best, das jedoch aufgrund der direkten Anbindung zum regulierten Xetra Handel nicht als typischer Internalisierer betrachtet werden kann.

[166]   Dies war bspw. Teil des Angebotes an die Kunden der Deutsche Bank Privat- und Geschäftskunden AG im Rahmen des „db max blue PIP service". Vgl. MUTSCHLER (2007) S. 40–42. Dieser Service wurde im Zuge der MiFID Einführung eingestellt.

[167]   MITTAL (2008), S. 26. Obwohl dies gesetzlich untersagt ist, fürchten Investoren das Durchsickern oder gar die gezielte Weitergabe von Informationen sowie das Front Running ihrer Orders. HEISMANN (2013), S. 103. Pipeline, ein Internalisierungssystem aus den USA, das als Crossing Network registriert war, leistete 2011 eine Strafzahlung i. H. v einer Million US $. Im Gegenzug stellte die SEC ihre Ermittlungen gegen Pipeline und

Crossing Networks niedrigeren Transaktionskosten von Internalisierungssystemen werden somit von einer höheren Gefahr der Ausnutzung der erhaltenen Orderinformationen begleitet und können die Kosteneinsparung aus Sicht der Kunden aufheben.

Ping Destinations, als dritte Kategorie alternativer Handelsplattformen, sind vollautomatisierte Handelssysteme, die von Market Makern und Hedgefunds betrieben werden.[168] Der Handel findet ausschließlich in Form von Immediate or Cancel Orders (IOC-Orders) zwischen den Kunden und dem Betreiber statt.[169] Wie die Orderbezeichnung bereits verdeutlicht, muss die limitierte Kundenorder sofort vom Betreiber angenommen werden, andernfalls wird sie automatisch storniert.[170] Ein Algorithmus entscheidet vollautomatisch über die Annahme der Aufträge, wobei eine Ausführung nicht nur von den Faktoren Preis und Menge abhängig ist. Darüber hinaus können auch andere Faktoren wie die Marktlage oder der Kundentyp als diskriminierendes Merkmal verwendet werden.[171] Orders können auch in Sekundenbruchteilen an andere Marktplätze weiterleitet werden, um Arbitragemöglichkeiten zu identifizieren.[172] Ping Destinations stellen damit nicht nur eine Extremform der Internalisierung dar, sondern sind vor allem auf Arbitragegeschäfte und Market Making spezialisiert, wofür nicht zwingend proprietärer order flow vorhanden sein muss. In Bezug auf die Verfügungsmacht über kostenlose Handelsoptionen stellen Ping Destinations eine Besonderheit dar. Sehr kurzfristig ist eine monopolistische, selektive Nutzung kostenloser Handelsoptionen möglich. Dies umfasst sogar die Möglichkeit sofort nach Arbitragemöglichkeiten an anderen Handelsplätzen zu suchen, wodurch die in Abschnitt 3.2.2 thematisierte Problematik der Referenzkurswahl

---

das verbundene Unternehmen Milstream ein. Vgl hierzu die Pressemitteilung der Securities and Exchange Commission, SEC (2011).

[168] Getco, Citadel und ATD sind mit diesem Geschäftsmodell in den USA aktiv. Da sich dieses Modell nicht in europäisches Regulierungsschema einordnen lässt, beschränkt sich das Angebot dieser Anbieter auf dem europäischen Markt auf Best Execution Services (ähnlich den systematischen Internalisierern).

[169] Transaktionen zwischen Kunden sind nur über den Umweg des Betreibers möglich.

[170] Vgl. MITTAL (2008), S. 23.

[171] Informationen über die genaue Struktur des Handelsmechanismus stellen ein Firmengeheimnis dar und werden nicht veröffentlicht.

[172] Die Weiterleitung erfolgt dabei häufig ohne Kenntnis oder Zustimmung des originären Auftraggebers.

entfallen kann. Dies maximiert den inneren Wert kostenloser Handelsoptionen. Der Zeitwert der IOC-Orders ist allerdings Null, da sie storniert werden, falls es nicht zu einer nahezu sofortigen Ausführung kommt. Somit verbleibt keine Zeit für Änderungen des Referenzkurses.

Tabelle 11 gibt einen abschließenden Überblick über die Eigenschaften der drei Kategorien alternativer Handelssysteme in Bezug auf kostenlose Handelsoptionen.

	Public Crossing Networks	Internalization Pools	Ping Destinations
Zugriffsrecht auf kostenlose Handelsoption	öffentlich	Betreiber	Betreiber
Sichtbarkeit	nein	für Betreiber	für Betreiber
Kostenlose Handelsoption	Orders sind für andere Kunden unsichtbar und werden zu importierten Referenzkursen ausgeführt (i. d. R. MidPoint des Referenzmarktes). Kostenlose Handelsoptionen sind unsichtbar und kaum werthaltig.	Betreiber besitzt zunächst als einziger Informationen über die Orders der Kunden. Er kann kostenlose Handelsoptionen ohne hohen Wettbewerbsdruck nutzen.	Bei der Ausführung kann nach Händlertyp, Auftragsvolumen, etc. diskriminiert werden. Sehr kurzfristig ist eine monopolistische, selektive Nutzung kostenloser Handelsoptionen möglich.
Nutzungsmöglichkeiten kostenloser Handelsoptionen	sehr gering	hoch	hoch

Tabelle 11:   Bedeutung kostenloser Handelsoptionen in alternativen Handelssystemen

Etablierte Börsen orientieren sich an den Neuerungen alternativer Handelssysteme und reagieren vermehrt mit der Einführung neuer Ordertypen. Die Existenz kostenloser Handelsoptionen im Zusammenhang mit diesen Neuerungen wird im folgenden Kapitel behandelt.

3.2.4.4 Börsenwettbewerb und neue Ordertypen

Die Ursache für die Entstehung der kostenlosen Handelsoption liegt in den Kontraktbedingungen von Limit Orders. Die Festlegung eines Ausführungskurses und einer Gültigkeitsdauer ist Voraussetzung für den Optionscharakter. Wollen

Marktteilnehmer die Aufgabe kostenloser Handelsoptionen vermeiden oder zumindest ihren Wert verringern, ist die Entwicklung und Einführung hierfür geeigneter Ordertypen zu erwarten. In den letzten Jahrzehnten sind seitens der Börsenplätze wiederholt Neuerungen eingeführt worden, die Alternativen zur klassischen Limit Order darstellen. Im Folgenden sollen einzelne relevante Ordertypen am Beispiel des Xetra Handelssystems vorgestellt werden und ihre Eigenschaften in Bezug auf die Entstehung kostenloser Handelsoptionen analysiert werden.[173]

Eisberg Orders wurden Anfang Oktober 2000 mit dem Xetra Release 5 eingeführt.[174] Eine Eisberg Order ist zunächst wie eine gewöhnliche Limit Order durch ein Limitgebot und durch ihr Volumen gekennzeichnet. Im Unterschied zu gewöhnlichen Limit Orders ist jedoch nur ein Teil der Order im Orderbuch sichtbar, das sog. Peak-Volume oder kurz peak. Der erste peak erscheint in Form einer gewöhnlichen Limit Order im Orderbuch und weist den Zeitstempel der ursprünglichen Eisberg Order auf.[175] Erst wenn dieser peak vollständig ausgeführt wurde, wird der nächste Teil der Eisberg Order als neuer peak mit aktuellem Zeitstempel im Orderbuch platziert. Andere Marktteilnehmer können nicht feststellen, ob es sich um den peak einer Eisberg Order handelt oder um eine gewöhnliche Limit Order.[176] Auf diese Weise wird anderen Marktteilnehmern das Wissen über das tatsächliche Ausmaß der kostenlosen Handelsoption vorenthalten, da nur ein Teil des tatsächlichen Volumens sichtbar ist. Dabei besteht die kostenlose Handelsoption jedoch in vollem Ausmaß, da das gesamte Volumen der Eisbergorder zum festgelegten Preis handelbar ist. Damit besteht der Schutz darin, dass Informationen über den order flow zurückgehalten werden.

---

[173] Die nachfolgend beschriebenen Ordertypen sind inzwischen an den meisten bedeutenden Börsenplätzen verfügbar und unterscheiden sich nur geringfügig in den Details ihrer Ausgestaltung.

[174] Vgl. Deutsche Börse AG (2000).

[175] Der Zeitstempel der Limit Order ermöglicht die Durchsetzung der Zeitpriorität unter preisgleichen Orders. Aus Sicht des Händlers stellt sich also ein Trade-off zwischen einer kleinen peak-Größe und schlechterer durchschnittlicher Zeitpriorität ein. Vgl. SCHLAG/MÖNCH/SCHURBA (2006), S. 18 sowie im Detail ESSER/MÖNCH (2007).

[176] Vgl. Deutsche Börse AG (2012), S. 15. Eine Eisberg Order ist maximal einen Tag lang gültig.

Versteckte Orders (oder hidden orders) sind Limit Orders, die für die übrigen Marktteilnehmer nicht sichtbar sind. Im Normalfall verlangen die MiFID-Regelungen zur Vorhandelstransparenz die Sichtbarkeit aller Orders im Orderbuch. Hiervon gibt es Ausnahmen, falls die Order ein bestimmtes Mindestvolumen überschreitet.[177] Größere Orders können versteckt platziert werden und erscheinen auf diese Weise nicht im Orderbuch. Sie werden im Übrigen wie gewöhnliche Limit Orders behandelt und in den regulären Marktmechanismus einbezogen.[178] Da sich die Orders abgesehen von der Sichtbarkeit nicht von gewöhnlichen Limit Orders unterscheiden, ist nicht davon auszugehen, dass der Wert der kostenlosen Handelsoption gemindert wird.[179] Damit besteht die kostenlose Handelsoption auch bei einer versteckten Order in gleicher Art und Weise wie bei einer sichtbaren Limit Order, jedoch ist sie dabei für die übrigen Marktteilnehmer zunächst nicht ohne weiteres erkennbar, wodurch eine gewisse Schutzwirkung vor adverser Selektion angenommen werden kann.[180] Ähnlich wie bei Eisberg Orders kann der Einsatz versteckter Orders als Versuch interpretiert werden, die Nutzbarkeit der kostenlosen Handelsoption zu beschränken.[181]

MidPoint Orders wurden in Xetra mit dem Release 9.1 im Nov. 2008 eingeführt. Sie sollten die Ausführung von Orders innerhalb der Geld-Brief-Spanne und damit anonymen Handel großer Volumina ohne Auslösung entsprechender

---

[177]   Das Mindestvolumen wird anhand des durchschnittlichen Handelsvolumen eines Tages festgelegt. Vgl. Artikel 43 Abs. (1) und (2). Das Mindestvolumen liegt bei wenig gehandelten Aktien bei 50.000 € und steigt für häufiger gehandelte Werte schrittweise bis 500.000 € an. Das zur Bestimmung des Mindestvolumens relevante durchschnittliche tägliche Handelsvolumen wird von der European Securities and Markets Authorithy (ESMA) unter http://mifiddatabase.esma.europa.eu/Index.aspx veröffentlicht.

[178]   Vgl. BESSEMBINDER/PANAYIDES/VENKATARAMAN (2009), die zeigen, dass Orders häufig dann versteckt platziert werden, wenn zu erwarten ist, dass sie längere Zeit im Orderbuch verbleiben.

[179]   AITKEN/BERKMAN/MAK (2001) zeigen für die ASX, dass bereits die Nichtveröffentlichung des Ordervolumens Auswirkungen auf die Orderwahl besitzt. Sie dokumentieren, dass die Verwendung von Orders, deren Volumen versteckt ist, mit steigender Volatilität zunimmt, dann wenn der Wert kostenloser Handelsoptionen besonders hoch wäre. Dies spricht dafür, dass Händler versuchen, dem volatilitätsbedingten Wertanstieg der kostenlosen Handelsoption entgegenzuwirken.

[180]   Die Unsichtbarkeit im Limit Orderbuch garantiert nicht, dass die Order tatsächlich verborgen bleibt. Durch erste Teilausführungen können Marktteilnehmer versteckte Orders erkennen.

[181]   Vgl. hierzu SCHLAG/MÖNCH/SCHURBA (2006), S. 111 f. sowie die dort angegebene Literatur.

Marktbewegungen ermöglichen.[182] MidPoint Orders sind nicht im offenen Orderbuch sichtbar und werden nur gegen andere MidPoint Orders ausgeführt. Damit wird ein geschlossenes Orderbuch innerhalb der Geld-Brief-Spanne geschaffen.[183] MITTAL (2008) bezeichnet diese Orderform als eine Art Dark Pool und ordnet sie den exchange based Pools zu.[184] Die Ausführungsmodalitäten ähneln den Markmodellen der öffentlichen Crossing Networks: Eine etwaige Ausführung erfolgt dabei immer zum Mittelpunkt der Geld-Brief-Spanne. Eine Limitierung ist zwar möglich, besitzt aber keinen Einfluss auf die Priorität einer Order. Diese bestimmt sich zunächst nach dem Ordervolumen und in zweiter Instanz nach dem Zeitstempel der Order.[185]

Unter der Annahme, dass der Mittelpunkt der Geld-Brief-Spanne den korrekten Referenzkurs abbildet, kann die kostenlose Handelsoption einer MidPoint Order niemals Werte größer Null annehmen. Zwar ist der der Spannenmittelpunkt nicht zwingend der korrekte Referenzkurs, trotzdem schwächt die MidPoint Order die Problematik der kostenlosen Handelsoption aus Sicht der Marktteilnehmer ab. Da die Order darüber hinaus nicht sichtbar ist und nicht im Handelssystem erscheint, wird anderen Marktteilnehmern keine offensichtliche Handelsoption eingeräumt. Dies gilt, solange andere Marktteilnehmer keine Möglichkeit besitzen, die Existenz von MidPoint Orders festzustellen.[186]

Neue Ordertypen beschränken entweder die Sichtbarkeit der Orders oder erzeugen -wie im Falle von MidPoint Orders- durch Eingriffe in die Markt-Mikrostruktur Ausführungsbedingungen, die mit Crossing Networks vergleichbar sind. Die Entwicklung neuer Ordertypen als Reaktion auf den intensiven Börsenwettbewerb berücksichtigt damit letztlich die Wünsche der Handelsteilnehmer und kann als Indiz für die praktische Relevanz kostenloser Handelsoptionen gedeutet werden.

---

[182] Vgl. Deutsche Börse AG (2008a), S. 1.

[183] Vgl. Deutsche Börse AG (2008b), S. 1.

[184] Als weitere exchange based pools sind NYSE Matchpoint (nur bis 2011), Nasdaq Cross, ISE Midpoint Match+ (inzwischen Teil der Eurex, der Aktienhandel wurde eingestellt) zu nennen.

[185] Im Gegensatz zu hidden Orders werden keine Mindestgrößen gefordert. Orderzusätze wie „Fill-or-Kill" und „Immediate-or-Cancel" sind wie bei gewöhnlichen Limit Orders möglich. Vgl Deutsche Börse AG (2012).

[186] Bestimmte Handelsstrategien zielen genau darauf ab.

3.2.5   Umgang der Marktteilnehmer mit kostenlosen Handels-optionen

3.2.5.1   Ziele der Marktteilnehmer

Nachdem Veränderungen im Umfeld der Handelsintermediäre untersucht wurden, stellt der folgende Abschnitt auf das Verhalten einzelner Marktteilnehmer ab und beleuchtet ihren Umgang mit kostenlosen Handelsoptionen. Dabei sind die Ziele und Verhaltensweisen der Marktteilnehmer letztlich von ihren Handelsmotiven und ihrer strategischen Ausrichtung abhängig. Trotzdem wird an dieser Stelle auf eine Unterscheidung zwischen unterschiedlichen Gruppen von Marktteilnehmern verzichtet. Stattdessen werden konkrete Zielsetzungen betrachtet, die unabhängig von individuellen Eigenschaften der Marktteilnehmer sind.[187] Es ist zu erwarten, dass rationale Marktteilnehmer die folgenden Zielsetzungen im Umgang mit kostenlosen Handelsoptionen verfolgen:

- Vermeidung ungewollter Aufgabe kostenloser Handelsoptionen bei der Platzierung von Limitgeboten oder zumindest die Reduktion des aufgegebenen Optionswertes
- Kosten/Nutzen-Optimierung im Hinblick auf die Nachfrage oder Bereitstellung von Liquidität
- Vereinnahmung fremder Optionswerte

Falls kostenlose Handelsoptionen praktische Relevanz besitzen, sollten an den Finanzmärkten konkrete Maßnahmen zur Erreichung dieser Ziele zu beobachten sein.[188] Abbildung 16 gibt einen Überblick über die Zielsetzungen und den damit in Verbindung stehenden Strategien der Marktteilnehmer. Die einzelnen Zielsetzungen werden auf den folgenden Seiten detailliert behandelt.

---

[187]   Gleichwohl ist nicht davon auszugehen, dass die Ressourcen und Fähigkeiten zur erfolgreichen Umsetzung der genannten Zielsetzungen allgemein zur Verfügung stehen.

[188]   Es sei angemerkt, dass die Existenz kostenloser Handelsoptionen nicht die einzig mögliche Erklärung für die in diesem Abschnitt dargestellten Verhaltensweisen ist. Jedoch kann dies als Indiz für die praktische Relevanz kostenloser Handelsoptionen gewertet werden.

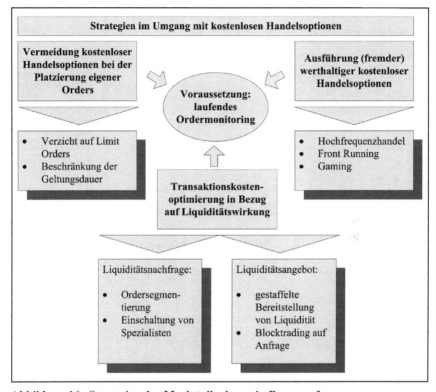

Abbildung 16: Strategien der Marktteilnehmer in Bezug auf kostenlose Handelsoptionen

Konsequentes Monitoring stellt die Grundvoraussetzung für alle Zielsetzungen im Umgang mit kostenlosen Handelsoptionen dar, insbesondere um die negativen Auswirkungen adverser Selektion zu vermeiden.[189] Neben der laufenden Überwachung der Preisentwicklung und des Informationsflusses eines Wertpapiers,[190] soll im Rahmen der vorliegenden Betrachtung auch die Beobachtung des Orderflusses als Monitoring-Aktivität gewertet werden, da diese Informatio-

---

[189] Vgl. GLOSTEN (1994), S. 1151 f. Daneben zeigen GOMBER/GSELL (2009), dass die Charakteristika von sowohl passiven als auch aggressiven Limit Orders (Limit, Volumina), die von Algorithmic Tradern stammen, nur durch ein laufendes Monitoring von Echtzeit Daten erklärbar sind. Die Ordergestaltung unterscheidet sich hierdurch signifikant von der Ordergestaltung anderer Marktteilnehmer.

[190] Vgl. LIU (2009).

nen zusätzlichen Nutzen im Umgang mit kostenlosen Handelsoptionen generieren können.[191]

Es ist davon auszugehen, dass sich die Kosten des Monitorings mit zunehmender Intensität erhöhen und darüber hinaus Kostenunterschiede zwischen den genannten Monitoring-Kategorien bestehen.[192] Abbildung 17 ordnet unterschiedliche Arten des Monitorings nach dem für die Informationsbeschaffung notwendigen Aufwand.

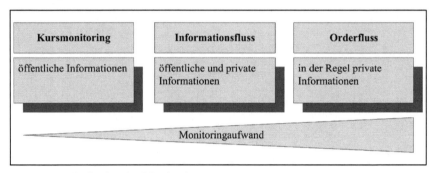

Abbildung 17: Stufen des Monitoring

Der steigende Aufwand der Informationsbeschaffung ist darauf zurückzuführen, dass die Informationen mit zunehmender Intensität des Monitorings nicht mehr ohne weiteres öffentlich zur Verfügung stehen oder ihre sachlich richtige Interpretation den Einsatz zusätzlicher Ressourcen erfordert. Kursinformationen in Echtzeit und öffentliche Unternehmensinformationen können von spezialisierten Anbietern bezogen werden. Die Verarbeitung öffentlicher Informationen oder

---

[191] Nach ANAND/MARTELL (2001) hängt der Wert der kostenlosen Handelsoption mit der Verfügbarkeit von Informationen über den künftigen order flow zusammen. Empirisch zeigen sie, dass Limit Orders institutioneller Marktteilnehmer eine bessere Performance aufweisen und schließen daraus, dass die darin enthaltenen kostenlosen Handelsoptionen geringere Werte besitzen. Sie führen dies darauf zurück, dass institutionelle Marktteilnehmer den künftigen Informations- und Orderfluss besser vorhersagen können.

[192] FOUCAULT/KADAN/KANDEL (2013) untersuchen den Einfluss der Monitoringkosten auf die Liquiditätsdynamik von Wertpapiermärkten modellhaft und beschreiben den Zusammenhang zwischen Handelsmöglichkeiten und Monitoring wie folgt: *„Each opportunity is shortlived as it disappears as soon as a trader exploits it. Thus, traders monitor the market to react faster than their competitors to profit opportunities. In choosing their monitoring intensity, market participants trade off the benefit from a higher likelihood of being first to detect an opportunity with the cost of monitoring. "*

gar die Beschaffung und Verarbeitung privater Informationen ist mit höherem Aufwand verbunden. Die Sammlung von Informationen über den aktuellen Orderfluss oder die Prognose des künftigen Orderflusses ist nur für spezialisierte Akteure mit unmittelbarer Marktnähe möglich und erfordert den Einsatz geeigneter Strategien.[193]

3.2.5.2 Vermeidung kostenloser Handelsoptionen und Reduktion des Optionswertes

Die Gefahr, kostenlose Handelsoptionen preiszugeben, kann vollständig durch den Verzicht auf Limit Orders vermieden werden. Gleichwohl sind Limitgebote eine häufig genutzte Orderform. Ein grundlegendes Kalkül bei der Verwendung von Limit Orders besteht in der Absicht, den eigenen Ausführungskurs gegenüber einer Market Order zu verbessern.[194] Die gleiche Überlegung gilt auch für einen Investor, dessen individueller Reservationspreis nicht dem Marktpreis entspricht. Die Platzierung eines Limitgebots in Höhe des Reservationspreises ermöglicht bei Schwankungen des Marktpreises eine Transaktion zu einem in der Zukunft liegenden Zeitpunkt. Die Gemeinsamkeit beider Überlegungen liegt in der Sichtweise der Limit Order als passives Instrument.[195] Sie führt immer dann zu höherem Erfolg gegenüber einer Market Order, wenn lediglich transitorische Preisänderungen zu erwarten sind.[196] Bei informationsinduzierten, permanenten Preisänderungen tritt jedoch die Optionsanalogie von Limit Orders in den Vordergrund.[197]

---

[193] Die Kenntnis über den zukünftigen order flow ermöglicht insbesondere die Nutzung kostenloser Handelsoptionen ohne eindeutig positive Optionswerte. Die Strategien zur Informationsbeschaffung werden an geeigneter Stelle diskutiert.

[194] In diesem Zusammenhang muss jedoch auch das Risiko einer Nichtausführung Beachtung finden, falls das gewählte Limitgebot zu weit vom aktuellen Marktpreis entfernt gewählt wird. Cohen et al. (1981) sprechen von einem sog. ‚gravitational pull‘, den bereits im Orderbuch befindliche Gebote auf neue Limit Orders ausüben. Die Gefahr, dass ein Limitgebot auch eine kostenlose Handelsoption darstellt, wird hingegen nicht beachtet.

[195] Der Versuch, die Geld-Brief-Spanne zu vermeiden, könnte auch als Liquiditätsangebot gedeutet werden. Der Einsatz von Limitgeboten durch spezialisierte Liquiditätsanbieter wird später gesondert behandelt.

[196] Vgl. THEISSEN (1998), S. 65 f. sowie HANDA/SCHWARTZ (1996), S. 1837–1841.

[197] Zwei grundsätzliche Voraussetzungen für den Einsatz von Limit Orders sind zudem das Fehlen von eigenen Insiderinformationen und ausreichende Geduld. Vgl. LINNAINMAA (2010).

Soweit nicht vollständig auf Limit Orders verzichtet werden soll, besteht die effektivste Strategie zur Vermeidung ungewollter Effekte in der rechtzeitigen Änderung oder Stornierung der platzierten Limit Orders. Monitoring kann verhindern, dass Limit Orders bei Eintritt neuer Informationen positive Optionswerte annehmen, da das Limitgebot angepasst oder die Order zwischenzeitlich ganz storniert werden kann. Die Kosten adverser Selektion können dadurch minimiert werden. WATSON/VAN NESS/VAN NESS (2012) dokumentieren, dass Stornierungen von Limit Orders häufig auftreten und im letzten Jahrzehnt stark zugenommen haben. Dadurch hat sich die Limit Order immer weiter von ihrer ursprünglichen Charakterisierung als passives Instrument entfernt. Diese Entwicklung ist auch auf technische Neuerungen und den immer wichtiger werdenden Hochfrequenzhandel zurückzuführen, die eine automatisierte Platzierung und Stornierung von Orders erlauben.[198]

Die Rolle des Monitorings im Umgang mit Limit Orders und die Auswirkungen erhöhter Monitoringintensität auf die Kosten adverser Selektion lassen sich anhand unterschiedlicher Anlegertypen verdeutlichen. Empirische Ergebnisse zeigen, dass private und institutionelle Anleger unterschiedlich erfolgreich beim Einsatz von Limit Orders sind. In einer Untersuchung von insg. drei Mio. Limit Orders zeigt LINNAINMAA (2010), dass ausgeführte Limit Orders einen durchschnittlichen Ausführungskursvorteil von 6,5 Basispunkten generieren. Market Orders zeigten dagegen einen Ausführungskursnachteil in gleicher Höhe. Unterschiede ergaben sich beim Anlegertyp. Limit Orders von Privatanlegern generieren Ausführungskursvorteile im Handel mit anderen Privatanlegern. Trifft eine Market Order eines institutionellen Anlegers auf eine Limit Order eines Privatanlegers, so erleidet der Privatanleger einen Ausführungskursnachteil. In Summe erreichen Privatanleger keinen statistisch signifikanten Ausführungskursvorteil durch den Einsatz von Limit Orders. Dagegen verbleibt für institutionelle Anleger am Ende ein statistisch hochsignifikanter Ausführungskursvorteil i. H. v. 8,6 Basispunkten, da sie Ausführungskursvorteile im Handel mit Privatanlegern generieren und der Handel mit anderen institutionellen Anlegern zumindest neutral verläuft. Institutionelle Investoren haben im Vergleich zu Pri-

---

[198]   Solche Orders werden als fleeing Orders bezeichnet. Vgl. für weitere Informationen HASBROUCK/SAAR (2002) oder FONG/LIU (2010). Fleeing Orders können als Nachbildung von immediate or cancel Orders interpretiert werden.

vatanlegern geringere Kosten adverser Selektion bei Ausführung ihrer Limit Orders, was mit unterschiedlichen Monitoring-Intensitäten begründet werden kann.[199]

3.2.5.3 Liquiditätswirkung

Wie bereits in Abschnitt 3.2.3 erläutert, können kostenlose Handelsoptionen bewusst eingesetzt werden, um Liquidität nachzufragen oder anzubieten. Dabei können Limit Orders die Liquiditätspräferenzen genauer widergeben als Market Orders. Während letztere stets eine sofortige Ausführung bedingen, können Limitgebote alle Zwischenstufen der Liquiditätsnachfrage abdecken. Kostenlose Handelsoptionen können bewusst platziert werden, um die gewünschte Liquiditätswirkung zu erzielen.[200] Letztlich steht bei der Liquiditätsnachfrage die Optimierung des Kosten/Nutzten-Verhältnisses im Vordergrund, die durch optimale Orderwahl und Ordersegmentierung erreichbar ist.[201] Auf der anderen Seite ist das Liquiditätsangebot durch die Optionsanalogie und die Gefahr adverser Selektion beschränkt. Liquidität stellt jedoch eine Grundvoraussetzung für funktionierende Wertpapiermärte dar. In jüngster Vergangenheit haben Börsenbetreiber Vergütungssysteme für Liquiditätsanbieter eingeführt, um diesen einen zusätzlichen Anreiz zu geben, benötigte Liquidität in Form von Limit Orders trotz der Gefahr adverser Selektion bereitzustellen.[202]

3.2.5.4 Ausübung werthaltiger kostenloser Handelsoptionen

Abschließend soll diskutiert werden, wie Marktteilnehmer kostenlose Handelsoptionen ausnutzen können, wobei die Betrachtung über den elementaren Fall wertrelevanter privater Informationen hinaus gehen soll. In einem solchen

---

[199] Vgl. LINNAINMAA (2010), S. 1501–1503. Dass auch institutionelle Anleger die Kosten adverser Selektion nicht vollständig vermeiden können, zeigt sich darin, dass der eigentlich zu erwartende Ausführungskursvorteil aufgrund der Bereitstellung von Liquidität im Handel mit anderen institutionellen Anlegern vollständig aufgezehrt wird.

[200] Besonders interessant sind hierbei Limitgebote, die innerhalb der geltenden Geld-Brief-Spanne platziert werden.

[201] Vgl. ALAM/TKATCH (2009) sowie dort angegebene Literatur.

[202] Vgl. für eine Übersicht der Vergütungsschemata von US-Börsen FOUCAULT/KADAN/KANDEL (2013), S. 301. Im Xetra Handelssystem beträgt dieser Bonus für passive Orderausführungen von Liquiditätsanbietern 36 bp auf das ausgeführte Volumen. Diese Vergütung ist an das Erreichen bestimmter Anteile am Handelsvolumen geknüpft.

Fall liegt die Strategie darin, den Informationsvorsprung durch eine schnelle Transaktion, d. h. eine Market Order zu Lasten bestehender Limit Orders auszunutzen.[203] In Abwesenheit privater Informationen gestaltet sich die Ausnutzung kostenloser Handelsoptionen komplexer. Die Vereinnahmung eines positiven Optionswertes stellt einen Marktteilnehmer dabei vor drei wesentliche Herausforderungen:

1. Exklusivität der Option
2. Nichteindeutigkeit des Referenzkurses
3. Schutz- und Vermeidungsstrategien

Der Umgang der Marktteilnehmer mit diesen Herausforderungen und die Entwicklung von Strategien zur Vereinnahmung von Optionswerten können als Indiz für die praktische Relevanz kostenloser Handelsoptionen gedeutet werden. Aus diesem Grund werden die drei oben genannten Problembereiche nachfolgend einer genaueren Betrachtung unterzogen.

Zunächst wird die Exklusivität der Option betrachtet. Diese liegt stets vor, da die kostenlose Handelsoption auf ein individuelles Gebot eines Marktteilnehmers zurückzuführen ist und führt dazu, dass sie nach ihrer Ausübung dem Rest des Marktes nicht mehr zu Verfügung steht. Somit kann bei Eintreffen aktueller öffentlicher Informationen nur jeweils der schnellste Akteur von am Markt vorhandenen Limitgeboten profitieren. Die Vereinnahmung kostenloser Handelsoptionen setzt daher eine Handelsinfrastruktur voraus, deren Fokus auf der schnellen Informationsverarbeitung und Entscheidungsfindung liegt. Ebenso müssen die technischen Voraussetzungen für eine unverzügliche Übermittlung der Handelsentscheidungen vorliegen. Die inzwischen enorme und weiter zunehmende Rolle des algorithmischen Handels und insbesondere des Hochfrequenzhandels zeigen, dass in jüngster Vergangenheit eine ebensolche Infrastruktur geschaffen wurde und intensiv genutzt wird.[204] Die schnelle Expansion des Hochfrequenz-

---

[203] Falls die Information einem einzelnen Marktteilnehmer exklusiv vorliegt, wird sich dieser in der Regel strategisch verhalten und seinen Profit aus dem Informationsmonopol in einem dynamischen Kontext maximieren. Das Grundmodell zur Analyse dieser Konstellation geht auf KYLE (1985) zurück. BOULATOV/HENDERSHOTT/LIVDAN (2013) weiten die Betrachtung auf mehrere (korrelierte) Wertpapiere im Multiperiodenkontext aus.

[204] In der Literatur wird in diesem Zusammenhang immer wieder von einem Wettrüsten gesprochen. Millisekunden entscheiden dabei über Erfolg und Misserfolg der Strategien.

handels ist daher mit der praktischen Bedeutung kostenloser Handelsoptionen vereinbar und kann als rationale Reaktion auf die Exklusivität kostenloser Handelsoptionen interpretiert werden.

Die zweite Hürde bei der Vereinnahmung von Optionswerten stellt die Bestimmung des Referenzkurses dar. In Abwesenheit neuer wertrelevanter Unternehmensnachrichten kann lediglich angenommen werden, dass der Fundamentalwert des Wertpapiers innerhalb der Geld-Brief-Spanne liegt. In Abwesenheit wertrelevanter Ereignisse ist die Ausnutzung kostenloser Handelsoptionen daher nicht ohne weiteres möglich. Jedoch kann der Optionscharakter ausreichend großer Limit Orders durch Front Running ausgenutzt werden, ohne dass ein Informationsereignis eintritt.[205] Die Vorgehensweise ist dabei abhängig von der Aggressivität, mit der der ursprüngliche Investor seine Handelsabsichten am Markt verfolgt.[206] Das Front Running gegen passive Marktteilnehmer, die ihren Handelswunsch mit Hilfe einer Limit Order abwickeln wollen, ist durch das sog. quote matching möglich.[207] Dabei wird das ursprüngliche Gebot nur um einen

---

Vgl. BUDISH/CRAMTON/SHIM (2014), die eine Veränderung der Handelsmechanismen hin zu diskreten Auktionszeitpunkten fordern. MCPARTLAND (2014) ergänzt den Vorschlag um einen zufälligen Auktionszeitpunkt in diesem diskreten Intervall.

[205] Front Running ist eine Handelsstrategie, die Kenntnis über die Handelsabsichten anderer Marktteilnehmer erfordert. Eine Limit Order kann als Kommunikationsmittel dieser Handelsabsicht interpretiert werden. Das Ziel besteht darin, diesen Handelsabsichten mit einem Trade in die gleiche Richtung zuvorzukommen. Vgl. HARRIS (2003), S. 245 f. Je nach Informationsquelle kann Front Running eine illegale Handelspraxis darstellen. Dies betrifft insbesondere Wertpapierdienstleistungsunternehmen, die im Kundenauftrage Transaktionen ausführen. Kommt der Dienstleister dem Kundenauftrag durch eine Transaktion auf eigene Rechnung zuvor, liegt ein Verstoß gegen die Verhaltensregel des § 31 Abs 1 Nr 2 WpHG vor. Front Running, das auf rechtmäßig erlangten Informationen basiert, ist hingegen nicht verboten und stellt auch keinen Fall der Marktmanipulation dar. Vgl. zum Tatbestand der Marktmanipulation und verbotenen Handlungen BRAMMSEN (2012). Gleichwohl wird der Begriff in der Regel negativ assoziiert. HARRIS (2003) stellt fest, dass Front Running häufig als „parasitäre" Aktivität wahrgenommen wird. Auch die Wahrnehmung des Hochfrequenzhandels ist beeinträchtigt, da die Strategien oftmals Front Running umfassen. Charles Munger (Berkshire Hathaway) bezeichnet Hochfrequenzhandel als legales Front Running.

[206] HARRIS (2003) beschreibt die praktische Umsetzung des Front Running sowohl gegen aktive wie auch passive Trader.

[207] Das folgende Beispiel basiert auf HARRIS (2003), S. 246–250. Vgl. ebenfalls VIEBIG (2013), S. 474. Dieser nimmt an, dass die Ausweitung des Hochfrequenzhandels und damit in Verbindung stehenden Strategien (wie Front Running), Hinweise für die Relevanz der Adaptive Markets-Hypothese nach LO (2004) darstellen. In diesem Sinne lassen sich Strategien des Hochfrequenzhandels als evolutionäre Anpassung der Marktteil-

minimalen Betrag verbessert, um Ausführungspriorität zu erhalten. Wird die Order des Front Runners ausgeführt, ist er vor Kursverlusten geschützt, da die passive Limit Order dabei als Absicherung (Put- oder Call-Option) genutzt werden kann. An einer vorteilhaften Kursentwicklung partizipiert der Front Runner jedoch in vollem Umfang mit. Abbildung 18 verdeutlicht das quote matching einer Limit Kauforder. Nach der Ausführung einer knapp über der ursprünglichen Order platzierten Kaufangebots entspricht die Gesamtposition des quote matchers einem Long Call (bestehend aus einer Long Position im Wertpapier und einem Long Put).[208]

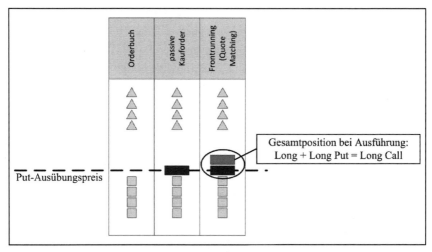

Abbildung 18: Front Running passiver Orders

Das dritte wesentliche Hindernis bei der Nutzung kostenloser Handelsoptionen stellen die Schutz- und Vermeidungsstrategien der übrigen Marktteilnehmer dar. Soweit diese die Kosten adverser Selektion durch laufendes Monitoring ihrer Gebote verringern wollen, entscheidet letztlich die Intesität des Monitorings sowie die Geschwindigkeit, mit der Handelsentscheidungen getroffen und abgeändert werden, über die Nutzbarkeit kostenloser Handelsoptionen. Beim Einsatz

---

nehmer interpretieren, die zum Ziel hat, die Optionseigenschaften von Limit Orders zum eigenen Vorteil auszunutzen.

[208] Im Falle einer Verkaufsorder besitzt er einen Long Put, bestehend aus einer Short Position im Wertpapier und einem Long Call. Vgl. HARRIS (2003), S. 248–250.

von ganz oder teilweise versteckten Orders (z. B. Eisberg Orders) oder adaptiven (MidPoint) Orders kommt der Einsatz zusätzlicher Strategien zur Ausnutzung kostenloser Handelsoptionen in Betracht. Zunächst ist die Aufdeckung der versteckten Order erforderlich. Angelehnt an den Begriff der Dark Pools, die als erste die Verwendung versteckter Orders ermöglichten, wird die Suche dieser Orders als ‚fishing‘ bezeichnet. Hierzu werden kleine Testgebote platziert, um damit versteckte Orders zur Ausführung zu bringen und so von ihrer Existenz am Markt zu erfahren. Da die Optionseigenschaften einer Order durch ihre Unsichtbarkeit grundsätzlich nicht durch die zunächst fehlende Sichtbarkeit tangiert werden, ist im Anschluss die Ausnutzung der Order möglich.[209]

Bei adaptiven Ordertypen reicht die alleinige Aufdeckung nicht aus, um von den Optionseigenschaften der Order zu profitieren. Die Abhängigkeit des Gebotes von Marktpreisen schützt zwar vor Kosten adverser Selektion, eröffnet gleichzeitig aber auch Spielräume für Manipulationsstrategien. Insbesondere MidPoint Orders sind hiervon betroffen. Eine als „Gaming" bezeichnete Strategie zielt darauf ab, den Mittelpunkt der Geld-Brief-Spanne durch zusätzliche Gebote zu manipulieren.[210] Nach Ausführung der MidPoint Orders zum manipulierten Kurs werden die zur Manipulation eingesetzten Gebote wieder zurückgenommen.

Die in diesem Abschnitt dargestellten Strategien zielen vornehmlich auf die Ausnutzung kostenloser Handelsoptionen und gehen über einfache Investmentstrategien hinaus. Sie demonstrieren die Bedeutung kostenloser Handelsoptionen auf den Wertpapiermärkten.

---

[209] GOMBER ET AL. (2011) sehen solche Liquidity Detection Strategien als eine der Grundstrategien des HFT. Vgl. GOMBER ET AL. (2011), S. 25 sowie S. 28 f.

[210] Vgl. für eine ausführliche Darstellung der Strategie MITTAL(2008) sowie DE WINNE/ D'HONDT (2007).

3.3   Empirie zur Optionsbewertung von Limit Orders

Zum Abschluss des dritten Kapitels soll die Bedeutung und Umsetzung der Optionsanalogie im Rahmen von empirischen Untersuchungen gewürdigt werden. Die hierbei betrachteten Studien übertragen die bekannten Ansätze zur Bewertung von Finanzoptionen mehr oder weniger direkt auf Limit Orders. Bezüglich ihrer Zielsetzung haben die vorgestellten Arbeiten gemeinsam, dass sie nicht auf die Optionswerte einzelner Orders abstellen, sondern den Optionswert des gesamten Orderbuchs zu bestimmen versuchen. Aus dem Vergleich der aggregierten Werte beider Marktseiten werden Schlüsse über die Liquiditätssituation des Marktes gezogen. Diese Zielsetzung steht nur im groben Zusammenhang mit dem Ansatz der vorliegenden Arbeit, da nicht der mehrdimensionale Charakter der Wertpapierliquidität sondern Marktungleichgewichte betrachtet werden. Dennoch dokumentieren diese Studien die grundsätzlichen Schwierigkeiten bei der Übertragung von Optionspreismodellen auf Limit Orders und verdeutlichen die Schwächen dieser Vorgehensweise. Dabei muss festgehalten werden, dass die Zielsetzung und Konzeption der nachfolgend dargestellten Untersuchungen gewisse Ungenauigkeiten bei der Bestimmung der Optionswerte erlaubt, ohne dass die Ergebnisse der Studien in Zweifel gezogen werden müssen. Bei einem Vergleich zwischen den Optionswerten beider Orderbuchseiten können sich Bewertungsfehler ausgleichen, was die Wahl des richtigen Bewertungsmodelles zweitrangig macht.[211] Aus diesen Gründen liegt der Fokus der nachfolgenden Ausführungen weniger auf dem tatsächlichen Untersuchungsgegenstand der Studien, sondern auf der Umsetzung der gewählten Bewertungsmethode. Von Interesse sind hierbei die Festlegung oder Schätzung erforderlicher Modellvariablen sowie die Anpassungen der Bewertungsmethodik an besondere Eigenschaften der kostenlosen Handelsoption.

Eine erste Anwendung der Optionspreisanalogie zur Bewertung von Limit Orders geht auf FRINO/JARNECIC/MCINISH (2006) zurück. Sie betrachten die Orderbücher der 10 meistgehandelten Aktientitel an der Australian Stock Exchange (ASX) über einen Zeitraum von vier Monaten. Mit Hilfe des Black/Scholes-Modells für europäische Optionen werden in einer zeitpunktbezogenen Betrachtung einmal täglich alle zu diesem Zeitpunkt im Orderbuch enthaltenen Gebote

---

[211] Vgl. HARRIS/PANCHAPAGESAN (2005).

bewertet und anschließend zu einem aggregierten Orderbuch-Optionswert zusammengefasst. Die Anwendung des Black/Scholes-Modells erfordert dabei die exogene Festlegung einiger Parameter. So unterstellen FRINO/JARNECIC/ MCINISH (2006) eine Gültigkeit der Limit Orders von fünf Stunden und verwenden die Mitte der Geld-Brief-Spanne als Referenzkurs.[212] Die Volatilitätsschätzung erfolgt mit Hilfe der impliziten Volatilität.[213] Setzt man die so errechneten Optionswerte ins Verhältnis zum Ordervolumen, so ergeben sich im Durchschnitt relative Werte von bis zu ca. 30 Basispunkten. Nach Ansicht der Autoren stellt der aggregierte Optionswert des Orderbuchs ein Liquiditätsmaß dar, das dazu geeignet ist, mehrere Liquiditätsdimensionen zu erfassen.

GÄRTNER (2007) verwendet einen ähnlichen Ansatz, um aggregierte Optionswerte für Orderbücher von DAX-Titeln zu bestimmen. Im Unterschied zu FRINO/JARNECIC/MCINISH (2006) werden nur die zehn besten Geld- und Briefkurse betrachtet, dafür erfolgt die Bestimmung der Optionswerte laufend, d. h. auch bei untertägigen Veränderungen des Orderbuchs. Hierdurch können Veränderungen des Ungleichgewichts zwischen beiden Orderbuchseiten genauer erfasst werden. Auch hier wird die Bewertung mit dem Black/Scholes-Modell durchgeführt.[214] Methodisch unterscheidet sich die Herangehensweise durch die Wahl des Referenzkurses. Statt des Mittelpunktes der Geld-Brief-Spanne werden reale Geld- und Briefkurse als Referenzkurse herangezogen. Für alle Verkaufsaufträge wird das Gebot des niedrigsten Verkaufsauftrags als Referenzkurs herangezogen. Für alle Kauf Limit Orders stellt das höchste Kaufgebot den Referenzkurs dar.[215] Die Restlaufzeiten der kostenlosen Handelsoptionen wurden auf 15 Minuten festgelegt. Unter diesen Annahmen werden maximale relative Optionswerte von bis zu 64 Basispunkten ermittelt.[216] Die Aggregation der Op-

---

[212] Vgl. FRINO/JARNECIC/MCINISH (2006), S 62 f.

[213] Entsprechend der Annahme bezüglich der Geltungsdauer der Limit Orders werden zur Bestimmung der impliziten Volatilitäten Aktienoptionen mit der kürzesten verfügbaren Restlaufzeit herangezogen.

[214] Hierdurch kann der Zeitwert der kostenlosen Handelsoption tendenziell überschätzt werden, da die Dynamik des Orderbuchs unterschätzt wird.

[215] Vgl. GÄRTNER (2007), S. 95–98. Die Optionen starten also mindestens mit dem Betrag der Geld-Brief-Spanne aus dem Geld.

[216] Vgl. GÄRTNER (2007), S. 103 f.

tionswerte der einzelnen Gebote erfolgt getrennt für beide Marktseiten. GÄRTNER (2007) wählt den Begriff der „Marktspannung" als Bezeichnung für die Differenz der Optionswerte beider Orderbuchseiten.[217] Die Kennzahl soll unter anderem ein Urteil darüber erlauben, ob sich der betrachtete Markt im Gleichgewicht befindet.[218]

HARRIS/PANCHAPAGESAN (2005) untersuchen den Unterschied zwischen den aggregierten Optionswerten beider Orderbuchseiten von an der NYSE gehandelten Aktien und testen, ob künftige Preisänderungen auf Basis der Differenz der Optionswerte der beiden Orderbuchseiten vorhergesagt werden können. Als Referenzkurs dient der Mittelpunkt der Geld-Brief-Spanne. Die Schätzung der Volatilität erfolgt auf Basis historischer Renditen. Die Restlaufzeit der Order wird mithilfe eines Regressionsmodells geschätzt, das sowohl die Charakteristika der Order als auch die Orderbucheigenschaften als Erklärungsgrößen einbezieht.[219] Die Autoren sehen im Black/Scholes-Modell eine unzureichende Methode zur Bewertung von Limit Orders und ergänzen ihre Untersuchung deshalb mit einem Ansatz zur Bewertung von Barrier Optionen. Dabei entstehen jedoch neue Unwägbarkeiten bei der Bewertung, da die Festlegung der Barriere per Annahme erfolgen muss. In der Studie liegt diese für Verkaufsorders einen Notierungssprung über dem Limitgebot und für Kauforders einen Notierungssprung unter dem Limitgebot.[220] HARRIS/PANCHAPAGESAN (2005) zeigen, dass eine auf Basis der Optionswerte des Orderbuchs ermittelte Orderbuch-Asymmetrie kurzfristige Preisänderungen vorhersagen kann.[221]

Aus den betrachteten Studien lassen sich einige Kernprobleme der Übertragung von Optionspreismodellen auf Limit Orders identifizieren. Während die Festlegung einiger Modellparameter unproblematisch ist, muss die Restlaufzeit der

---

[217] Vgl. GÄRTNER (2007), S. 110–114.

[218] GÄRTNER (2007) verwendet die Marktspannung für die Modellierung der Erholungsfähigkeit.

[219] Dabei handelt es sich bspw. um die Position der Order im Orderbuch im Vergleich zu anderen Orders, das Volumen der Order, etc. Vgl. HARRIS/PANCHAPAGESAN (2005), S. 38 f.

[220] Diese Annahme von HARRIS/PANCHAPAGESAN (2005) stützt sich auf nachfolgende Überlegung: "For the barrier option to have value when the underlying value is equal to the limit price, the barrier price must be different from, but close to, the limit price."

[221] Die Größenordnung der Optionswerte einzelner Limit Orders wird nicht in der Studie berichtet.

kostenlosen Handelsoption exogen festgelegt oder geschätzt werden. Die tatsächlich verbleibende Gültigkeitsdauer der Orders kann nicht ohne weiteres herangezogen werden, da eine vorzeitige Ausführung oder Stornierung berücksichtigt werden muss. Die Autoren tendieren deshalb zur Annahme kurzer Restlaufzeiten, wobei sich die einzelnen Studien hinsichtlich der gewählten Zeitdauer z. T. deutlich unterscheiden. Die zusätzliche Berücksichtigung einer Barriere im Rahmen der Bewertung bildet zwar bestimmte Eigenschaften kostenloser Handelsoptionen besser ab, erfordert jedoch erneut eine exogene Festlegung. Auch bei der Auswahl des Referenzkurses lassen sich unterschiedliche Herangehensweisen beobachten. Je nachdem welche Größe als Referenzkurs gewählt wird, liegt die kostenlose Handelsoption bereits zu Beginn mehr oder weniger stark aus dem Geld. Die im Rahmen der Studien ermittelten Optionswerte bewegen sich in einem niedrigen, jedoch ökonomisch relevanten Bereich.

3.4   Zwischenfazit

In diesem Kapitel wurden die Optionseigenschaften von Limit Orders untersucht. Hierzu wurden die grundlegenden Voraussetzungen für die Gültigkeit der
Optionsanalogie aufgezeigt und eine finanzwirtschaftliche Abgrenzung der kostenlosen Handelsoption vorgenommen. Die ökonomische Relevanz von kostenlosen Handelsoptionen wurde aus unterschiedlichen Blickwinkeln betrachtet.
Der Wertorientierte Ansatz verdeutlicht dabei die Besonderheiten bei der Bewertung von Limit Orders und impliziert absolut gesehen niedrige Optionswerte.
Trotzdem muss die ökonomische Relevanz der kostenlosen Handelsoption be-
jaht werden. Dies ist dadurch begründet, dass durch Ausübung realisierte negative innere Werte ökonomische Aussagekraft besitzen und als Liquiditätskosten,
genauer als Kosten sofortiger Ausführung interpretiert werden können.

Weitere wichtige Indizien für die ökonomische Relevanz der kostenlosen Handelsoption finden sich auch im Verhalten der Marktteilnehmer und der Weiterentwicklung der Handelsplätze. Letztere haben ihre Handelssysteme in der jün-
geren Vergangenheit derart angepasst, dass eine bessere Steuerung der mit Limit
Orders verbundenen Risiken möglich wurde. Bei der Analyse des Verhaltens
von Marktteilnehmern wird deutlich, dass das laufende Monitoring von Limit
Orders eine Grundstrategie im Umgang mit kostenlosen Handelsoptionen darstellt. Stornierungen und Änderungen von Limit Orders finden so häufig statt,
dass die Sichtweise von Limit Orders als passives Instrument nicht mehr zeit-
gemäß ist. Zudem zeigen der Einsatz komplexer Strategien zur Vereinnahmung
von Optionswerten und das steigende Aufkommen des Hochfrequenzhandels,
dass Limit Orders als werthaltig empfunden werden.

In der bestehenden Literatur wurden bereits Optionspreismodelle auf Limit Orders übertragen und zur Bestimmung der Optionswerte eingesetzt. Die Wertfin-
dung wird dabei jedoch durch die Unterschiede zwischen Finanzoptionen und
kostenlosen Handelsoptionen erschwert. Insbesondere die exogene Festlegung
von Modellvariablen, wie etwa der Restlaufzeit der Option oder der Ausführungsbarriere stellt aus ökonomischer Sicht eine Herausforderung dar.

Im weiteren Verlauf der Arbeit soll untersucht werden, inwiefern die Optionseigenschaften von Limit Orders zu einem besseren Verständnis der Wertpapierliquidität beitragen können. Hierzu widmet sich das vierte Kapitel zunächst der

Bewertung von Limit Orders und beschäftigt sich dabei mit der Prüfung der Anwendbarkeit der Optionspreistheorie, wobei die im Rahmen des dritten Kapitels erarbeiteten Eigenschaften der kostenlosen Handelsoption gewürdigt werden. Im Mittelpunkt steht die konkrete Ausgestaltung eines Optionspreismodells, das in der Lage ist, spezielle Eigenschaften der Limit Order zu berücksichtigen. Ausgehend von den Erkenntnissen des dritten Kapitels finden dabei insbesondere die stochastische Lebensdauer der Orders, die Barriere-Eigenschaft sowie unstetige Preisverläufe Berücksichtigung.

4 Bewertung kostenloser Handelsoptionen

4.1 Ziel und Aufbau des Kapitels

Dieses Kapitel verdeutlicht die Bewertung der in der Limit Order enthaltenen kostenlosen Handelsoption. Die Bewertung erfolgt zunächst im Binomialmodell, anschließend wird die Preisfindung in stetiger Zeit adressiert. Die Optionsanalogie von Limit Orders, die Grenzen dieser Analogie und die daraus ableitbaren Eigenschaften der kostenlosen Handelsoption wurden im vorangegangenen Kapitel behandelt und bilden die Grundlage für die nachfolgenden Überlegungen.

Das Binomialmodell eignet sich besonders, um den für die Bewertung maßgeblichen Modellrahmen und die getroffenen Annahmen zu erläutern. Dieser Rahmen basiert in seinen Grundzügen auf klassischen Annahmen der Optionsbewertung, muss jedoch auch zwangsläufig davon abweichen, um die bewertungsrelevanten Eigenschaften der kostenlosen Handelsoption nachzubilden. Die zunächst betrachtete Modellstruktur stellt eine diskrete Formulierung des zeitstetigen Modells von CHACKO/JUREK/STAFFORD (2008) dar. Beginnend mit dem Einperiodenfall wird die Bewertung einer kostenlosen Handelsoption mit stochastischer Lebensdauer aufgezeigt. Hierbei wird die Übertragbarkeit der Bewertungsprinzipien, wie die Bewertung mit Hilfe eines Replikationsportfolios, im vorliegenden Modell diskutiert. Anschließend wird die Betrachtung auf den Zwei- und n-Periodenfall erweitert. Hierbei stehen insbesondere die Annahmen bzgl. der Verteilung der stochastischen Lebensdauer oder auch Untergangswahrscheinlichkeit im Vordergrund. Diese soll eine Funktion des erwarteten order flows darstellen. Die Bewertung im n-Periodenfall erfolgt mit Hilfe eines rekursiven Algorithmus.

Abschnitt 4.5 behandelt die Ableitung einer geschlossenen Bewertungsformel in stetiger Zeit nach CHACKO/JUREK/STAFFORD (2008). Der Modellrahmen der vorangestellten Abschnitte bleibt dabei weitestgehend erhalten.

Beide Modelle können anschließend gegenübergestellt und das Konvergenzverhalten untersucht werden, wobei insbesondere der Einfluss der Untergangswahrscheinlichkeit betrachtet wird. Abschließend werden die Einflussgrößen des Wertes der kostenlosen Handelsoption eingehender betrachtet. Unter Beachtung der Ausführungspolitik der Agenten in den Bewertungsmodellen erlaubt die

Bewertung der kostenlosen Handelsoption einen Rückschluss auf die Liquidität von Wertpapieren und die Trade-offs zwischen unterschiedlichen Liquiditätsdimensionen.

4.2 Rahmenbedingungen des Modells

4.2.1 Kursprozesse der Wertpapiere

Betrachtet wird ein Kapitalmarkt mit einer risikofreien Anlage B und einem risikobehafteten Wertpapier V. Über eine Periode ist der Preisprozess von B deterministisch:

$$B_0 = 1$$

$$B_1 = 1 + r$$

Das risikobehaftete Wertpapier folgt einem stochastischen Preisprozess Z mit zwei möglichen Umweltzuständen u und d, für deren positive Eintrittswahrscheinlichkeiten $p_u + p_d = 1$ angenommen wird:

$$V_0 = v$$

$$V_1 = \begin{cases} v \cdot u \text{ mit Wahrscheinlichkeit } p_u \\ v \cdot d \text{ mit Wahrscheinlichkeit } p_d \end{cases}$$

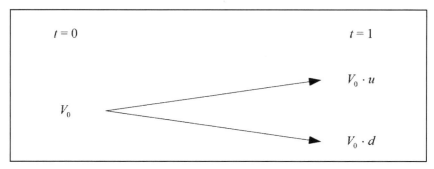

Abbildung 19: Kursprozess des risikobehafteten Wertpapiers

Die Annahmen bezüglich der Kursprozesse der beiden Wertpapiere sind identisch mit den Annahmen des klassischen Binomialmodells zur Bewertung von Finanzoptionen. Wesentliche Unterschiede ergeben sich dagegen bei den Annahmen bezüglich der Handelbarkeit der Wertpapiere.

4.2.2   Handelbarkeit der Wertpapiere

Das risikofreie Wertpapier lässt sich jederzeit, von allen Marktteilnehmern, ohne Transaktionskosten und in beliebigem Umfang handeln. Dies schließt auch den Leerverkauf der risikofreien Anlage ein (Verschuldung). Die Handelbarkeit des risikobehafteten Wertpapiers wird hingegen durch das Marktdesign determiniert. Dabei werden zwei Typen von Marktteilnehmern (Market Maker und Anleger) auf zwei unterschiedlich gestalteten Märkten (öffentlicher Markt und Inter-Dealer-Markt) betrachtet.[222]

Es sei angenommen, dass ein vollkommener Markt für das risikobehaftete Wertpapier existiert. Die Handelbarkeit auf diesem Markt ist somit nicht beeinträchtigt. Dieser Markt ist vollständig bezüglich des Preisprozesses des risikobehafteten Wertpapiers V, wodurch davon ausgegangen werden kann, dass im Gleichgewicht die Preise aller Finanzinstrumente, deren (unsichere) Wertentwicklung lediglich durch den Preisprozess Z determiniert wird, keine Arbitragemöglichkeiten zulassen. Zugang zu diesem Markt besitzen nur Marktteilnehmer vom Typ Market Maker, weshalb er im Folgenden als Inter-Dealer-Markt bezeichnet wird. Bei isolierter Betrachtung ist der Inter-Dealer-Markt vollkommen und vollständig.[223]

Daneben wird ein öffentlicher Markt definiert. Zugang zu diesem Markt haben Marktteilnehmer vom Typ Anleger sowie genau ein Marktteilnehmer vom Typ Market Maker. Letzterer agiert damit als Monopolist auf dem öffentlichen Markt, während er weiterhin Zugang zum Inter-Dealer-Markt besitzt. Der Handel auf dem öffentlichen Markt ist nur dann möglich, wenn eine Gegenpartei für die gewünschte Transaktion vorhanden ist. Anleger können ihre Transaktionsabsicht durch die Platzierung einer Limit Order signalisieren. Der dabei festgelegte Limitpreis K muss nicht zwingend dem fundamentalen Wert des risikobehafteten Wertpapiers entsprechen. Die Transaktionsabsichten (d. h. Kaufabsicht oder Verkaufsabsicht) der Anleger stellen eine exogen vorgegebene, stochastische

---

[222] Diese von CHACKO/JUREK/STAFFORD (2008) eingeführte Marktstruktur wird im Folgenden in ein diskretes Umfeld überführt.

[223] Bei Einbeziehung des öffentlichen Marktes in das Modell wird deutlich, dass der Preisprozess Z nicht die einzige Quelle von Unsicherheit darstellt. Bei isolierter Betrachtung ist der Inter-Dealer-Markt jedoch als vollständig anzusehen.

Größe dar und sind dabei gedächtnislos.[224] Die aggregierten Handelswünsche der Anleger auf der Angebots- und Nachfrageseite werden im Folgenden als order flow bezeichnet. Der Begriff „order flow imbalance" bezeichnet weiterhin einen Nachfrage- oder Angebotsüberhang nach dem risikobehafteten Wertpapier. Es wird unterstellt, dass das Auftreten eines Orderüberhanges, bezogen auf jeweils eine Periode, ebenfalls eine stochastische und gedächtnislose Variable darstellt.

In jedem betrachteten Zeitpunkt kann der Handelswunsch eines Anlegers auf zwei unterschiedliche Arten erfüllt werden:

1. Stochastisch auftretende Gegenpartei (ebenfalls Anleger) mit entgegengesetzter Handelsabsicht; In diesem Fall findet eine Transaktion zum fundamentalen Wert V_t statt.

2. Existiert zu einem Zeitpunkt t keine geeignete Gegenpartei, kann ein Market Maker diese Rolle einnehmen, ist dazu jedoch nicht verpflichtet. In diesem Fall erfolgt die Transaktion zum festgelegten Limitpreis K.[225]

Die Annahmen zum Verhalten des Market Makers berücksichtigen die aus seiner Sicht uneingeschränkte Handelbarkeit des risikobehafteten Wertpapiers am Inter-Dealer-Markt. Eine Liquidation einer Wertpapierposition zum im jeweiligen Zeitpunkt t gültigen Fundamentalwert V_t ist daher jederzeit möglich. Das Entscheidungskalkül des Market Makers bei der Ausführung bislang unausgeführter Orders von Anlegern am öffentlichen Markt wird von seiner Marktstellung und Risikobereitschaft beeinflusst. Der Market Maker ist bezüglich seiner Fähigkeit, als Gegenpartei einzuspringen, ein Monopolist am öffentlichen Markt und ist bei der Ausführung von Orders lediglich der aus dem stochastischen order flow folgenden Konkurrenz ausgesetzt. Aufgrund seiner Marktmacht im öffentlichen Markt besteht die Möglichkeit, vom fundamentalen Wert des Wertpapiers zu seinem Vorteil abweichende Transaktionspreise zu realisieren. Be-

---

[224] Die letzte Eigenschaft ist erst bei einer mehrperiodigen Betrachtung von Bedeutung.

[225] Damit entspricht die Rolle des Market Makers im vorgestellten Modell nicht der typischen Rolle eines realen Market Makers. Durch die fehlende Verpflichtung zur jederzeitigen Kursstellung besitzt er insbesondere eine höhere Marktmacht. Die Grenzpreise des Market Makers für den Verkauf und Ankauf von Wertpapieren werden im vorliegenden Modell aus optionspreistheoretischen Überlegungen abgeleitet.

züglich der Risikobereitschaft wird angenommen, dass der Market Maker streng profitmaximierend und damit risikoneutral agiert.

Kapitalmarktteilnehmer setzen ihre Handelswünsche durch die Platzierung von Limit Orders um. Zunächst soll eine Limit Order L^i lediglich durch die Handelsabsicht $i \in \{buy, sell\}$ (Kauf bzw. Verkauf) und durch den Limitpreis K charakterisiert werden. Das Transaktionsvolumen soll zunächst nicht betrachtet werden.[226] Eine auf diese Weise platzierte Order kann nur auf einem der oben beschriebenen Wege zur Ausführung gebracht werden. In jedem betrachteten Zeitpunkt t hat dabei die erste Möglichkeit stets Priorität. Nur wenn die Order nicht auf diesem Wege ausgeführt wurde, kann der Market Maker als Gegenpartei fungieren.[227] Falls keine Ausführung der Limit Order in t_0 zustande kommt, bleibt diese unverändert bis zum darauffolgenden Zeitpunkt bestehen und der Handelsprozess wiederholt sich entsprechend.

| Wertpapier | Handelbarkeit aus Sicht von: | |
	Anleger	Market Maker
B	uneingeschränkt	uneingeschränkt
V	benötigt Handelspartner	kann als Handelspartner für Anleger fungieren
	kein Zugang zum Inter-Dealer-Markt	uneingeschränkt handelbar über Inter-Dealer-Markt

Tabelle 12:   Übersicht zur Handelbarkeit der Wertpapiere

4.3   Bewertung der Limit Order im Einperiodenfall

4.3.1   Charakterisierung der Limit Order

Auf Basis der Überlegungen aus Kapitel 3.1 ist die Limit Order des Anlegers aus der Sicht des Market Makers mit einer kostenlosen Option vergleichbar.

---

[226] Das Modell wird im weiteren Verlauf ergänzt, sodass das Volumen einer Order Einfluss auf ihre Ausführungswahrscheinlichkeit nimmt. Vgl. Abschnitt 4.4.2.

[227] Diese Annahme entspricht der gängigen Ausgestaltung von Wertpapierhandelssystemen und garantiert Preispriorität bei gleichzeitig eingehenden Orders.

Aufgrund der modellierten Markt-Mikrostruktur wird der Market Maker automatisch alleiniger Inhaber der aus der Limit Order erwachsenden kostenlosen Handelsoption. Dies gilt während der gesamten Lebensdauer der Order, die mit ihrer Platzierung durch den Anleger beginnt und durch Ausführung auf einem der beiden definierten Wege endet. Im Folgenden soll untersucht werden, welchen Wert der Marktet Maker der Optionskomponente der Limit Order zumisst. Hierbei gilt es, zunächst die Zahlungsstruktur der Limit Order zu definieren. Um die im Vergleich zu Optionen abweichenden Eigenschaften von Limit Orders zu berücksichtigen, wird im Anschluss das Binomialmodell entsprechend angepasst.

Der weiter oben beschriebene Handelsprozess impliziert, dass die Limit Order jederzeit (und nicht nur in $t = 1$) ausgeführt werden kann. Sie ist daher mit Optionen amerikanischer Art vergleichbar. Grundsätzlich ist bei der Bewertung in jedem Zeitpunkt t der innere Wert der Limit Order mit dem Wert bei Nichtausführung/'Halten' der Option zu vergleichen. Für die Beschreibung der Kontraktfunktion soll zunächst vereinfachend eine Limit Order $L^{i,E}$ betrachtet werden, für die diese Möglichkeit der vorzeitigen Ausführung nicht besteht (europäische Option). Die Kontraktfunktion $\Phi(Z)$ gibt an, welchen Zahlungsstrom der Market Maker aus der betrachteten Limit Order erhalten kann, falls er Handelspartner bei einer bestehenden Limit Order wird. Im Falle des Unterganges der Order, d. h. durch anderweitige Ausführung verliert der Market Maker diese Möglichkeit und mit ihr auch alle Zahlungsansprüche.

Kauforder L^{buy}	Verkaufsorder L^{sell}
$\Phi(u) = \max(0, K - vu)$	$\Phi(u) = \max(0, vu - K)$
$\Phi(d) = \max(0, K - vd)$	$\Phi(d) = \max(0, vd - K)$

Tabelle 13: **Kontraktfunktion von Limit Orders**

Unter der Berücksichtigung eines möglichen Unterganges der Order mit Wahrscheinlichkeit π lässt sich der Sachverhalt in allgemeiner Form wie in Abbildung 20 darstellen.[228] Während bei Finanzoptionen der Wert der Option in den Umweltzuständen u und d eindeutig über die Kontraktfunktion determiniert wird, sind die Werte von L_u^i und L_d^i auf Grund des möglichen Unterganges der Order zunächst nicht eindeutig bestimmt.[229]

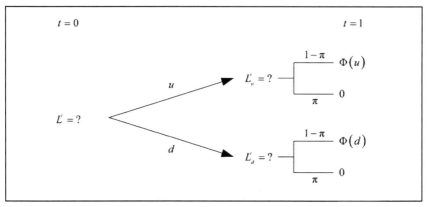

Abbildung 20: Kontraktfunktion der Limit Order

4.3.2 Bewertungsannahmen

4.3.2.1 Subjektivität der Bewertung

Eine plain vanilla Option kann mit Hilfe des Binomialmodells unabhängig von Risikopräferenzen bewertet werden.[230] Dabei wird die Zahlungsstruktur der Option in jedem der vorhandenen Umweltzustände mittels eines Portfolios aus dem risikobehafteten Wertpapier und risikofreier Verschuldung bzw. Mittelanlage dupliziert. Unter der Annahme eines arbitragefreien Marktes lässt sich auf diese Weise der Preis der betrachteten Option über den Preis des Duplikationsportfolios bestimmen.

---

[228] Die Untergangswahrscheinlichkeit π entspricht der Wahrscheinlichkeit, mit der die Order durch stochastischen order flow ausgeführt wird. Sie gibt dabei die Wahrscheinlichkeit einer vollständigen Ausführung an. Teilausführungen werden nicht betrachtet.

[229] Vereinfachend wird in der Abbildung lediglich der mögliche Untergang der Order in $t = 1$ dargestellt.

[230] Ausführliche Darstellungen des ursprünglich auf COX/ROSS/RUBINSTEIN (1979) sowie RENDLEMAN/BARTTER (1979) zurückgehenden Binomialmodells und seiner Anwendungsmöglichkeiten finden sich bei VAN DER HOEK/ELLIOTT(2006) oder auch SHREVE (2004).

Da die Limit Order aus der Sicht des Market Makers über eine optionsähnliche Zahlungsstruktur verfügt, ist eine Bewertung der Limit Order in analoger Weise denkbar. Dabei sind jedoch die im Rahmen des hier betrachteten Modells getroffenen Annahmen und die daraus erwachsenden Problemstellungen zu beachten. Zunächst gilt es festzuhalten, dass die Limit Order lediglich aus der Sicht des Market Makers werthaltig ist. Der Handelsprozess ist derart ausgestaltet, dass bei der ersten Ausführungsalternative (stochastisch auftretende Gegenpartei) unabhängig vom festgelegten Limitpreis K stets zum fundamentalen Wert V_t ausgeführt wird.[231] Die Limit Order besitzt damit keinen Wert aus Sicht der Anleger.[232] Lediglich der Market Maker ist in der Lage, vom Fundamentalwert abweichende Limitpreise K zu realisieren, und ist gleichzeitig Inhaber der kostenlosen Handelsoption. Eine Bewertung kann somit aus der Sicht des Market Makers erfolgen, der in der zweiten Ausführungsalternative bewusst entscheiden kann, ob er als Gegenpartei fungieren möchte. Inwiefern der subjektiv ermittelte Wert für die übrigen Marktteilnehmer Gültigkeit besitzt, stellt eine gesonderte Fragestellung dar, die nicht aus dem vorliegenden Modell heraus beantwortet werden kann.

4.3.2.2 Arbitragefreiheit

Die Annahme der Arbitragefreiheit ist wesentlich für eine präferenzfreie Bewertung von Optionen. Nur wenn für identische künftige Zahlungsströme die gleichen Gegenwartspreise gelten, kann eine Bewertung mittels eines Duplikationsportfolios erfolgen. Arbitragemöglichkeiten, die letztlich Fehlbewertungen darstellen und die Möglichkeit der Erzielung eines risikolosen Gewinns erlauben, sind ausgeschlossen. Im Unterschied dazu sehen die Annahmen des hier betrachteten Modells explizit die Möglichkeit eines risikolosen Gewinns für den Market Maker vor. Dieser kann aufgrund seines Zugangs zum liquiden Zweitmarkt in jedem Zeitpunkt t für ihn vorteilhafte Abweichungen des Limitpreises

---

[231] Vgl. Abschnitt 4.2.2.

[232] Gleichwohl erlangen diese Anleger durch die Limit Order die Möglichkeit zur sofortigen Transaktion, was wiederum als werthaltig im Sinne des Modells interpretiert werden kann. Dieser Wert lässt sich aber nur indirekt über die Sofortigkeitskosten der Gegenseite bestimmen.

K vom Fundamentalwert des Wertpapiers V_t für sich vereinnahmen.[233] Es ist jedoch zu beachten, dass dieser risikolose Gewinn nur vom Market Maker erzielt werden kann und dies auch nur einmalig für jede betrachtete Limit Order. Die Arbitragefreiheit des Marktes ist im Übrigen nicht beeinträchtig. Dies gilt insbesondere für den Inter-Dealer-Markt, wo bezüglich des Kursprozesses des risikobehafteten Wertpapiers Arbitragefreiheit gewährleistet ist. Die Möglichkeit eines risikolosen Gewinns für den Market Maker aus einzelnen Limit Orders ist kein Ausdruck einer Fehlbepreisung und spricht grundsätzlich nicht gegen den Rückgriff auf die Optionspreistheorie.

4.3.2.3 Unvollständigkeit des Marktes

Die zu bewertende Limit Order ist Ausdruck eines spezifischen, einzigartigen Handelswunsches und zudem der Gefahr des stochastischen Untergangs ausgesetzt. Aus Abbildung 20 wird ersichtlich, dass dadurch die Zahlungsströme in $t = 1$ nicht alleine vom Preisprozess Z und der Kontraktfunktion abhängig sind. Zusätzlich ist auch dann, wenn von der Gefahr des stochastischen Untergangs abstrahiert wird, eine generelle Handelbarkeit der Limit Order nicht gegeben. Insbesondere für den öffentlichen Markt, auf dem die Handelbarkeit des risikobehafteten Wertpapiers beschränkt ist, kann keine Handelsmöglichkeit für eine einzigartige Limit Order vorausgesetzt werden. Dieser Umstand stellt einen wesentlichen Unterschied zu den Annahmen der Optionsbewertung dar und erlangt wesentliche Bedeutung beim Versuch der Bildung eines geeigneten Duplikationsportfolios. In der Folge ist grundsätzlich zwischen zwei Problembereichen zu unterscheiden, nämlich der fehlenden Handelbarkeit der Limit Order und der Gefahr ihres Untergangs.

Aus Sicht des Market Makers ist es möglich, das Auszahlungsprofil einer nicht untergangsbedrohten Limit Order zu replizieren, da er annahmegemäß über einen friktionslosen Inter-Dealer-Markt handeln kann. Dort ist die Bildung eines Portfolios aus risikofreiem Wertpapier B und dem risikobehafteten Wertpapier V möglich. Die Replikationsmöglichkeit ist in diesem Fall also gegeben. Auch die Zahlungsstruktur einer einzigartigen Limit Order kann dort repliziert werden,

---

[233] An späterer Stelle soll gezeigt werden, dass diese Arbitragemöglichkeit eine direkte Folge der unvollkommenen Liquidität des Wertpapiers ist und die Gegenleistung für einen früheren Transaktionszeitpunkt darstellt.

solange kein zufälliger Untergang der Order droht. Dies wird im Anschluss an dieses Kapitel demonstriert.

Ein wesentlicher Unterschied ergibt sich durch den stets drohenden Untergang der Limit Order. Die zusätzlichen Zustände (vgl. Abbildung 20) stellen keine allgemeinen Umweltzustände dar. Das Auszahlungsprofil einer Limit Order lässt sich also im Gegensatz zu einer Option nicht vollständig replizieren und verhindert eine präferenzfreie Bewertung. Diese Problematik soll in Abschnitt 4.3.4 behandelt werden.[234]

4.3.2.4 Grenzen der Bewertung

Zusammengefasst kann festgestellt werden, dass sich die wesentlichen Unterschiede aus dem stochastischen Untergang der Limit Order ergeben. Dies führt dazu, dass die Bildung eines Duplikationsportfolios fehlschlägt. Eine präferenzfreie Bewertung der Limit Order ist deshalb nicht möglich. Die eingeschränkte Handelbarkeit sowie ein möglicher risikoloser Gewinn für den Market Maker stellen keine Hürde für die Übertragung der Optionspreistheorie dar. Die Zahlungsstruktur einer nicht vom Untergang bedrohten Limit Order könnte dagegen über ein auf dem Inter-Dealer-Markt gebildetes Duplikationsportfolio repliziert werden. Auf dem arbitragefreien, friktionslosen Inter-Dealer-Markt kann diese Limit Order damit in gewohnter Weise präferenzfrei bewertet werden.

4.3.3 Bewertung der Limit Order ohne stochastischen Untergang

Im Folgenden wird zunächst der drohende stochastische Untergang vernachlässigt und die Bewertung der Limit Order über den möglichen Rückgriff auf den Inter-Dealer-Markt verdeutlicht. Da dieser vollständig bezüglich des binomialen Preisprozesses Z ist, lässt sich dort die Zahlungsstruktur nicht untergangsbedrohter Limit Orders mit Hilfe eines Duplikationsportfolios vollständig replizieren. Die Zahlungsstruktur einer solchen Limit Order ist daher für den Market Maker uneingeschränkt am Inter-Dealer-Markt handelbar.

---

[234] Der dort verfolgte Ansatz greift zur Ermittlung von Indifferenzpreisen auf Nutzenfunktionen zurück.

Die Anteile beider Wertpapiere am Duplikationsportfolio werden hierbei so gewählt, dass die Rückflüsse aus dem Portfolio den durch die Kontraktfunktion spezifizierten Rückflüssen entsprechen. Unter der Voraussetzung $\pi = 0$ müssen die Portfoliogewichte der risikofreien Anlage x_B und des risikobehafteten Wertpapiers x_V so gewählt werden, dass das folgende Gleichungssystem erfüllt wird:

$$
\begin{aligned}
(1+r) \cdot x_B + v \cdot u \cdot x_V &= \Phi(u) \\
(1+r) \cdot x_B + v \cdot d \cdot x_V &= \Phi(d)
\end{aligned}
\tag{4-1}
$$

mit x_B: Verschuldung oder Geldanlage (risikofrei)

x_V: Kauf oder Leerverkauf des risikobehafteten Wertpapiers

Die Umsetzung der Duplikationsstrategie in Form eines Hedgeportfolios führt zur Darstellung in Tabelle 14.

Strategie	Zahlungsstrom	Zahlungsstrom in $t = 1$	
	in $t = 0$	$d \cdot V$	$u \cdot V$
Offene Limit Order	$L^{i,E}$	$\Phi(d)$	$\Phi(u)$
Risikobehaftetes Wertpapier	$v \cdot x_V$	$-(v \cdot d \cdot x_V)$	$-(v \cdot u \cdot x_V)$
Risikofreies Wertpapier	x_B	$-(1+r) \cdot x_B$	$-(1+r) \cdot x_B$
Summe		0	0

Tabelle 14:   Duplikationsstrategie mittels Hedgeportfolio

Für die Anteile beider Wertpapiere am Portfolio ergibt sich nach Lösung des Gleichungssystems (4-1):

$$
\begin{aligned}
x_B &= \frac{1}{1+r} \cdot \frac{u \cdot \Phi(u) - d \cdot \Phi(d)}{u - d} \\
x_V &= \frac{1}{v} \cdot \frac{\Phi(u) - \Phi(d)}{u - d}
\end{aligned}
\tag{4-2}
$$

Aus der Sicht des Market Makers entspricht der Wert der Limit Order dem Wert des Duplikationsportfolios:

$$L^{i,E} = x_B + v \cdot x_V$$

$$= \frac{1}{1+r} \left[\frac{(1+r)-d}{u-d} \cdot \Phi(u) + \frac{u-(1+r)}{u-d} \cdot \Phi(d) \right]$$

Mit $q_u = \frac{(1+r)-d}{u-d}$ sowie $q_d = \frac{u-(1+r)}{u-d}$ als risikoneutrale Pseudowahrscheinlichkeiten ergibt sich der Wert einer nicht vom Untergang bedrohten Limit Order zum Zeitpunkt $t = 0$, indem die Summe der mit den risikoneutralen Wahrscheinlichkeiten gewichteten Rückflüsse in $t = 1$ gebildet wird und anschließend mit dem risikofreien Zins diskontiert wird.[235]

$$L^{i,E} = \frac{1}{1+r} \left[q_u \cdot \Phi(u) + q_d \cdot \Phi(d) \right] \tag{4-3}$$

Die Bewertung einer Limit Order ohne drohenden stochastischen Untergang ist somit unproblematisch, da sich auf dem Inter-Dealer-Markt, der bezüglich des Preisprozesses Z vollständig ist, alle auf diesem Preisprozess basierenden Zahlungsstrukturen nachbilden und bewerten lassen. Es lässt sich ein Duplikationsportfolio konstruieren, das in seiner Zahlungsstruktur mit der Limit Order identisch ist. Der Wert der nicht vom Untergang bedrohten Limit Order kann gemäß der obigen Darstellung als diskontierter mit den risikoadjustierten Wahrscheinlichkeiten gebildeter Erwartungswert bestimmt werden.

4.3.4 Untergangsbedrohte Limit Order

Nachdem gezeigt wurde, dass die Bewertung der nicht vom Untergang bedrohten Order analog zu Finanzoptionen präferenzfrei erfolgen kann, soll im nächsten Schritt die bereits in Abschnitt 4.3.2.3 angesprochene Problematik des nicht vollständigen Marktes adressiert werden. Für den Fall $\pi > 0$ entstehen weitere Zustände, die jedoch keine Ausprägung des binomialen Zufallsprozesses Z dar-

---

[235] Diese Pseudowahrscheinlichkeiten lassen sich ebenfalls aus der für Arbitragefreiheit notwendigen Bedingung $d \leq (1+r) \leq u$ herleiten. Vgl. dazu BJÖRK (2004).

stellen. Es werden keine Wertpapiere gehandelt, die es erlauben würden, die Rückflüsse der Limit Order in diesen Zuständen zu replizieren. Dies stellt ein nicht hedgebares Risiko (auch als ‚basis risk' oder Hintergrundrisiko bezeichnet) dar.[236] Annahmegemäß ist das Untergangsrisiko der Option nicht mit dem Preisprozess Z des risikobehafteten Wertpapiers korreliert.[237] Sowohl der öffentliche Markt als auch der Inter-Dealer-Markt sind daher bezüglich der Untergangswahrscheinlichkeit π als unvollständig zu charakterisieren. Eine präferenzfreie Bewertung mittels eines Duplikationsportfolios scheidet daher aus. Da die Bewertung der Limit Order aus der subjektiven Sicht des Market Makers erfolgt, kann zur Bewertung des nicht hedgebaren Risikos das Rationalitätsprinzip herangezogen werden. In diesem Fall ist die Kenntnis des Nutzenerwartungswertes des Market Makers notwendig.

Die grundsätzliche Vorgehensweise der Bewertung gliedert sich in zwei Schritte.[238] Im ersten Schritt wird für jede Situation, in der private Risiken aufgrund des drohenden Unterganges der Order auftreten, unter Berücksichtigung der Risikonutzenfunktion des Market Makers und der Untergangswahrscheinlichkeit π das Sicherheitsäquivalent $CE(Z)$ der unsicheren Zahlungen gebildet. Für beide Zustände von Z sind somit die Sicherheitsäquivalente der unsicheren Zahlungen bekannt. Das Sicherheitsäquivalent entspricht dem Wert, den der Market Maker der Order beimisst, sobald die Ausprägung von Z bekannt ist – jedoch ohne dass bereits feststeht, ob die Limit Order untergegangen ist.

Die im ersten Schritt ermittelten Bewertungen für $t = 1$ können im zweiten Schritt analog zur nicht vom Untergang bedrohten Order zur Bestimmung des Wertes der Limit Order in $t = 0$ verwendet werden. Dazu wird unter Berücksichtigung der risikoneutralen Pseudowahrscheinlichkeiten der mit dem risikofreien Zinssatz diskontierte Erwartungswert der beiden Sicherheitsäquivalente gebil-

---

[236] Zur Bewertung von Optionen auf nicht handelbare Basiswerte vgl. VAN DER HOEK/ ELLIOTT (2006), S. 214 ff. sowie SMITH/NAU (1995). Eine Literaturübersicht zur Bewertung von Optionen auf nicht handelbare Basiswerte findet sich bei HENDERSON (2002). Auch WANG (2012), S. 57–59 enthält Lösungsansätze zur Bewertung von Zahlungsströmen auf unvollständigen Märkten.

[237] Dies folgt aus der Unabhängigkeit und Gedächtnislosigkeit des stochastischen order flows, der aus der Sicht des Market Makers für den Untergang der Order ursächlich ist.

[238] Vgl. im Folgenden SMITH/NAU (1995), S. 806–810.

det. Die Vorgehensweise kann anhand der folgenden Abbildung nachvollzogen werden.

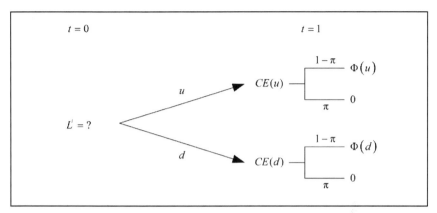

Abbildung 21: Bewertung der Limit Order bei drohendem Untergang

Unter Rückgriff auf Formel (4-3) ergibt sich also:

$$L^{i,E} = \frac{1}{1+r}\left[q_u \cdot CE(u) + q_d \cdot CE(d)\right] \qquad (4\text{-}4)$$

Die Bestimmung der Sicherheitsäquivalente kann bei Kenntnis der Nutzenfunktion des Entscheiders nach dem Bernoulli-Prinzip erfolgen. Der Nutzen des Sicherheitsäquivalents CE muss dabei dem Erwartungswert des Nutzens des unsicheren Vermögens $\tilde{W}$ entsprechen: $U(CE) = E\left[U(\tilde{W})\right]$.[239] Wird bezüglich der Nutzenfunktion des Market Makers Profitmaximierung, also Risikoneutralität angenommen, so entspricht das Sicherheitsäquivalent eines unsicheren Zahlungsstroms in $t = 1$ dem Erwartungswert der Rückflüsse. Dieser ergibt sich, indem der Rückfluss im Falle eines Fortbestehens der Order mit der entsprechenden Wahrscheinlichkeit multipliziert wird: $CE = (1-\pi) \cdot \Phi(Z)$.

Analog zum obigen Vorgehen im Fall ohne stochastischen Untergang lässt sich das beschriebene Bewertungsverfahren anhand eines Duplikationsportfolio verdeutlichen. Im Gegensatz zum vorherigen Fall werden die Portfoliogewichte

---

[239] Vgl. EISENFÜHR/WEBER/LANGER (2010), S. 261 f.

derart gewählt, dass es in beiden Umweltzuständen u und d einen, dem Sicherheitsäquivalent entsprechenden Rückfluss generiert. Im Ergebnis kann zumindest das am Markt handelbare Risiko nachgebildet werden.

Strategie	Zahlungsstrom in $t = 0$	Zustandsabhängiges Sicherheitsäquivalent/Zahlungsstrom in $t = 1$	
		$d \cdot V$	$u \cdot V$
Offene Limit Order	$L^{i,E}$	$CE(d) = (1 - \pi) \cdot \Phi(d)$	$CE(u) = (1 - \pi) \cdot \Phi(u)$
Risikobehaftetes Wertpapier	$(1 - \pi) \cdot v \cdot x_V$	$-(1 - \pi) \cdot v \cdot d \cdot x_V$	$-(1 - \pi) \cdot v \cdot u \cdot x_V$
Risikofreies Wertpapier	$(1 - \pi) \cdot x_B$	$-(1 - \pi) \cdot (1 + r) \cdot x_B$	$-(1 - \pi) \cdot (1 + r) \cdot x_B$
Summe		0	0

Tabelle 15: **Hedgeportfolio für Marktrisiken der untergangsbedrohten Limit Order**

Es wird deutlich, dass der Einfluss des stochastischen Untergangs auf den Wert der Limit Order unter der Annahme eines risikoneutralen Market Makers durch Multiplikation mit der Untergangswahrscheinlichkeit abgebildet werden kann:

$$L^{i,E} = \frac{1 - \pi}{1 + r} \left\{ q_u \cdot \Phi(u) + q_d \cdot \Phi(d) \right\} \qquad (4\text{-}5)$$

4.3.5 Vorzeitige Ausübung

Im Rahmen der bisherigen Betrachtung wurde vernachlässigt, dass die untersuchte Limit Order aus der Sicht des Market Makers mit einer Option amerikanischen Typs vergleichbar ist. Um die Bewertung im Einperiodenfall abzuschließen, gilt es daher, die Möglichkeit der vorzeitigen Ausführung der Limit Order durch den Market Maker zu berücksichtigen. Die erste und in dieser vereinfachten Betrachtung einzige Möglichkeit der vorzeitigen Ausführung bietet sich direkt nach der Platzierung der Order und noch bevor eine Veränderung von V erfolgen kann.

Unter Beachtung der jeweiligen Kontraktfunktionen bewertet ein risikoneutraler Market Maker die Kauforder zu

$$L^{\text{buy}} = \max\left\{K - v, \frac{1-\pi}{1+r}\left[q_u \cdot \max(0, K - vu) + q_d \cdot \max(0, K - vd)\right]\right\} \qquad (4\text{-}6)$$

und die Verkaufsorder zu

$$L^{\text{sell}} = \max\left\{v - K, \frac{1-\pi}{1+r}\left[q_u \cdot \max(0, vu - K) + q_d \cdot \max(0, vd - K)\right]\right\} \qquad (4\text{-}7)$$

Dies stellt das vollständige Bewertungskalkül für eine exogen vorgegebene Untergangswahrscheinlichkeit π über eine Periode dar und berücksichtigt sowohl die Wahlmöglichkeiten des Market Makers in t_0 und t_1, als auch den möglichen Untergang der Order mit Wahrscheinlichkeit π.

Die bisherigen Ausführungen zum Einperiodenfall sollen anhand eines Beispiels verdeutlicht werden. Gesucht sei der Wert einer Limit-Verkaufsorder L^{sell} mit Limitpreis $K = 90$. Für das risikobehaftete Wertpapier werden $V_0 = 100$ sowie $u = 1,2$ und $d = 0,8$ angenommen. Vereinfachend wird die risikofreie Rendite auf $r = 0$ gesetzt. Die Wahrscheinlichkeit des stochastischen Untergangs der Limit Order soll $\pi = 0,4$ betragen. Die Bildung des Sicherheitsäquivalents erfolgt unter der Annahme der Risikoneutralität des Entscheiders.

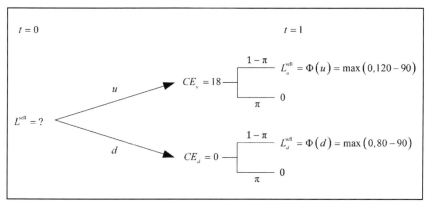

Abbildung 22: Beispiel der Bewertung einer Limit Order im Einperiodenfall

In der vorstehenden Abbildung sind bereits die Sicherheitsäquivalente $CE(Z)$ bestimmt. Im letzten Schritt folgt die Erwartungswertbildung in $t = 0$ unter Heranziehung der risikoneutralen Wahrscheinlichkeiten

$$q_u = \frac{1 - 0,8}{1,2 - 0,8} = 0,5$$

und

$$q_d = \frac{1,2 - 1}{1,2 - 0,8} = 0,5$$

Damit folgt:

$$L^{\text{sell}} = \max\left(V_0 - K, q_u \cdot CE_u + q_d \cdot CE_d\right) = \max(10,9) = 10$$

Im Beispiel ist die optimale Entscheidung aus Sicht des Market Makers, die Limit Order sofort zur Ausführung zu bringen, anstatt den nächsten Zeitpunkt abzuwarten. Aus Sicht des Anlegers bedeutet dies wiederum, dass der gewählte Limitpreis K mit ausreichendem Abstand zum fundamentalen Wert V gewählt wurde, um eine sofortige Ausführung zu garantieren.[240] Gleichwohl wird auch deutlich, dass $K = 90$ aus Anlegersicht nicht das optimale Limitgebot ist, da der Market Maker die Limit Verkaufsorder auch bei höheren Limitgeboten sofort ausführen würde.[241] Bevor die Ermittlung dieses Grenzpreises für sofortige Ausführung thematisiert wird, soll zunächst das Bewertungsschema der untergangsbedrohten Limit Order auf den Zwei- und später auf den n-Perioden-Fall ausgeweitet werden und die Untergangswahrscheinlichkeit π in Abhängigkeit des order flows endogenisiert werden.

---

[240] Diese Fähigkeit des Anlegers, den Zeitpunkt der Ausführung zu beeinflussen, bildet die Basis für die Analyse der Trade-offs der Liquiditätsdimensionen in Kapitel 5.

[241] Im vorliegenden Beispiel führt jedes $K < 91$ zur sofortigen Ausführung durch den Market Maker.

4.4   Erweiterung des Modellrahmens

4.4.1   Zweiperiodenfall

Die für den Einperiodenfall dargestellte Vorgehensweise lässt sich auf mehrere Perioden ausweiten, was vorliegend für den Zweiperiodenfall demonstriert wird. Dabei wird für den Preisprozess des risikobehafteten Wertpapiers V eine rekombinierende Baumstruktur angenommen (engl: lattice). Das Bewertungsproblem unter der Annahme einer zeitlich konstanten Untergangswahrscheinlichkeit π stellt sich somit wie folgt dar:

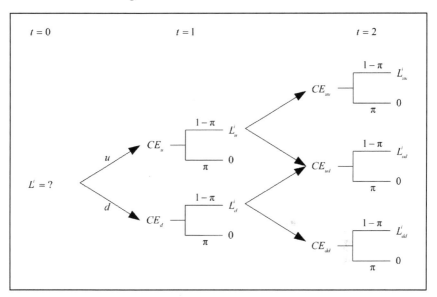

Abbildung 23: Bewertung der Limit Order über zwei Perioden

Das grundsätzliche, rekursive Vorgehen der Bewertung bleibt dabei erhalten.[242] Zunächst werden anhand der Kontraktfunktion die Werte der Limit Order in $t = 2$ bestimmt, um im Anschluss unter Berücksichtigung der Untergangswahrscheinlichkeit π die Sicherheitsäquivalente CE zu ermitteln. Der Wert der Limit Order in $t = 1$ bei Nichtausführung durch den Market Maker bestimmt sich

---

[242] Die rekursive Berechnungsweise wird auf Grund der jederzeit möglichen Ausführung der Limit Order notwendig und entspricht in ihrer Grundidee der rekursiven Bewertung von Finanzoptionen amerikanischen Typs.

dann durch Gewichtung der Sicherheitsäquivalente mit den risikoneutralen Pseudowahrscheinlichkeiten und Diskontierung mit dem risikofreien Zins gemäß Formel (4-5). Abschließend wird dieser Wert mit dem Wert der Order bei sofortiger Ausführung verglichen, der sich aus der Kontraktfunktion ergibt. Das Maximum beider Werte ergibt den Wert der Limit Order in $t = 1$. L_d^i und L_u^i sind damit bekannt und können nun erneut für die Ermittlung eines Sicherheitsäquivalentes und weiter zur Ermittlung des Wertes der Limit Order in $t = 0$ herangezogen werden. Der so für $t = 0$ bestimmte Wert muss mit dem Wert bei sofortiger Ausführung verglichen werden, um den letztlich gesuchten Wert der Limit Order in $t = 0$ zu erhalten.

Im Folgenden wird der Sachverhalt anhand eines Beispiels verdeutlicht. Es wird weiterhin eine Limit-Verkaufsorder L^{sell} mit Limitpreis $K = 95$ für ein Wertpapier mit Preis $V_0 = 100$ betrachtet. Abweichend vom einperiodigen Beispiel werden $u = 1{,}1$, $d = 0{,}9$ und die Wahrscheinlichkeit des stochastischen Untergangs der Limit Order mit $\pi = 0{,}2$ festgelegt. Die risikofreie Rendite beträgt weiterhin $r = 0$ und der Market Maker verhält sich risikoneutral.

Die Sicherheitsäquivalente CE ergeben sich zu:

$$CE_{uu} = (1 - \pi) \cdot \max(0{,}121 - 95) = 20{,}8$$

$$CE_{ud} = (1 - \pi) \cdot \max(0{,}99 - 95) = 3{,}2$$

$$CE_{dd} = (1 - \pi) \cdot \max(0{,}81 - 95) = 0$$

Damit folgt:

$$L_u^{\text{sell}} = \max(V_u - K, q_u \cdot CE_{uu} + q_d \cdot CE_{ud}) = 15$$

$$L_d^{\text{sell}} = \max(V_u - K, q_u \cdot CE_{ud} + q_d \cdot CE_{dd}) = 1{,}6$$

Für die Sicherheitsäquivalente in $t = 1$ bedeutet dies:

$$CE_u = (1 - \pi) \cdot 15 = 12$$

$$CE_d = (1 - \pi) \cdot 1,6 = 1,28$$

Schließlich ergibt sich der Wert der Limit Order zu:

$$L^{\text{sell}} = \max\left(V - K, q_u \cdot CE_u + q_d \cdot CE_u\right) = 6,64$$

In diesem Beispiel ist es aus Sicht des Market Makers vorteilhafter, die Limit Order nicht sofort zur Ausführung zu bringen, sondern den nächsten Zeitpunkt abzuwarten. Der gewählte Limitpreis $K = 95$ garantiert also keine sofortige Ausführung der Limit Order aus Anlegersicht.[243] Falls in $t = 1$ Umweltzustand u eintritt, wird in diesem Moment eine sofortige Ausübung der kostenlosen Handelsoption aus Sicht des Market Makers zur nutzenmaximierenden Strategie. Bei einer Abwärtsbewegung führt er die Limit Order dagegen nicht aus.

4.4.2 Bewertung im n-Perioden Fall

4.4.2.1 Annahmen für die Bewertung über n-Perioden

Das für den Ein- und Zweiperiodenfall vorgestellte Bewertungsschema lässt sich auf eine n-Perioden Betrachtung übertragen. Dies ermöglicht die Untersuchung von Limit Orders mit längerer Gültigkeitsdauer und Festlegung ausreichend kurzer diskreter Zeitintervalle, um auf diese Weise größere Ähnlichkeit mit einem realen Handelsprozess zu schaffen. Eine n-Perioden Bewertung im Binomialmodell erfordert die Wahl einer geeigneten Parametrisierung für den Preisprozess des risikobehafteten Wertpapiers. Im vorliegenden Fall wird diese so gewählt, dass die Vergleichbarkeit der Ergebnisse mit dem in Abschnitt 4.5

---

[243] Die weiterführenden Implikationen der verzögerten Ausführung und die Bestimmung von Ausführungswahrscheinlichkeiten werden im fünften Kapitel der vorliegenden Arbeit behandelt. Das dargestellte Beispiel wird hierzu in Abschnitt 5.3.1 fortgeführt.

eingeführten zeitsteigen Modell von CHACKO/JUREK/STAFFORD (2008) gewähr-leistet ist.[244]

Die Betrachtung einer steigenden Periodenanzahl ermöglicht es außerdem, die bislang exogen vorgegebene Untergangswahrscheinlichkeit π als Funktion des order flows, d. h. in Abhängigkeit des Angebots- und Nachfrageverhaltens der Marktteilnehmer sowie des Ordervolumens zu modellieren. Auch hierbei wer-den die Annahmen so getroffen, dass eine Vergleichbarkeit zur Bewertung in stetiger Zeit möglich ist.

4.4.2.2 Parametrisierung

Die Eigenschaften der risikoneutralen Version des binomialen Zufallsprozesses Z sollen derart gewählt werden, dass Erwartungswert und Varianz dem risiko-neutralen stetigen Random Walk entsprechen. Die Eigenschaften eines binomia-len Prozesses können durch die Wahl von drei unabhängigen Parametern deter-miniert werden. Unter Risikoneutralität sind dies u, d und q_u.

Da der Drift eines Preisprozesses in der risikoneutralen Welt der risikofreien Verzinsung entspricht, muss für ein nicht infinitesimales Zeitintervall Δt gelten:

$$q_u \cdot u + \left(1 - q_u\right) \cdot d = e^{r\Delta t} \qquad (4\text{-}8)$$

Für die Gleichheit der Varianz muss folgender Ausdruck erfüllt sein:[245]

$$q_u \cdot u^2 + \left(1 - q_u\right) \cdot d^2 = e^{\left(2r + \sigma^2\right)\Delta t} \qquad (4\text{-}9)$$

Da nur zwei Bedingungen mit drei frei wählbaren Variablen erfüllt werden müs-sen, sind unterschiedlichste Parametrisierungen möglich.[246] Alternativ kann eine zusätzliche Annahme frei getroffen werden. Um die Berechnungsgeschwindig-

---

[244]   Beide Modelle werden in Abschnitt 4.6.2 gegenübergestellt.

[245]   Vgl. für eine Herleitung WILMOTT/HOWISON/DEWYNNE (1995), S. 183 f.

[246]   Deshalb existiert in der Literatur eine Vielzahl unterschiedlicher Parametrisierungen binomialer Preisprozesse. Die bekanntesten Parametrisierungen sind COX/ROSS/RUBIN-STEIN (1979), JARROW/RUDD (1983) sowie RENDLEMAN/BARTTER (1979).

keit zu erhöhen, wird zusätzlich die Annahme $u = \frac{1}{d}$ getroffen.[247] Nach WILMOTT/HOWISON/DEWYNNE (1995) ergeben sich die gesuchten Parameter unter dieser dritten Bedingung zu[248]

$$d = A - \sqrt{A^2 - 1}$$

$$u = A + \sqrt{A^2 - 1} \qquad (4\text{-}10)$$

$$q_u = \frac{e^{r\Delta t} - d}{u - d}$$

mit: $\qquad A = \frac{1}{2}\left(e^{-r\Delta t} + e^{(r+\sigma^2)\Delta t}\right)$

Der so entstehende risikoneutrale geometrische Random Walk entspricht in seinem Erwartungswert und seiner Varianz einem risikoneutralen stetigen Random Walk mit Driftrate r und Varianz σ.

4.4.2.3 Untergangswahrscheinlichkeit

Der Begriff order flow bezeichnet im Rahmen des betrachteten Modells die Intensität der eintreffenden Handelswünsche von Anlegern.[249] Die Modellierung der Untergangswahrscheinlichkeit π folgt der Grundannahme, dass größere Orders bei identischem order flow eine geringere Ausführungswahrscheinlichkeit besitzen als kleinere Orders. Diese Annahme ist insbesondere dann realistisch, wenn wie im vorliegenden Modell die vollständige Ausführung einer Or-

---

[247] Die Gültigkeit dieser Bedingung führt zu einer rekombinierenden Baumstruktur, in welcher der initiale Startpreis in jedem geraden Zeitschritt erneut erreicht werden kann und die übrigen Preise symmetrisch um diesen verteilt sind. Der Drift wird dann dadurch erzeugt, dass $q_u \neq (1 - q_u)$ gilt. Vgl. WILMOTT/HOWISON/DEWYNNE (1995), S. 185. Dies reduziert die Anzahl der in allen Zeitpunkten insgesamt erreichbaren Wertpapierpreise und ermöglicht eine schnellere Berechnung insbesondere bei Optionen amerikanischer Art, da bei diesen alle Zeitpunkte betrachtet werden müssen. Vgl. zur Optimierung von Bewertungsalgorithmen im Binomialmodell HIGHAM (2002).

[248] Siehe für eine Herleitung der Parameter WILMOTT/HOWISON/DEWYNNE (1995), S. 184.

[249] Vgl. zum Begriff des order flow auch die Hinweise in Abschnitt 3.1.1.

der betrachtet wird.[250] Unter dieser Annahme ist es möglich, die Wahrscheinlichkeit der Orderausführung (und damit des Orderunterganges) π während
eines diskreten Zeitintervalls Δt als Funktion der order flow Intensität λ^i, mit
$i \in \{buy, sell\}$ und der Ordergröße Q zu beschreiben.[251] Wird angenommen, dass
die Ausführungswahrscheinlichkeit π im Zeitablauf konstant bleibt, so ist die
Periode, in der die Ausführung einer Limit Order erfolgt, eine geometrisch ver-
teilte Zufallsvariable mit dem Erwartungswert $\frac{1}{\pi}$. Die Ausführungswahrscheinlichkeit π einer Limit Order $L^i(Q)$ soll durch folgende Funktion beschrieben
werden:[252]

$$\pi_{\Delta t} = 1 - e^{-\lambda \cdot \frac{\Delta t}{Q}} \qquad (4\text{-}11)$$

mit $\Delta t = \frac{T}{n}$

Diese Parameterwahl hat den Vorteil, dass die Wahrscheinlichkeitsverteilung
des Ausführungszeitpunktes für $n \to \infty$ gegen eine Exponentialverteilung mit
Parameter $\frac{\lambda}{Q}$ konvergiert. Im Grenzübergang steht der Erwartungswert der Zeitdauer bis zur Ausführung in einem linearen Zusammenhang mit dem Ordervolumen.[253] Für kleinere n ist dieser Zusammenhang nur näherungsweise gegeben.[254] Weiterhin entsprechen die Annahmen für $n \to \infty$ den Annahmen des

---

[250] Teilausführungen sind annahmegemäß nicht möglich.

[251] Die Intensität wird in Stück pro Zeiteinheit angegeben und lässt sich unterschiedlich für
Kauf- und Verkaufs-order flow definieren. Für die Ausführung einer Order ist jeweils der
entgegen gerichtete order flow verantwortlich.

[252] Im Folgenden wird die Funktion zunächst derart festgelegt, dass die Ergebnisse des Binomialmodells mit denen des stetigen Modells von CHACKO/JUREK/STAFFORD (2008) vergleichbar gemacht werden können.

[253] Die erwartete Zeitdauer bis zur Ausführung einer Order mit Volumen Q ist dann Q-mal
länger als die erwartete Zeitdauer bis zur Ausführung einer Order mit einem Volumen
von 1.

[254] Vgl. zum Zusammenhang der geometrischen Verteilung und Exponentialverteilung
SCHICKINGER/STEGER (2001), S. 112 f.

stetigen Modells, was eine spätere Vergleichbarkeit der Ergebnisse ermöglicht.[255]

Die Untergangswahrscheinlichkeit pro Periode $\pi_{\Delta t}$ sinkt, je weiter die Anzahl der Teilperioden erhöht wird. Die erwartete Lebensdauer einer Order der Größe Q beträgt $\frac{1}{\pi}\Delta t$ und strebt für steigende n gegen $\frac{Q}{\lambda}$. Die Überlebenswahrscheinlichkeit der Limit Order über die gesamte Gültigkeitsdauer der Order T bleibt mit $(1-\pi)^n$ konstant.

4.4.2.4 Bewertungsalgorithmus

Im Folgenden wird die vorgestellte Bewertung in Programcode (MATLAB) umgesetzt. Dieser bestimmt den absoluten Wert einer Limit Order ausgehend von festzulegenden Eingangsvariablen. Zu wählen ist insbesondere der Startkurs des Basiswertes und das Limitgebot der Order. Die Gültigkeit der Order wird in Jahren angegeben, wobei Gültigkeitsdauern unter einem Jahr in Dezimalschreibweise oder als Bruch an den Algorithmus übergeben werden können.[256] Die Größe der Order wird in Stück und der order flow in Stück/Sekunde angegeben. Schließlich ist die Angabe der risikofreien Rendite sowie der Standardabweichung der Renditen des Underlyings jeweils in annuisierter Form nötig. Der auf der nachfolgenden Seite dargestellte Algorithmus nimmt die Bewertung einer limitierten Kauforder vor.[257]

---

[255] Vgl. zu den Annahmen des stetigen Modells Abschnitt 4.5.1.2 dieser Arbeit sowie CHACKO/JUREK/STAFFORD (2008), S. 1259. Zusätzliche Annahme: linear skalierte Wartedauern. Vgl. CHACKO/JUREK/STAFFORD (2008), S. 1262.

[256] Die Gültigkeitsdauer von einem Monat kann mit 1/12 oder analog mit 0,08 angegeben werden.

[257] Kommentierungen werden mit „%" eingeleitet.

```
% Bewertung der Limit-Kauforder aus Sicht eines risikoneutralen
% Market Makers mit Hilfe eines Binomialmodells
% Vektorisierung des Algorithmus und Optimierung für MATLAB nach
% Highham (2002)

function [L]= Kauforder( V, sigma_ann, r_ann, lambda, N, Q, K, T)

%%%%%%%%%%%%%%%%%% Zielvariablen %%%%%%%%%%%%%%%%%%%%%%%%%%%%%%%%%%%%
% L: absoluter Wert der Limit Order/pro Aktie
%%%%%%%%%%%%%%%%%% Ausgangsvariablen %%%%%%%%%%%%%%%%%%%%%%%%%%%%%%%%%
% V:          Wert des Underlying
% sigma_ann:  annuisierte Standardabweichung
% r_ann:      annuisierte risikofreie Rendite
% lambda:     order flow in St/Sekunde (>0)
% N:          Anzahl der Zeitschritte im Binomialmodell
% Q:          Ordergröße (>0)
% K:          Limitpreis
% T:          Gesamte Gültigkeitsdauer/Laufzeit der Limit Or-
%             der/Option in Jahren
%%%%%%%%%%% Annahmen bezüglich der Handelszeiten %%%%%%%%%%%%%%%%%%%
trading_days = 250; %Handelstage im Jahr
trading_hours = 8;  %Handelsstunden am Tag
sekunden = trading_days*trading_hours*3600; %Handelssekunden/Jahr


%Länge eines Zeitschritts
dt = T/N;


%%%%% Ausführungswahrscheinlichkeit pro Zeitschritt, vgl. Formel (4-11)
pi = 1 - exp(-lambda*dt*sekunden/Q);


%%%%% Bestimmung der Parameter des Binomialmodells %%%%%
A = 1/2 *(exp(-r_ann*dt)+exp((r_ann+sigma_ann^2) * dt));
u = A + (A^2-1)^(1/2);
d = 1/u;
qu = (exp(r_ann*dt)-d)/(u-d);


%wiederkehrende Berechnungen
%Bestimmung des Binomialbaums
dpowers = d.^(N:-1:0);
upowers = u.^(0:N);
%Faktoren für Abzinsung und Order-Untergang, vgl. Formel (4-5)
scale1 = qu*exp(-r_ann*dt)*(1-pi);
scale2 = (1-qu)*exp(-r_ann*dt)*(1-pi);


%Werte der Limit Order am Ende der Laufzeit
L = max(K - V*dpowers.*upowers,0);


%Rekursive Berechnung von L bis t=0, vgl. Formel (4-6) und (4-7)
for i = N:-1:1
    Vi = V*dpowers(N-i+2:N+1).*upowers(1:i);
    L = max(max(K-Vi,0),scale1*L(2:i+1)+ scale2*L(1:i));
end

end
```

Abbildung 24: MATLAB-Algorithmus zur Bewertung einer Kauforder

Mit der Ausweitung des Modells auf den n-Perioden Fall ist die Darstellung der Bewertung von Limit Orders im Binomialmodell abgeschlossen. Die Ergebnisse dieser Vorgehensweise werden am Ende von Kapitel 4 gemeinsam mit den Ergebnissen der Bewertung in stetiger Zeit diskutiert. Diese bildet den Gegenstand des folgenden Abschnittes.

4.5   Bewertung im zeitstetigen Modell

4.5.1   Annahmen des Modells

4.5.1.1 Marktstruktur

Die Struktur des modellierten Marktes entspricht im Wesentlichen derjenigen des Binomialmodells und wird deshalb an dieser Stelle lediglich in komprimierter Form dargestellt.[258] Es werden weiterhin zwei Agententypen (Investoren und ein monopolistischer Market Maker) sowie zwei Wertpapiere (risikoloses Wertpapier B und risikobehaftetes Wertpapier V) betrachtet. Investoren mit einem Handelswunsch $H^i(Q)$ versuchen Q Anteile des risikobehafteten Wertpapiers zu kaufen (i = buy) bzw. zu verkaufen (i = sell). Eine Transaktion zwischen zwei Investoren kommt immer dann zustande, wenn entgegengesetzter order flow in Höhe von Q Anteilen am Markt vorhanden ist. In diesem Fall erfolgt der Handel zum fundamentalen Wert V_t. Ist dagegen kein entgegengesetzter order flow vorhanden, platziert der Investor eine Limit Order $L^i(Q, K)$ mit Limitpreis K. Diese Limit Order kann einerseits zu einem späteren Zeitpunkt durch das Auftreten von entgegengesetztem order flow ausgeführt werden. Andererseits kann eine Limit Order $L^i(Q, K)$, solange sie noch gültig ist, durch den Market Maker ausgeführt werden.[259] Dieser tritt bei asynchronem Eintreffen von Nachfrage und Angebot als Gegenpartei auf und stellt auf diese Weise Liquidität im Sinne einer sofortigen Ausführung bereit. Die Entscheidungsfreiheit des Market Makers macht die Limit Order $L^i(Q, K)$ zu einer kostenlosen Handelsoption, deren Bewertung vorliegend in stetiger Zeit analysiert wird. Analog zum bereits behandelten Binomialmodell sind für eine konkrete Bewertung Annahmen bezüglich der Preisprozesse der betrachteten Wertpapiere und hinsichtlich des Entscheidungskalküls des Market Makers erforderlich. Die darüber hinaus notwendigen Annahmen zum Einfluss des order flows und der Ordergröße auf die

---

[258] Vgl. hierzu ebenfalls die Ausführungen des Abschnitts 4.2. Der Einfluss des order flow auf die Ausführungswahrscheinlichkeiten der Orders wird im Zuge der vorliegenden Bewertung in stetiger Zeit von Beginn an berücksichtigt. Im Rahmen der Bewertung mit Hilfe des Binomialmodells wurde diese Abhängigkeit erst in Abschnitt 4.4.2 im Zuge der Ausweitung der Betrachtung auf n Perioden eingeführt.

[259] Diese Möglichkeit erlischt, sobald die Order durch entgegengesetzten order flow zur Ausführung gebracht wurde.

Ausführungswahrscheinlichkeit von Orders werden im folgenden Abschnitt thematisiert.

4.5.1.2 Stochastischer order flow

Der order flow wird vorliegend als exogene stochastische Größe betrachtet. Die Wahrscheinlichkeit, dass im nächsten Moment ein order flow-Ungleichgewicht in Höhe von Q Anteilen auftritt, wird durch $\lambda^{buy}(Q)dt$ (Übergewicht der Nachfrageseite) bzw. $\lambda^{sell}(Q)dt$ (Übergewicht der Angebotsseite) beschrieben.[260] Es wird angenommen, dass die erwartete Zeitdauer bis zur Ausführung der Order exponentiell verteilt ist und den Mittelwert $\frac{1}{\lambda^{buy}(Q)}$ bzw. $\frac{1}{\lambda^{sell}(Q)}$ besitzt.[261] Da das Auftreten von ausreichend hohem order flow mit der Ausführung einer bestehenden Limit Order einhergeht, wird dadurch auch die Ausführungswahrscheinlichkeit π einer bis dahin noch unausgeführten Limit Order im Zeitintervall Δt determiniert:

$$\pi(\Delta t) = 1 - e^{-\lambda(Q)\cdot\Delta t} \tag{4-12}$$

Für infinitesimal kurze Δt entspricht π dagegen $\lambda^{buy}(Q)dt$. Wie bereits im Binomialmodell erfolgt eine auf diese Weise vollzogene Transaktion zum jeweils gültigen fundamentalen Wert V_t.[262]

4.5.1.3 Entscheidungskalkül des Market Makers

Das Entscheidungskalkül des Market Makers wird analog zum diskreten Modell von folgenden Annahmen beeinflusst:

---

[260] Hier ist der order flow also als Funktion der Ordergröße modelliert. Unter der Annahme von CHACKO/JUREK/STAFFORD (2008) S. 1262, dass $\lambda(Q) = \lambda(1)\cdot Q^{-1}$ gilt, entspricht die Modellierung derjenigen des Binomialmodells im n-Perioden Fall. Vgl. Abschnitt 4.4.2.3 dieser Arbeit.

[261] Vgl. CHACKO/JUREK/STAFFORD (2008), S. 1259. Sie schlagen zudem eine alternative Interpretationsmöglichkeit des Parameters λ als Suchintensität im Sinne von DUFFIE/GÂRLEANU/PEDERSEN (2005) und VAYANOS/WANG (2007) vor. In diesen Modellen ohne einen organisierten Markt bestimmen die Suchintensitäten über die Wahrscheinlichkeit für das Zustandekommen von Transaktionen.

[262] Der gewählte Limitpreis K wird in diesem Fall also nicht zum Transaktionspreis.

- Der Market Maker ist Monopolist; die einzige Konkurrenz bezüglich der Ausführung von Limit Orders liegt im stochastischen order flow der Investoren. Sobald ausreichender entgegengesetzter order flow existiert, erlischt die Handelsmöglichkeit des Market Makers.

- Der Market Maker kann die durch den Handel mit Investoren aufgebaute und nicht notwendigerweise ausgeglichene Wertpapierposition jederzeit liquidieren. Er hat annahmegemäß Zugang zu einem vollkommenen und vollständigen Inter-Dealer-Markt. Dies bedeutet, dass er das risikobehaftete Wertpapier ohne Transaktionskosten zu seinem fundamentalen Wert handeln kann.[263]

- Der Market Maker verhält sich rein erwartungswertmaximierend und daher risikoneutral. Diese Annahme ist entscheidend dafür, ob bzw. unter welchen Umständen der Market Maker bereit ist, als Gegenpartei aufzutreten.

4.5.1.4 Wertpapiere und Marktpreis des Risikos

Die stochastischen oder deterministischen Prozesse von Wertpapierpreisen in stetiger Zeit können mithilfe entsprechender Differentialgleichungen dargestellt werden. Die Notation stochastischer Differentialgleichungen erfolgt im Folgenden in Differentialschreibweise und ist dabei stets als Kurzschreibweise für die entsprechende Itō-Integralgleichung aufzufassen.[264]

---

[263] Das inventory risk-Problem, das in der Literatur als eine der Ursachen für das Auftreten von Geld-Brief-Spannen gilt, tritt im beschriebenen Modell somit nicht auf. Ein Market Maker ist immer dann einem inventory risk ausgesetzt, wenn die von ihm gehaltene Wertpapierposition nicht ausgeglichen ist bzw. nicht seiner Zielposition entspricht. Der Einfluss des inventory risk auf die Höhe der Liquiditätskosten wurde von unterschiedlichen Autoren untersucht. Vgl. u.a. AMIHUD/MENDELSON (1980), S. 47, HO/STOLL (1981), S. 50 f., O'HARA/OLDFIELD (1986), S. 362 sowie 372 f. Vgl. im Übrigen HARRIS (2003), S. 285 f. zum Zusammenhang zwischen inventory risk und adverser Selektion. Weiterhin impliziert diese Annahme, dass die Leistung des Market Makers einzig in der Bereitstellung einer sofortigen Transaktionsmöglichkeit liegt. Von ihm vereinnahmte Kursvorteile stellen die Entlohnung dieser Leistung dar. Vgl. zu beiden Implikationen auch CHACKO/JUREK/STAFFORD (2008), S. 1253 f.

[264] Ein stochastischer Prozess X_t, der durch $X_t = X_0 + \int_0^t a_s ds + \int_0^t b_s dW_s$ gegeben ist, wird als $dX_t = a_t dt + b_t dW_t$ notiert.

Der fundamentale Wert des risikobehafteten Wertpapiers ist exogen vorgegeben, allen Marktteilnehmern bekannt und wird durch eine geometrische brownsche Bewegung mit Driftrate μ und Standardabweichung σ beschrieben. dZ_t bezeichnet einen Wiener Prozess:

$$\frac{dV_t}{V_t} = \mu dt + \sigma dZ_t \tag{4-13}$$

Die Entwicklung des risikofreien Wertpapiers lässt sich mit Hilfe von r als der stetigen risikofreien Verzinsung wie folgt ausdrücken:

$$\frac{dB_t}{B_t} = rdt \tag{4-14}$$

Es wird angenommen, dass der Inter-Dealer-Markt bezüglich des risikogenerierenden Prozesses dZ_t arbitragefrei ist. Das Vorliegen von Arbitragefreiheit bedingt die Existenz eines sog. „pricing kernels" (auch „state price density" oder „state price deflator" genannt).[265] Dieser stellt das Äquivalent eines Diskontierungsfaktors für Itō-integrierbare Prozesse dar und ermöglicht die Bewertung künftiger unsicherer Zahlungen. Das pricing kernel ist selbst ein Itō-Prozess und wird im Folgenden mit Λ_t bezeichnet. Die Interpretation als Diskontierungsfaktor erfordert, dass $\Lambda_0 = 1$ und zu jeder Zeit $\Lambda_t > 0$ gelten.

Ist die no-arbitrage Bedingung erfüllt, so stellt jeder diskontierte Preisprozess, also auch $V_t \cdot \Lambda_t$ ein Martingal dar. Für zwei Zeitpunkte $T \geq t$ gilt daher:

$$V_t \cdot \Lambda_t = E_t[V_T \cdot \Lambda_T] \tag{4-15}$$

---

[265] Die Darstellung und Herleitung des pricing kernels orientiert sich im Folgenden eng an PENNACCHI (2008), S. 210–212.

Als Itō-Prozess kann das pricing kernel zunächst in seiner allgemeinen Form ausgedrückt werden, ohne dass die Driftkomponente μ_Λ und der Diffusionskoeffizient σ_Λ bekannt sein müssen:[266]

$$d\Lambda_t = \mu_\Lambda dt + \sigma_\Lambda dZ_t \qquad (4\text{-}16)$$

Nachfolgend wird zunächst gezeigt, wie die Driftkomponente μ_Λ und der Diffusionskoeffizient σ_Λ unter Rückgriff auf die Bedingung der Arbitragefreiheit bestimmt werden können. Der so ermittelte pricing kernel kann in Abschnitt 4.5.2 zur Bewertung der Limit Order $L^i(Q, K)$ herangezogen werden.

Betrachtet man ein beliebiges Wertpapier f, dessen Entwicklung durch $df_t = \mu_f f_t dt + \sigma_f f_t dZ_t$ beschrieben wird, so stellt $f^\Lambda = f_t \Lambda_t$ den mit dem pricing kernel diskontierten Wertprozess dar. Die Entwicklung dieses diskontierten Prozesses lässt sich mit Hilfe des Lemmas von Itō darstellen als

$$df\Lambda_t = fd\Lambda_t + \Lambda df_t + df_t d\Lambda_t =$$

$$= f_t \mu_\Lambda dt + f_t \sigma_\Lambda dZ_t + \Lambda_t \mu_f f_t dt + \Lambda_t \sigma_f f_t dZ_t + \sigma_f f_t \sigma_\Lambda dt$$

$$= \left(f_t \mu_\Lambda + \Lambda_t f_t \mu_f + \sigma_f f_t \sigma_\Lambda \right) dt + \left(f_t \sigma_\Lambda + \Lambda_t f_t \sigma_f \right) dZ_t \qquad (4\text{-}17)$$

Es ist erkennbar, dass das Resultat wiederum als Itō-Prozess mit einer Driftkomponente und einem Diffusionskoeffizienten interpretiert werden kann. Unter der Bedingung der Arbitragefreiheit muss dieser Prozess ein Martingal darstellen. Für seine Driftkomponente folgt daher zunächst $f_t \mu_\Lambda + \Lambda_t f_t \mu_f + \sigma_f f_t \sigma_\Lambda = 0$. Nach Umformung ergibt sich:

$$\mu_f = -\frac{\mu_\Lambda}{\Lambda_t} - \frac{\sigma_f \sigma_\Lambda}{\Lambda_t} \qquad (4\text{-}18)$$

---

[266] Vgl. PENNACCHI (2008), S. 210.

Falls nun f_t ein risikoloses Wertpapier ist, also $f_t = B_t$ und gemäß (4-14) $dB_t = rB_t dt$ gelten, folgt $\sigma_f = 0$, da B_t risikofrei ist. Weiterhin ist auch $\mu_f = r$ bekannt, da die relativen Zuwächse von B_t durch die risikofreie Rendite r determiniert werden.[267] Ausdruck (4-18) wird daher zu:

$$r = -\frac{\mu_\Lambda}{\Lambda_t} \tag{4-19}$$

Betrachtet man nun wieder ein risikobehaftetes Wertpapier, lässt sich (4-18) unter Beachtung von (4-19) schreiben als

$$\mu_f = r - \frac{\sigma_f \sigma_\Lambda}{\Lambda_t}$$

und liefert nach einer Umformung:

$$-\frac{\sigma_\Lambda}{\Lambda_t} = \frac{\mu_f - r}{\sigma_f} \tag{4-20}$$

Dies stellt den Zusammenhang zum Marktpreis des Risikos her.[268] Mit Hilfe von Ausdruck (4-16) konnte der pricing kernel zunächst nur allgemein beschrieben werden. Mit (4-19) und (4-20) sind nun die Driftrate sowie der Diffusionskoeffizient des pricing kernels bekannt.[269]

Bezogen auf den Wert des betrachteten risikobehafteten Wertpapiers V_t in (4-13) kann der Marktpreis des Risikos mit $\gamma_V = \frac{\mu - r}{\sigma}$ bezeichnet werden. Ausdruck (4-16) lässt sich nun wie folgt darstellen:[270]

$$\frac{d\Lambda_t}{\Lambda_t} = -r dt - \gamma_V dZ_t \tag{4-21}$$

---

[267] Vgl. PENNACCHI (2008), S. 211.

[268] Der Ausdruck auf der rechten Seite des Gleichheitszeichens kann gewohnheitsgemäß als sharpe ratio interpretiert werden.

[269] Vgl. PENNACCHI (2008), S. 211.

[270] Vgl. CHACKO/JUREK/STAFFORD (2008), S. 1558.

Soweit die Gültigkeit der no-arbitrage Bedingung vorausgesetzt werden kann, kann dieser pricing kernel im Folgenden verwendet werden, um alle Finanzinstrumente zu bewerten, die bezüglich ihres Risikos lediglich von dZ_t abhängen.[271]

4.5.2 Bewertung

4.5.2.1 Wertprozess der Limit Order in stetiger Zeit

Den Ausgangspunkt für die Bestimmung des Optionspreises der Limit Order bildet zunächst die Beschreibung der allgemeinen Wertentwicklung des Optionswertes in Abhängigkeit der möglichen Ereignisse, d. h. in Abhängigkeit eines drohenden Untergangs der Order. Die Wertveränderung einer Limit Order $L(V_t,Q,K,t)$ im Zeitraum t bis $t+\Delta t$ ist einerseits abhängig davon, mit welcher Wahrscheinlichkeit es in diesem Zeitraum zu einer Ausführung der Order durch das Eintreffen von entgegen gerichtetem order flow kommt. In diesem Fall verliert die Option ihren Wert. Andererseits verändert sich der Wert der Option im Falle einer Nichtausführung in Abhängigkeit der Wertänderung des fundamentalen Wertes des Underlyings (V_t zu $V_{t+\Delta t}$).

Wird die Wahrscheinlichkeit einer Ausführung mit $\pi(t,t+\Delta t)$ bezeichnet, ergibt sich die Wahrscheinlichkeit einer Nichtausführung zu $(1-\pi(t,t+\Delta t))$. Damit ist eine formale Darstellung des Optionswertes einer Limit Order für einen infinitesimal kurzen Zeitraum Δt möglich.[272] Unter der Annahme, dass die Order eine unbeschränkte Gültigkeit besitzt, lässt sich die Entwicklung von $L(V_t,Q,K,t)$ wie folgt darstellen:[273]

$$dL(V_t,Q,K,t)=\lim_{\Delta t\to 0}\left[\begin{array}{l}(1-\pi(t,t+\Delta t))\cdot(L(V_{t+\Delta t},Q,K,t)-L(V_t,Q,K,t))-\\-\pi(t,t+\Delta t)\cdot L(V_t,Q,K,t)\end{array}\right]$$

[271] Vgl. zur Äquivalenz des pricing kernel-Ansatzes und dem Konzept der risikoneutralen Bewertung PENNACCHI (2008), S. 212 f.

[272] Die Herleitung folgt CHACKO/JUREK/STAFFORD (2008), S. 1285 f.

[273] Dies entspricht einer Option mit unendlicher Laufzeit. Insofern sind die Ergebnisse der Bewertung in Bezug auf die Laufzeit als eine obere Grenze des Optionswertes zu interpretieren. Vgl. CHACKO/JUREK/STAFFORD (2008), S. 1260.

Dieser Term lässt sich umstellen zu:

$$dL(V_t,Q,K,t) = \lim_{\Delta t \to 0} \left[\begin{array}{l} L(V_{t+\Delta t},Q,K,t) - L(V_t,Q,K,t) - \\ -\pi(t,t+\Delta t) \cdot L(V_{t+\Delta t},Q,K,t) \end{array} \right]$$

Nun lässt sich die Konvergenz des Ausdrucks für $\Delta t \to 0$ betrachten. Der letzte Summand gibt an, dass die Option mit Wahrscheinlichkeit $\pi(t,t+\Delta t)$ ihren Gesamtwert verliert. Für einen infinitesimal kurzen Zeitraum Δt wird $\pi(t,t+\Delta t)$ annahmegemäß zu $\lambda^i(Q)dt$. Das Verhalten der ersten beiden Summanden, also die Veränderung des Optionswertes der Limit Order aufgrund der Veränderungen des Underlyings, lässt sich für $\Delta t \to 0$ mit Hilfe der Itō-Formel ausdrücken. Wird mit $F_{Q,t} = Q \cdot V_t$ der Gesamtwert der Order bezeichnet, so wird der Ausdruck zu:[274]

$$dL(V_t,Q,K,t) = \left[\begin{array}{l} \dfrac{\partial L(F_{Q,t},K,t)}{\partial F_{Q,t}} \cdot dF_{Q,t} + \dfrac{1}{2}\dfrac{\partial^2 L(F_{Q,t},K,t)}{\partial F_{Q,t}^2} \cdot (dF_{Q,t})^2 - \\ -\lambda^i(Q)dt \cdot L(F_{Q,t},K,t) \end{array} \right]$$

Diese Grenzbetrachtung kann ebenfalls anhand einer Taylorreihenentwicklung um den Zeitpunkt t und das Gesamtvolumen der Order $F_{Q,t} = Q \cdot V_t$ zum Zeitpunkt t nachvollzogen werden. Insbesondere gilt nach der Elimination von Termen infinitesimaler Ordnung im Limit $\Delta t \to 0$:[275]

$$L(F_{Q,t+\Delta t},K,t+\Delta t) = \left[\begin{array}{l} L(F_{Q,t},K,t) + \dfrac{\partial L(F_{Q,t},K,t)}{\partial(F_{Q,t})} \cdot dF_{Q,t} + \\ +\dfrac{1}{2}\dfrac{\partial^2 L(F_{Q,t},K,t)}{\partial F_{Q,t}^2} \cdot (dF_{Q,t})^2 \end{array} \right]$$

---

[274] Dabei wird die Gesamtänderung des Optionswertes betrachtet. Aufgrund der Abhängigkeit vom Transaktionsvolumen wird daher nach $F_{Q,t} = Q \cdot V_t$ differenziert.

[275] Vgl. hierzu bspw. PENNACCHI (2008), S. 173 oder NEFTCI (2000), S. 232–235.

Eine verkürzte Notation, bei der die Einflussvariablen von L unterdrückt werden und partielle Ableitungen nach $F_{Q,t}$ tiefgestellt gekennzeichnet werden, führt zu folgender formaler Darstellung des Wertänderungsprozesses einer Limit Order L:

$$dL = L_F \cdot \left(dF_{Q,t}\right) + \frac{1}{2}L_{FF} \cdot \left(dF_{Q,t}\right)^2 - \lambda^i(Q)dt \cdot L \qquad (4\text{-}22)$$

Der nachfolgende Abschnitt thematisiert die Bewertung der Limit Order bei Arbitragefreiheit.

4.5.2.2 No Arbitrage und Pricing Kernel

Für die Bestimmung einer Differentialgleichung für den Preis der Limit Order kann der ermittelte Wertprozess mit dem pricing kernel (4-21) diskontiert werden. Für Veränderungen des diskontierten Prozesses muss im Erwartungswert daher gelten:[276]

$$E_t\left[d\left(\Lambda_t L\right)\right] = 0$$

Nach erneutem Rückgriff auf die Itō-Formel zur Beschreibung von $d\left(\Lambda_t L\right)$, d. h. $d(\Lambda_t L) = Ld\Lambda_t + \Lambda dL + dLd\Lambda_t$ und Multiplikation beider Seiten mit $\left(L \cdot \Lambda_t\right)^{-1}$, lässt sich die obige Bedingung für den Erwartungswert bei Arbitragefreiheit schreiben als:[277]

$$E_t\left[\frac{dL}{L}\right] + E_t\left[\frac{dL}{L_t}\right] + E_t\left[\frac{dL}{L} \cdot \frac{dL}{L_t}\right] = 0 \qquad (4\text{-}23)$$

---

[276] Vgl. CHACKO/JUREK/STAFFORD (2008), S. 1285. Alternativ lässt sich die Martingaleigenschaft des diskontierten Prozesses in der Form $L_t\Lambda_t = E_t\left[\Lambda_T L_T\right]$ darstellen. Vgl. PENNACCHI (2008), S. 210.

[277] Vgl. hierzu auch COCHRANE (2001), S. 31.

Nachfolgend wird die Erwartungswertbildung aus Gründen der Übersichtlichkeit für jeden der drei Summanden zunächst gesondert vorgenommen.[278] Zunächst wird $E_t\left[\frac{dL}{L}\right]$ betrachtet. Unter Beachtung von Gleichung (4-22) ergibt sich:

$$E_t\left[\frac{dL}{L}\right] = E_t\left[\frac{1}{L}\cdot\left[L_F\cdot\left(dF_{Q,t}\right) + \frac{1}{2}L_{FF}\cdot\left(dF_{Q,t}\right)^2 - \lambda^i(Q)dt\cdot L\right]\right]$$

Aufgrund von (4-13) gilt zudem $dF_{Q,t} = F_{Q,t}\cdot\mu dt + F_{Q,t}\cdot\sigma dZ_t$ und der Ausdruck lässt sich schreiben als:

$$E_t\left[\frac{dL}{L}\right] = E_t\left[\frac{1}{L}\cdot\begin{bmatrix}L_F\cdot\left(F_{Q,t}\cdot\mu dt + F_{Q,t}\cdot\sigma dZ_t\right)+ \\ +\frac{1}{2}L_{FF}\cdot\left(F_{Q,t}\cdot\mu dt + F_{Q,t}\cdot\sigma dZ_t\right)^2 - \lambda^i(Q)dt\cdot L\end{bmatrix}\right]$$

Die Erwartungswertbildung führt schließlich zu:

$$E_t\left[\frac{dL}{L}\right] = \frac{1}{L}\left[L_F\cdot F_{Q,t}\cdot\mu + \frac{1}{2}L_{FF}\cdot\left(F_{Q,t}\cdot\sigma\right)^2 - \lambda^i(Q)\cdot L\right] \qquad (4\text{-}24)$$

Als nächstes wird der Term $E_t\left[\frac{d\Lambda_t}{\Lambda_t}\right]$ betrachtet. Unter Beachtung von (4-21) und anschießender Erwartungswertbildung vereinfacht sich der Ausdruck zu:

$$E_t\left[\frac{d\Lambda_t}{\Lambda_t}\right] = E_t\left[-rdt - \gamma_V dZ_t\right] = -r \qquad (4\text{-}25)$$

---

[278] Im Rahmen der Erwartungswertbildung können die Größenverhältnisse und die Eigenschaften von Zufallsprozessen zur Vereinfachung genutzt werden. Infinitesimale Terme höherer Ordnung als Eins sowie Kreuzprodukte infinitesimaler Terme können dabei vernachlässigt werden. Weiterhin gilt für den Erwartungswert des Wiener Prozesses $E_t[dZ_t] = 0$ und für seine quadratische Variation $(dZ_t)^2 = dt$. Dies gilt im Sinne einer Konvergenz im quadratischen Mittel. Vgl. zur ausführlichen Herleitung NEFTCI (2000), S. 216–220. Vgl. zu den Größenordnungen infinitesimaler Terme im Rahmen der stochastischen Analysis NEFTCI (2000), S. 235–240.

Schließlich wird die Erwartungswertbildung für $E_t \left[\frac{dL}{L} \cdot \frac{d\Lambda_t}{\Lambda_t} \right]$ vorgenommen. Durch Einsetzen der Ausdrücke (4-21) und (4-22) sowie anschließender Auflösung der Klammern ergibt sich:

$$E_t \left[\frac{dL}{L} \cdot \frac{d\Lambda_t}{\Lambda_t} \right] = E_t \left[\frac{1}{L} \cdot \begin{bmatrix} -rdt \cdot L_F dF_{Q,t} - rdt \cdot \frac{1}{2} L_{FF} \left(dF_{Q,t} \right)^2 + \\ +rdt \cdot \lambda^i (Q) dt \cdot L - \gamma dZ_t \cdot L_F \cdot dF_{Q,t} - \\ -\gamma dZ_t \cdot \frac{1}{2} L_{FF} \left(dF_{Q,t} \right)^2 + \gamma dZ \cdot \lambda^i (Q) dt \cdot L \end{bmatrix} \right]$$

Wird anschließend $dF_{Q,t} = F_{Q,t} \cdot \mu dt + F_{Q,t} \cdot \sigma dZ_t$ gesetzt, folgt:

$$E_t \left[\frac{dL}{L} \cdot \frac{d\Lambda_t}{\Lambda_t} \right] = E_t \left[\frac{1}{L} \cdot \begin{bmatrix} -rdt \cdot L_F \left(F_{Q,t} \cdot \mu dt + F_{Q,t} \cdot \sigma dZ_t \right) - \\ -rdt \cdot \frac{1}{2} L_{FF} \left(F_{Q,t} \cdot \mu dt + F_{Q,t} \cdot \sigma dZ_t \right)^2 + \\ +rdt \cdot \lambda^i (Q) dt \cdot L - \\ -\gamma_V dZ_t \cdot L_F \cdot \left(F_{Q,t} \cdot \mu dt + F_{Q,t} \cdot \sigma dZ_t \right) - \\ -\gamma_V dZ_t \cdot \frac{1}{2} L_{FF} \left(F_{Q,t} \cdot \mu dt + F_{Q,t} \cdot \sigma dZ \right)^2 + \\ +\gamma_V dZ \cdot \lambda^i (Q) dt \cdot L \end{bmatrix} \right] =$$

Nach der Erwartungswertbildung erhält man:

$$E_t \left[\frac{dL}{L} \cdot \frac{d\Lambda_t}{\Lambda_t} \right] = \frac{1}{L} \cdot \gamma_V \cdot L_F \cdot F_{Q,t} \cdot \sigma,$$

da lediglich der nach dem Ausmultiplizieren entstehende Term $\gamma \cdot L_F \cdot F_{Q,t} \cdot \sigma \cdot \left(dZ_t \right)^2$ einen von Null verschiedenen Erwartungswert aufweist. Mit $\gamma_V = \frac{\mu - r}{\sigma}$ ergibt sich letztlich:

$$E_t \left[\frac{dL}{L} \cdot \frac{d\Lambda_t}{\Lambda_t} \right] = \frac{1}{L} \cdot \left(-L_F F_{Q,t} + r L_F F_{Q,t} \right) \tag{4-26}$$

Nach Einsetzen der Erwartungswerte (4-24), (4-25) und (4-26) in die Arbitrage-freiheitsbedingung (4-23) ergibt sich folgende Differentialgleichung:[279]

$$L_F \cdot \left(r \cdot F_{Q,t} \right) + \frac{1}{2} L_{FF} \cdot \left(\sigma F_{Q,t} \right)^2 - \left(r + \lambda^i (Q) \right) L = 0 \qquad (4\text{-}27)$$

Bei Differentialgleichung (4-27) handelt es sich um eine homogene eulersche Differentialgleichung 2. Ordnung. Ihre allgemeine Lösung besitzt die Form:[280]

$$L^j \left(V_t, Q, K, t \right) = \alpha_0 F_{Q,t}^{\Omega+} + \alpha_1 F_{Q,t}^{\Omega-} \qquad (4\text{-}28)$$

Es sind also die Integrationskonstanten $\alpha_{0/1}$ sowie die Exponenten $\Omega\pm$ zu bestimmen. Ein Lösungsansatz für (4-27) besteht darin, $L = F_{Q,t}^{\Omega}$ zu setzen. Die Ableitungen ergeben dann:

$$L_F = \Omega F_{Q,t}^{\Omega-1}$$

$$L_{FF} = \Omega \left(\Omega - 1 \right) F_{Q,t}^{\Omega-2}$$

Substituiert man die Funktion und ihre Ableitungen in (4-27), so ergibt sich

$$\Omega \cdot F_{Q,t}^{\Omega-1} \cdot \left(r \cdot F_{Q,t} \right) + \frac{1}{2} \Omega (\Omega - 1) F_{Q,t}^{\Omega-2} \cdot \left(\sigma \cdot F_{Q,t} \right)^2 - \left(r + \lambda^i (Q) \right) F_{Q,t}^{\Omega} = 0$$

und nach Vereinfachung:

$$\frac{1}{2} \sigma^2 \cdot \Omega^2 + \left(r - \frac{1}{2} \sigma^2 \right) \cdot \Omega - \left(r + \lambda^i (Q) \right) = 0$$

---

[279] Vgl. CHACKO/JUREK/STAFFORD (2008), S. 1285.

[280] Vgl. CHACKO/JUREK/STAFFORD (2008), S. 1286, sowie zum Lösungsverfahren eulscher Differentialgleichungen stellvertretend für viele SWIFT/WIRKUS (2007), S. 229–232.

Die Nullstellen $\Omega\pm$ lassen sich nun mit Hilfe der quadratischen Lösungsformel bestimmen. Nach einer Umstellung folgt:

$$\Omega\pm\left(\lambda^i\right)=\left(\frac{1}{2}-\frac{r}{\sigma^2}\right)\pm\sqrt{\left(\frac{1}{2}-\frac{r}{\sigma^2}\right)+\frac{2\left[r+\lambda^i(Q)\right]}{\sigma^2}} \tag{4-29}$$

Nachdem die Differentialgleichung bislang in ihrer allgemeinen Form, d. h. gemeinsam für Kauf- und Verkaufsorder betrachtet wurde und die Bestimmung einer allgemeinen Lösung der Form (4-27) gezeigt wurde, muss im letzten Schritt die Bestimmung der Integrationskonstanten α_0 und α_1 getrennt erfolgen. Dies ist notwendig, da sich die zur Wertbestimmung notwendigen Randbedingungen unterscheiden.

4.5.2.3 Bewertung der Verkaufsorder

Für die Bewertung der Limit Orders ist im Folgenden die Bestimmung von Randbedingungen notwendig. Zunächst wird der Fall einer limitierten Verkaufsorder L^{sell} betrachtet. Diese entspricht aus Sicht des Market Makers einer Kaufoption. Der Wert dieser Kaufoption verringert sich mit abnehmenden Kursen des Underlyings V_t. Nähert sich V_t dem Wert Null an, so wird die Kaufoption wertlos.[281] Die erste Randbedingung lautet daher:

$$\lim_{V_t\downarrow 0} L^{\text{sell}}=0$$

Da Ω^- eine negative Größe ist, strebt der zweite Summand von (4-28), $\alpha_1 F_{Q,t}^{\Omega^-}$, für $V_t\downarrow 0$ gegen $+\infty$. Aus der Unvereinbarkeit dieser Entwicklung mit der ersten Randbedingung lässt sich folgern, dass im Falle der Verkaufsorder $\alpha_1=0$ gelten muss. Ausdruck (4-28) lässt sich daher schreiben als:

$$L^{\text{sell}}\left(V_t,Q,K,t\right)=\alpha_0 F_{Q,t}^{\Omega^+} \tag{4-30}$$

---

[281] Dies gilt insbesondere deshalb, da der Wertprozess von V_t keine absoluten, sondern relative Veränderungen beschreibt. Vgl. Formel (4-13).

Zwei weitere Randbedingungen beschreiben den Wert der Verkaufsorder an der optimalen Ausführungsschwelle. Diese bezeichnet den Wert des Underlyings, der überschritten werden muss, damit die Ausführung der enthaltenen Kaufoption aus Sicht des Market Makers zur nutzenmaximierenden Strategie wird.[282]

Diese Ausübungsgrenze wird im Folgenden mit V^* bezeichnet. Dort ist der Market Maker indifferent, was impliziert, dass der Wert der Option bei Ausübung dem inneren Wert der Option entspricht. Dies führt zur zweiten Randbedingung:

$$\lim_{V_t \uparrow V^*} L^{\text{sell}} = Q \cdot \left(V^* - K \right) \qquad (4\text{-}31)$$

Für die Bestimmung der dritten Randbedingung werden die Veränderungen des Optionswertes in Abhängigkeit von V_t an der optimalen Ausführungsschwelle betrachtet. Dort entsprechen die Veränderungen des Optionswertes genau den Veränderungen des Underlyings.[283] Die dritte Randbedingung bestimmt daher den Wert der ersten Ableitung des Optionswertes nach $F_{Q,t}$:

$$\lim_{V_t \uparrow V^*} L_F^{\text{sell}} = 1 \qquad (4\text{-}32)$$

Die zweite und dritte Randbedingung erlauben nun die simultane Bestimmung von V^* und α_0 mit Hilfe eines Gleichungssystems. Aus (4-30) und (4-31) folgt zunächst

$$L^{\text{sell}}\left(V^* \right) = Q \cdot \left(V^* - K \right) = \alpha_0 \cdot \left(Q V^* \right)^{\Omega+}$$

---

[282] Der Market Maker ist ein risikoneutraler Erwartungswertmaximierer.

[283] Eine optimale Ausübung einer amerikanischen Option führt zu einem stetigen Verlauf des Optionsdeltas. Diese Bedingung wird in der Literatur als *high contact* oder *smooth-pasting condition* bezeichnet. Vgl. KWOK (2008) S. 255 f. oder auch WILMOTT (2006), S. 154. Letzterer, fasst die zweite und dritte Randbedingung wie folgt zusammen: *„The American option value is maximised by an exercise strategy that makes the option value and option delta continuous"*. WILMOTT (2006), S. 154.

und damit:

$$\alpha_0 = \frac{Q\left(V^* - K\right)}{\left(QV^*\right)^{\Omega^+}} \qquad (4\text{-}33)$$

Die dritte Randbedingung liefert nach Ableitung:

$$L_F^{\text{sell}} = \alpha_0 \cdot \Omega^+ \left(QV^*\right)^{\Omega^+ - 1} = 1 \qquad (4\text{-}34)$$

Wird (4-33) in (4-34) eingesetzt, so ergibt sich:

$$\frac{Q\left(V^* - K\right)}{\left(QV^*\right)^{\Omega^+}} \cdot \Omega^+ \cdot \left(QV^*\right)^{\Omega^+ - 1} = 1$$

Nach Vereinfachung und Umstellung ergibt sich:[284]

$$V^* = K \cdot \frac{\Omega^+}{\Omega^+ - 1} \qquad (4\text{-}35)$$

Erneutes Einsetzen in (4-33) erlaubt die Bestimmung der Konstante α_0:

$$\alpha_0 = \frac{Q\left(K \cdot \dfrac{\Omega^+}{\Omega^+ - 1} - K\right)}{\left(Q \cdot K \cdot \dfrac{\Omega^+}{\Omega^+ - 1}\right)^{\Omega^+}} =$$

$$= \frac{QK}{\Omega^+ - 1}\left(\frac{\Omega^+ - 1}{QK \cdot \Omega^+}\right)^{\Omega^+}$$

---

[284] Beachte $\dfrac{1}{\left(QV^*\right)^{\Omega^+}} \cdot \left(QV^*\right)^{\Omega^+ - 1} = \dfrac{1}{QV^*}$.

Unter Beachtung der zweiten Randbedingung und Ausdruck (4-30) bestimmt sich der Wert einer limitierten Verkaufsorder mit einem Ordervolumen Q zu[285]

$$L^{\text{sell}}\left(V_t,Q,K,t\right)=\begin{cases}\dfrac{QK}{\Omega^+\left(\lambda^{\text{buy}}\right)-1}\cdot\left(\dfrac{\Omega^+\left(\lambda^{\text{buy}}\right)-1}{\Omega^+\left(\lambda^{\text{buy}}\right)}\cdot\dfrac{V_t}{K}\right)^{\Omega^+\left(\lambda^{\text{buy}}\right)} & \text{für } V_t<V^* \\[2em] Q\left(V^*-K\right) & \text{für } V_t\geq V^*\end{cases}$$

(4-36)

mit:

$$V^*=K\cdot\frac{\Omega^+}{\Omega^+-1}$$

$$\Omega^+\left(\lambda^{\text{buy}}\right)=\left(\frac{1}{2}-\frac{r}{\sigma^2}\right)\pm\sqrt{\left(\frac{1}{2}-\frac{r}{\sigma^2}\right)^2+\frac{2\left[r+\lambda^{\text{buy}}\left(Q\right)\right]}{\sigma^2}}$$

4.5.2.4 Bewertung der Kauforder

Auch die Bewertung der Kauforder erfordert zunächst die Festlegung geeigneter Randbedingungen. Sie entspricht aus Sicht des Market Makers einer Verkaufsoption. Mit steigendem V_t wird diese zunehmend wertlos, bis für $V_t\to+\infty$ gilt:

$$\lim_{V_t\uparrow+\infty}L^{\text{buy}}=0$$

---

[285] Vgl. CHACKO/JUREK/STAFFORD (2008), S. 1261.

Da für $V_t \to +\infty$ der erste Summand von (4-28), $\alpha_0 F_{Q,t}^{\Omega^+}$ ebenfalls gegen $+\infty$ strebt, erfordert die erste Randbedingung, dass für eine Verkaufsoption $\alpha_0 = 0$ gilt.[286] Im Falle einer Kauforder wird (4-28) daher zu:

$$L^{\text{buy}}\left(V_t, Q, K, t\right) = \alpha_1 F_{Q,t}^{\Omega^-} \tag{4-37}$$

Analog zur Bewertung der Verkaufsorder beschreiben die weiteren Randbedingungen das Verhalten des Optionswertes an der optimalen Ausführungsschwelle V^{**}. Diese wird im Fall der Kauforder jedoch von oben her erreicht. Die zweite Randbedingung gibt den inneren Wert der Verkaufsoption bei $V_t = V^{**}$ an:

$$\lim_{V_t \downarrow V^{**}} L^{\text{buy}} = Q \cdot \left(K - V^{**}\right) \tag{4-38}$$

Ferner erfordert die Tangentialbedingung im Falle einer Verkaufsoption, dass:

$$\lim_{V_t \downarrow V^*} L_F^{\text{buy}} = 1 \tag{4-39}$$

Aus (4-37) und (4-38) folgt

$$L^{\text{buy}}\left(V^{**}\right) = Q \cdot \left(K - V^{**}\right) = \alpha_1 \cdot \left(Q V^{**}\right)^{\Omega^-} \tag{4-40}$$

und damit ein Ausdruck für die Konstante α_1:

$$\alpha_1 = \frac{Q\left(K - V^{**}\right)}{\left(Q V^{**}\right)^{\Omega^-}} \tag{4-41}$$

---

[286] Ω^+ ist eine positive Größe.

Aus der dritten Randbedingung folgt durch Ableitung:[287]

$$L_F^{buy} = -\alpha_1 \cdot \Omega^- \left(QV^{**}\right)^{\Omega^- -1} = 1 \qquad (4\text{-}42)$$

Analog zum Vorgehen im Fall der Verkaufsorder ergeben sich durch Einsetzen von (4-41) zunächst:

$$V^{**} = K \frac{\Omega^-}{\Omega^- -1} \qquad (4\text{-}43)$$

Wird die Grenze der optimalen Ausführung erneut in (4-41) eingesetzt so ergibt sich die gesuchte Integrationskonstante α_1:

$$\alpha_1 = \frac{QK}{1-\Omega^-} \cdot \left(\frac{\Omega^- -1}{\Omega^-} \cdot \frac{1}{QK}\right)^{\Omega^-} \qquad (4\text{-}44)$$

---

[287] Es ist zu beachten, dass die dritte Randbedingung das Erreichen der Schwelle V^{**} von oben her beschreibt. Daher ergibt sich das negative Vorzeichen.

Der Wert einer limitierten Kauforder mit einem Ordervolumen Q gemäß (4-37) lässt sich nun darstellen als:[288]

$$L^{\text{buy}}\left(V_t, Q, K, t\right) = \begin{cases} \dfrac{QK}{1-\Omega^-\left(\lambda^{\text{sell}}\right)} \cdot \left(\dfrac{\Omega^-\left(\lambda^{\text{sell}}\right)-1}{\Omega^-\left(\lambda^{\text{sell}}\right)} \cdot \dfrac{V_t}{K}\right)^{\Omega^-\left(\lambda^{\text{sell}}\right)} & \text{für } V_t > V^{**} \\[4mm] Q\left(K-V^{**}\right) & \text{für } V_t \leq V^{**} \end{cases}$$

$$(4\text{-}45)$$

mit:
$$V^{**} = K \cdot \frac{\Omega^-}{\Omega^- - 1}$$

$$\Omega^-\left(\lambda^{\text{sell}}\right) = \left(\frac{1}{2} - \frac{r}{\sigma^2}\right) \pm \sqrt{\left(\frac{1}{2} - \frac{r}{\sigma^2}\right)^2 + \frac{2\left[r + \lambda^{\text{sell}}\left(Q\right)\right]}{\sigma^2}}$$

Mit der Bestimmung der Bewertungsgleichungen für die Kauf- und Verkaufsorder im zeitstetigen Modell ist die Bewertung vorerst abgeschlossen und kann im nächsten Abschnitt der Lösung des diskreten Modells gegenübergestellt werden.

---

[288] Vgl. CHACKO/JUREK/STAFFORD (2008), S. 1261.

4.6 Diskussion der Bewertungsverfahren

4.6.1 Der Wert einer Limit Order

Beim abschließenden Vergleich der Bewertungsergebnisse sollen die wichtigsten Wertdeterminanten diskutiert und die Ergebnisse beider Modellvarianten gegenüber gestellt werden. Schließlich erfolgt eine kritische Würdigung der Ergebnisse auch im Hinblick auf die Überlegungen des dritten Kapitels dieser Arbeit, in welchem die ökonomische Relevanz kostenloser Handelsoptionen ausführlich diskutiert wurde. Das nachfolgende fünfte Kapitel rückt dagegen die Implikationen dieser Bewertung, insbesondere die ökonomische Interpretation der Ausführungsschwellen V^* / V^{**} in den Vordergrund. Der Wert der Limit Order und das Bewertungsmodell sollen zur Charakterisierung der Trade-offs der Liquiditätsdimensionen genutzt werden.

Bevor die Determinanten des Wertes der Limit Order im Detail untersucht werden, lassen sich erste Schlüsse bereits aus der Größenordnung des Wertes der kostenlosen Handelsoption ziehen. Betrachtet man eine limitierte Order mit Limitpreis 100 € für 5000 Einheiten eines Wertpapiers, dessen Fundamentalwert 100 € beträgt und eine geschätzte künftige annuisierte Standardabweichung von 0,15 aufweist, so beläuft sich der Wert dieser Order auf etwa 500 €. Da das Gesamtvolumen der Order, in diesem Beispiel also 500.000 €, einen elementaren Einfluss auf den Wert der Limit Order besitzt, erscheint es zweckmäßig, statt des absoluten Wertes der Order ihren relativen Wert zu betrachten. Im vorliegenden Fall beträgt dieser etwa 10 Basispunkte (bp) des Ordervolumens. Die nachfolgenden grafischen Darstellungen der Bewertungsergebnisse berücksichtigen die niedrigen absoluten Werte der kostenlosen Handelsoption. Ihr Wert wird daher im Folgenden stets ins Verhältnis zum fundamentalen Wert gesetzt und in bp angegeben.[289] Dies erleichtert die Gegenüberstellung der Optionswerte für Limit Orders unterschiedlicher Ordervolumina.

4.6.2 Konvergenzeigenschaften des Binomialmodells

Im Folgenden wird die aus dem Binomialmodell gewonnene Bewertung bezüglich ihrer Konvergenzeigenschaften untersucht und dabei der Lösung der

---

[289] Die Vorteile der relativen Darstellung wurden im zweiten Kapitel angesprochen.

CHACKO/JUREK/STAFFORD (2008) - Differentialgleichung gegenübergestellt. Zunächst wird der Einfluss der Schrittanzahl im Binomialmodell auf den Wert einer Limit Order betrachtet. Abbildung 25 stellt die Konvergenz der relativen Werte limitierter Kauforders unterschiedlicher Geltungsdauern dar. Die gestrichelte Linie gibt zusätzlich die Lösung des stetigen Modells mit unendlicher Geltungsdauer an.[290] Dabei wird der relative Wert der Order, $l = \frac{L(Q)}{V \cdot Q}$ in Basispunkten angegeben.

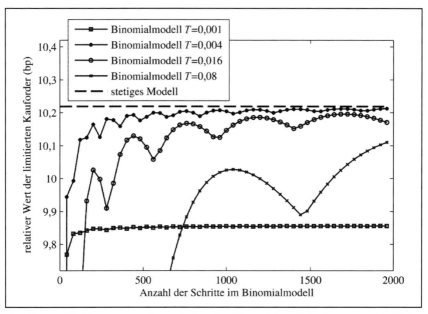

Abbildung 25: Konvergenzeigenschaften des Binomialmodells für unterschiedliche Geltungsdauern

Aus der Abbildung wird zunächst ersichtlich, dass die Kauforder mit der kürzesten Geltungsdauer ($T = 0,001 \hat{=} 2$ Stunden) am schnellsten auf einen konstanten Wert konvergiert. Der Optionswert liegt unter den Werten der längeren Laufzei-

---

[290] Die Modellparameter betragen im vorliegenden Fall: $V = 100$, $K = 100$, $Q = 5000$, $\sigma^{ann} = 0,15$, $r^{ann} = 0,05$, $\lambda^{buy} = 1$. Die betrachteten Geltungsdauern sind in Jahren angegeben. Unter der Annahme, dass das Wertpapier an 250 Tagen im Jahr für jeweils 8 Stunden täglich gehandelt wird entsprechen sie Geltungsdauern von 2 Stunden, 8 Stunden, 4 Tagen und 20 Tagen.

ten und verdeutlicht, dass kurze Restlaufzeiten den Optionswert verringern. Dieser Zusammenhang wird im nachfolgenden Abschnitt gesondert untersucht. Die Graphen der drei längeren Restlaufzeiten zeigen, das in der Literatur bereits mehrfach dokumentierte ‚sawtooth patern'. Die Konvergenz verläuft nicht monoton, sondern weist ein gezacktes Profil auf.[291]

Bereits ab einer Restlaufzeit von 8 Stunden ist eine Konvergenz gegen die Lösung des stetigen Modells mit unendlicher Laufzeit erkennbar, die in der Abbildung gestrichelt dargestellt ist. Die beiden längsten Restlaufzeiten konvergieren ebenfalls gegen die Lösung des stetigen Modells, jedoch deutlich langsamer. Dies ist in Abbildung 26 erkennbar, die die Konvergenz der beiden Orders mit den längsten Geltungsdauern für höhere Schrittzahlen im Binomialmodell darstellt.

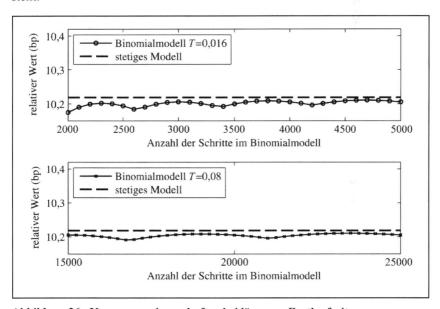

Abbildung 26: Konvergenzeigenschaften bei längeren Restlaufzeiten

---

[291] Diese ungleichmäßige Konvergenz ist typisch für die Bewertung von Optionen mit Hilfe des Binomialmodells. Vgl. hierzu die Beispiele bei COPELAND/WESTON/SHASTRI (2007), S. 234 f. oder HIGHAM (2011), S. 176–178. OMBERG (1987) zeigt, dass eine gleichmäßige Konvergenz nicht durch eine geeignete Wahl der Parametrisierung des Binomialmodels erreicht werden kann.

Mit der Erhöhung der Schrittanzahl n im Binomialmodell und der damit einhergehenden Verkürzung der einzelnen Zeitintervalle Δt nähert sich die Lösung immer weiter der Lösung der CHACKO/JUREK/STAFFORD(2008)-Differentialgleichung an. Im oberen Teil von Abbildung 26 entsprechen 4.000 Schritte bei einer Laufzeit von 4 Handelstagen einer Schrittlänge von etwa 30 sec. Für eine Laufzeit von 20 Handelstagen (unterer Teil von Abbildung 26) sind für eine so kurze Schrittlänge bereits etwa 20.000 Schritte notwendig.

Es wird deutlich, dass sich die Ergebnisse des Binomialmodells in zwei Punkten von der stetigen Lösung unterscheiden. Zum einen kann das Binomialmodell den Wert der Limit Order bei besonders kurzen Restlaufzeiten erfassen und auf diese Weise die Ergebnisse des stetigen Ansatzes ergänzen. Zudem wird der Einfluss der Schrittanzahl ersichtlich. Trotz abnehmender Bewertungsgenauigkeit ist erkennbar, dass längere Abstände zwischen zwei möglichen Handelszeitpunkten zu geringeren Optionswerten führen. Die fehlende jederzeitige Handelbarkeit (d.h. diskrete Handelszeitpunkte statt einer jederzeitigen Handelsmöglichkeit) verringert somit den Wert der kostenlosen Handelsoption.

4.6.3   Einfluss der Geltungsdauer

Der Einfluss der Geltungsdauer der Limit Order auf ihre Bewertung wird insbesondere bei kurzen Restlaufzeiten deutlich. Aus Abbildung 27 wird ersichtlich, dass das Ergebnis des stetigen Modells für kurze Laufzeiten nicht mit den Ergebnissen des Binomialmodells übereinstimmt.[292] Erst bei Laufzeiten von einigen Stunden führen beide Modellformulierungen zu vergleichbaren Ergebnissen. Kürzere Gültigkeitsdauern können den Wert der Limit Order entscheidend verringern.

---

[292]   Da die Berechnungen mit einer hohen Schrittanzahl von 5.000 durchgeführt wurden, ist die Abweichung nicht auf die diskrete Struktur zurückzuführen. Vielmehr kann das stetige Modell annahmegemäß keine kurzen Restlaufzeiten abbilden.

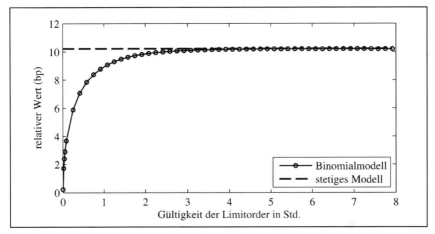

Abbildung 27: Einfluss der Geltungsdauer auf die Bewertung der Limit Order

Mit steigender Gültigkeitsdauer einer Order erhöht sich ihr Optionswert bis an den Punkt, an dem er dem Optionswert einer Order aus dem stetigen Modell entspricht. Die Gültigkeitsdauer, ab der kein Unterschied zwischen den Werten der zeitlich beschränkten Limit Order und der ewig laufenden Limit Order feststellbar ist, variiert dabei mit der Wahrscheinlichkeit der Oderausführung durch order flow der entgegengesetzten Marktseite. Je geringer diese Wahrscheinlichkeit, umso langsamer konvergiert die Lösung des Binomialmodells gegen die Lösung des stetigen Modells. Diese Wahrscheinlichkeit wird sowohl im stetigen Modell als auch im Binomialmodell durch die Größe der Order und den order flow Parameter λ determiniert. Ihr Einfluss ist Gegenstand des folgenden Abschnittes.

4.6.4 Order flow und Ordervolumen

Ein weiterer Parameter, der besondere Beachtung verdient, ist die Ordergröße bzw. der order flow Parameter λ. Beide bestimmen im vorliegenden Modell die Ausführungswahrscheinlichkeit der Order durch stochastischen order flow. Der relative Optionswert einer limitierten Order erhöht sich mit steigendem Ordervolumen und abnehmendem order flow. In Abbildung 28 ist die Abhängigkeit des Optionswertes vom Ordervolumen bei konstantem order flow und für verschiedene Gültigkeitsdauern der Limit Order dargestellt.

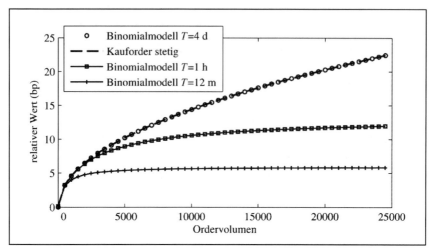

Abbildung 28: Relativer Optionswert in Abhängigkeit des Ordervolumens

Es ist zu erkennen, dass der Einfluss des Ordervolumens auf den relativen Wert der Limit Order abnimmt, je kürzer die Gültigkeit der Order gewählt wird. Bei einer Gültigkeitsdauer von vier Tagen ist kein Unterschied zum stetigen Modell mit ewiger Laufzeit erkennbar. Bei kürzeren Restlaufzeiten verringert sich der Einfluss des Ordervolumens auf den Optionswert, da der Market Maker in diesem Fall nicht davon profitieren kann, dass eine größere Order nur mit geringer Wahrscheinlichkeit durch den order flow der Marktgegenseite ausgeführt wird.

4.6.5   Einfluss der Varianz

Im dritten Kapitel wurde gezeigt, dass die Kursschwankungen des gehandelten Wertpapiers eine Voraussetzung für die Entstehung der kostenlosen Handelsoption darstellen. Die Bedeutung der Volatilität für den Optionswert soll im Folgenden verdeutlicht werden. Abbildung 27 stellt die Auswirkung der Volatilität auf den Optionswert dar. Je riskanter das Underlying, umso höher ist der Wert einer darauf platzierten Limit Order. Das Modell bestätigt somit die Überlegungen des dritten Kapitels zum Einfluss der Varianz auf den Wert der kostenlosen Handelsoption.

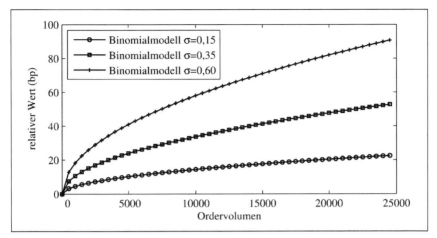

Abbildung 29: Einfluss der Varianz auf den Wert der Limit Order

4.7   Kritische Würdigung des Bewertungsansatzes

Der im vierten Kapitel vorgestellte Bewertungsansatz überführt die Überlegungen des dritten Kapitels in einen Modellrahmen und ermöglicht so eine Bewertung von Limit Orders auf der Grundlage der Optionsanalogie. Auf Basis der Eigenschaften des gehandelten Wertpapiers, der Charakteristika der Limit Order sowie des order flows lässt sich der kostenlosen Handelsoption ein monetärer Wert zuordnen, der entweder absolut betrachtet werden kann oder aber in Relation zum Wert des gehandelten Wertpapiers. Bevor der auf diese Weise bestimmte Wert und das Bewertungsmodell im fünften Kapitel zur Bestimmung der Trade-offs der Liquiditätsdimensionen eingesetzt werden, sollen die Annahmen und Grenzen des Bewertungsansatzes kritisch gewürdigt werden.

Die Bewertung von Limit Orders erfordert zusätzliche Annahmen, die die Optionspreistheorie um liquiditätsbezogene Aspekte erweitern. Insbesondere wird die Möglichkeit zur sofortigen Durchführung von Transaktionen für einige Marktteilnehmer eingeschränkt. Unter diesen Annahmen zur Marktstruktur kann eine Übertragung der Optionspreistheorie auf limitierte Orders nur unter zusätzlichen Annahmen hinsichtlich der Risikopräferenzen des Inhabers der kostenlosen Handelsoption erfolgen. Im Modell ist dies ein monopolistischer Market Maker. Da eine Replikation der Zahlungsströme der kostenlosen Handelsoption auf Grund ihres drohenden Unterganges nicht möglich ist, erfolgt die Replikation des Nutzens. Unter zusätzlicher Beachtung vorzeitiger Ausübungsmöglichkeiten ermöglicht diese Vorgehensweise die Bestimmung des Optionswertes der betrachteten Limit Orders.

Die Annahme, dass ein monopolistischer Market Maker einer Vielzahl von Anlegern gegenübersteht, erfasst zu einem gewissen Grad die Realität. Auf realen Wertpapiermärkten interagiert eine überschaubare Anzahl von Market Makern und Hochfrequenzhändlern mit einer deutlich größeren Gruppe von Kapitalmarktteilnehmern. Spezialisten können dabei von einer schnelleren Anbindung an die Handelssysteme profitieren. Dabei handeln sie häufig kurzfristig und profitmaximierend, ohne dass eine langfristige Investition vorgesehen ist. Ein Großteil der übrigen Kapitalmarktteilnehmer verfolgt hingegen längerfristige Anlagestrategien. Hinsichtlich der Liquiditätsversorgung liegen zwar keine monopolistischen Strukturen vor, jedoch kann der Geschwindigkeitsvorteil einiger Marktteilnehmer zumindest im sehr kurzfristigen Bereich einer Alleinstellung im Markt gleichkommen. Das modellierte Marktumfeld findet sich in der Realität am ehesten bei Ping Destinations wieder, die im dritten Kapitel dieser Arbeit behandelt wurden.[293]

Die notwendigen Bewertungsannahmen lassen sich sowohl in einem diskreten Binomialmodell als auch in einem zeitstetigen Modell umsetzen. Die beiden vorgestellten Modellvarianten unterscheiden sich jedoch in einigen Gesichtspunkten. Neben der diskreten und stetigen Struktur liegen die Unterschiede in der Annahme bezüglich der Geltungsdauer der Orders. Während das stetige Modell eine unendliche Geltungsdauer vorgibt, kann diese im Binomialmodell individuell festgelegt werden. Die beiden vorgestellten Modellalternativen führen zu weitgehend identischen Ergebnissen. Die geschlossene Bewertungsgleichung des stetigen Modells ermöglicht eine unmittelbare Bestimmung des Optionswertes. Allerdings können den Annahmen entsprechend nur Limit Orders bewertet werden, die in ihrer Geltungsdauer unbeschränkt sind. Dass der Optionswert für kurze Geltungsdauern erwartungsgemäß sinkt, kann mit Hilfe des Binomialmodells gezeigt werden. Aufgrund der unterschiedlichen Annahmen zur Handelsfrequenz scheint das Binomialmodell mit seinen diskreten Handelszeitpunkten eher in der Lage zu sein, die Eigenschaften besonders illiquider Wertpapiere zu erfassen. Im nächsten Kapitel werden beide Modellalternativen genutzt, um die Trade-offs der Liquiditätsdimensionen zu charakterisieren.

Die Erfordernisse an die berücksichtigten Modellvariablen sind relativ gering. Unproblematisch sind die Größen, die durch die Orderspezifikation vorgegeben werden. Dazu gehören der Limitpreis, der dem Basiskurs der Option entspricht, sowie das Ordervolumen. Die Schätzung weiterer Modellvariablen wie der Volatilität des Underlyings oder des risikolosen Zinssatzes ist bereits aus der Optionspreistheorie bekannt. Besonderheiten ergeben sich beim Fundamentalwert, der im Rahmen der Bewertung von Finanzoptionen eine unproblematische Größe darstellt, während das vorgestellte Modell hohe Ansprüche an die Genauigkeit dieses Wertes stellt. Mögliche Größen wie der letzte Transaktionspreis, Geld- oder Briefkurse oder auch der Mittelpunkt der Geld-Brief-Spanne enthalten bereits liquiditätsbezogene Informationen. Die Bestimmung der Liquiditäts-

---

[293] Ein wesentlicher Unterschied besteht darin, dass im Modell auch eine verzögerte Ausführung der Orders möglich ist. Vgl. auch Abschnitt 3.2.4.3 dieser Arbeit.

eigenschaften eines Wertpapiers mit dem vorgestellten Modell erfordert zudem die Schätzung des order flow Parameters λ^i und der funktionalen Abhängigkeit des erwarteten Ausführungszeitpunkts vom Ordervolumen. Beides erfordert den Rückgriff auf Transaktionsdaten. Aus der Beobachtung von häufig realisierten/gehandelten Ordergrößen kann die gesamte Mengen-Struktur abgeleitet werden und für die implizite Bestimmung der Order-Ankunftsrate verwendet werden.[294]

---

[294] Vgl. CHACKO/JUREK/STAFFORD (2008), S. 1275.

5 Implikationen des Modells für die Trade-offs der Liquiditätsdimensionen

5.1 Grundüberlegungen und Agenda

Nachdem die Bewertung der Limit Order im Binomialmodell sowie in stetiger Zeit adressiert wurde, kann die Bedeutung des Optionswertes kostenloser Handelsoptionen für die Dimensionen der Wertpapierliquidität untersucht werden. Die Implikationen aus der Untersuchung der Optionseigenschaften limitierter Orders ermöglichen damit nicht lediglich die Bewertung kostenloser Handelsoptionen, sondern sollen zu einer simultanen Betrachtung mehrerer Liquiditätsdimensionen und ihrer Trade-offs ausgeweitet werden. Im Folgenden wird zwischen zwei aufeinander aufbauenden, weiterführenden Fragestellungen unterschieden.

Zunächst werden die Bedingungen untersucht, die den Market Maker dazu veranlassen, die Limit Order sofort zur Ausführung zu bringen. Dabei handelt es sich um einen gesuchten Limitpreis K in Abhängigkeit von orderbezogenen Charakteristika, Eigenschaften des gehandelten Wertpapiers und Marktvariablen.[295] Nach einer ökonomischen Betrachtung und Interpretation dieser Ausführungsschwellen wird ihre Bestimmung im Binomialmodell und im stetigen Fall adressiert. Abschließend wird die Abhängigkeit dieser Größe von den übrigen Modellvariablen betrachtet.[296] Da die Zeitdimension in diesem Fall auf die sofortige Ausführung fixiert ist, stellt das Ergebnis eine vereinfachte Betrachtung des Preis-Volumen-Trade-offs der Wertpapierliquidität auf Grundlage der Optionspreistheorie dar.

Aufbauend auf diesen Erkenntnissen wird als weiterführende Fragestellung die Möglichkeit einer verzögerten Orderausführung untersucht. Dabei soll analysiert werden, wie die Wahrscheinlichkeit einer verzögerten Ausführung von den Ordereigenschaften abhängt. Da sich dabei die Ausführungswahrscheinlichkeit auf einen Zeitraum bezieht, werden die bisherigen Betrachtungen so um die Zeitdi-

---

[295] Dabei können insbesondere unterschiedliche order flows auf der Angebots- und Nachfrageseite betrachtet werden.

[296] Dies entspricht dem Trade-off der Preis-Volumen Dimension in der Sofortigkeitsebene.

mension der Wertpapierliquidität erweitert.[297] Die Analyse erfolgt zunächst getrennt für das Binomialmodell und die stetige Umsetzung und wird im Rahmen der Determinantenanalyse wieder zusammengeführt. Die gewonnenen Erkenntnisse werden schließlich zusammengetragen und ermöglichen eine dreidimensionale Betrachtung der Wertpapierliquidität und ihrer Trade-offs im Sinne der Überlegungen des zweiten Kapitels dieser Arbeit. Es wird gezeigt, dass die Optionseigenschaften limitierter Orders die Trade-off Beziehungen der Liquiditätsdimensionen in Abhängigkeit von wertpapierbezogenen Eigenschaften sowie Marktvariablen charakterisieren können.[298]

---

[297] Eine verzögerte Ausführung ist stets auch mit dem Risiko verbunden, dass gar keine Ausführung erfolgt. Da dies den Erwartungswert der Ausführungsdauer ins Unendliche treibt, kann die Analyse der Zeitdimension nur unter Beachtung der Ausführungswahrscheinlichkeiten erfolgen.

[298] Der Preisabschlag/Preisvorteil bei erzwungener oder freiwilliger Wartezeit ist abhängig von der Volatilität des Underlyings, dem order flow und weiteren Marktvariablen.

5.2   Sofortige Ausführung

5.2.1   Sofortige Ausführung aus ökonomischer Sicht

Im Rahmen des im vierten Kapitels vorgestellten Modells wurden zwei Arten von Agenten betrachtet: Anleger und Market Maker. Nimmt man an, dass die Gruppe der Anleger bezüglich ihrer Liquiditätspräferenzen heterogen ist, sodass unterschiedlich geduldige Anleger existieren, so kann der Einfluss unterschiedlicher Liquiditätspräferenzen auf die Höhe der abgegebenen Limitgebote untersucht werden. Während im vierten Kapitel also die Bewertung der Order durch den Market Maker im Mittelpunkt stand, wird vorliegend auf die Implikationen dieses Wertes aus Anlegersicht abgestellt. Diese können den Optionswert der aufgegebenen Order beeinflussen und auf diese Weise ihre Liquiditätspräferenzen umsetzen. Ihre Entscheidung ist dabei eine Antizipation des Optimierungskalküls des Market Makers, die wiederum durch die Marktlage, insbesondere die Volatilität und den order flow, beeinflusst wird.

Ungeduldige Anleger, d. h. solche Anleger, die unabhängig vom order flow eine sofortige Ausführung ihres Handelswunsches fordern, stellen einen Spezialfall der Betrachtung dar.[299] Sie weisen die höchstmögliche Liquiditätspräferenz auf und sind darauf angewiesen, dass der Market Maker ihre Order ausführt, da nur dieser unabhängig vom order flow eine sofortige Ausführung der Order garantieren kann. Seine Bereitschaft zur sofortigen Orderausführung können die Anleger durch die Optionseigenschaften der Limit Order beeinflussen, insbesondere durch die Wahl des Limitgebots K, das aus Sicht des Market Makers dem Basispreis der kostenlosen Handelsoption entspricht.

Ein gewählter Limitpreis K garantiert immer dann die sofortige Ausführung der Order, wenn die sofortige Ausführung in $t = 0$ die optimale Strategie des Market Makers darstellt.[300] Gesucht ist daher ein Limitpreis K, der die im Limitgebot

---

[299]   Im Rahmen der weiterführenden Betrachtung in Abschnitt 5.3 wird die Geduld eines Anlegers als die von ihm akzeptierte Nichtausführungswahrscheinlichkeit α erfasst. Einem vollständig ungeduldigen Investoren kann eine akzeptierte Nichtausführungswahrscheinlichkeit von $\alpha = 0$ zugeordnet werden.

[300]   Der optimale Ausführungszeitpunkt aus Sicht des Market Makers kann als Stoppzeit interpretiert werden. Wird die sofortige Ausführung betrachtet, so bedeutet dies, dass das kritische Limitgebot K^* gesucht wird, bei dem $\tau^* = 0$ die optimale Stoppzeit darstellt.

enthaltene Option derart werthaltig macht, dass sich Optionswert und innerer Wert der Option entsprechen, während ihr Zeitwert Null beträgt. Aus Sicht der Anleger spiegelt der innere Wert der Option in diesem Fall die Kosten wider, die aufgebracht werden müssen, um eine sofortige Transaktionsmöglichkeit zu erhalten.[301] Sowohl für Kauf- als auch für Verkaufsorders lässt sich ein Preis bestimmen, der den Market Maker zur sofortigen Ausführung dieser Orders veranlasst.

Auf realen Wertpapiermärkten stellen Geld- und Briefkurse die Preise für eine sofortige Ausführung dar. Insofern können die Ausführungsschwellen des Modells aus ökonomischer Perspektive als Geld- und Briefkurse interpretiert werden. Die Differenz der Schwellen für die sofortige Ausführung von Kauf- und Verkaufsorders entspricht folglich der Geld-Brief-Spanne.[302] Im Folgenden wird daher der Limitpreis einer sofort ausführbaren Verkaufsorder K^{Geld} als Geldkurs bezeichnet. Analog entspricht ein Limitgebot K^{Brief}, ab dem eine Kauforder sofort ausgeführt wird, einem Briefkurs. Die beiden folgenden Abschnitte behandeln die Bestimmung der beiden Größen im Binomialmodell sowie im Rahmen einer zeitstetigen Betrachtung.

5.2.2 Sofortige Ausführung im Binomialmodell

5.2.2.1 Einperioden Fall

Die Bestimmung der gesuchten Schwellen und ihrer Determinanten soll zunächst anhand des Einperiodenfalls des Binomialmodells verdeutlicht werden. Für diese Betrachtung gelten daher die Annahmen aus Abschnitt 4.2. In diesem engen Rahmen kann zunächst der mögliche Wertebereich für den Geldkurs K^{Geld} und den Briefkurs K^{Brief} durch ökomische Überlegungen eingeschränkt werden.[303] Eine sofortige Ausführung einer Verkaufsorder mit einem Limitpreis oberhalb des fundamentalen Wertes V ist aus Sicht des Market Makers stets unvorteilhaft. Zugleich ist ein Limitgebot $K^{\text{Geld}} \leq v \cdot d$ aus Anlegersicht irratio-

---

[301] Vgl. CHACKO/JUREK/STAFFORD (2008), S. 1261.

[302] Gemäß der Annahmen des Modells stellen diese Kurse keine Kompensation des Market Makers für etwaige Inventory Risiken dar, sondern sind ein Ausdruck seiner Fähigkeit, kostenlose Handelsoptionen optimal auszunutzen.

[303] Dieser Zwischenschritt ermöglicht im Folgenden eine Analyse ohne Fallunterscheidung, die sich ansonsten aus der Maximalwertbedingung ergeben würde.

nal, da ein solches Gebot die noch unsichere negative Entwicklung mit Sicherheit vorwegnimmt. Für eine Verkaufsorder müssen daher lediglich Limitpreise $v \cdot d \leq K^{\text{Geld}} \leq v$ betrachtet werden. Für die Kauforder ergibt sich nach entsprechender Überlegung $v \leq K^{\text{Brief}} \leq v \cdot u$.

Nach dieser ersten Eingrenzung kann die Kursschwelle für die sofortige Ausführung näher bestimmt werden. Im Binomialmodell ergibt sich diese durch den Vergleich des inneren Wertes der kostenlosen Handelsoption und der Handlungsalternative, die kostenlose Handelsoption eine weitere Periode zu halten und sich dabei der Gefahr eines möglichen Untergangs der Order auszusetzen. Bei Betrachtung lediglich einer Periode, lässt sich die kritische Schwelle analytisch bestimmen. Die Bedingung des Market Makers für eine sofortige Ausführung einer limitierten Verkaufsorder lautet:

$$v - K^{\text{Geld}} \geq L^{\text{sell}}$$

Unter Beachtung von Formel (4-7), die den Wert der Limit Order L^{sell} im Einperiodenfall angibt, lässt sich die Bedingung wie folgt darstellen:

$$v - K^{\text{Geld}} \geq \frac{1-\pi}{1+r}\left[q_u \cdot \max\left(0, vu - K^{\text{Geld}}\right) + q_d \cdot \max\left(0, vd - K^{\text{Geld}}\right)\right]$$

Für den bereits eingegrenzten Wertebereich des gesuchten Geldkurses $v \cdot d \leq K^{\text{Geld}} \leq v$ vereinfacht sich der Ausdruck weiter zu[304]

$$v - K^{\text{Geld}} \geq \frac{1-\pi}{1+r}\left[q_u \cdot \left(vu - K^{\text{Geld}}\right)\right]$$

---

[304] Aufgrund von $v \cdot d \leq K^{\text{Geld}} \leq v$ gilt ebenfalls $K^{\text{Geld}} \leq v \cdot u$.

Aus Sicht eines Anlegers, der eine sofortige Ausführung (hier: sofortiger Verkauf) nachfragt, entspricht der gesuchte Geldkurs K^{Geld} dem aus Sicht des Market Makers höchsten zulässigen Kurs. Nach einer Umformung ergibt sich dieser wie folgt:

$$K^{\text{Geld}} = V \cdot \frac{(1+r) - q_u u(1-\pi)}{(1+r) - q_u(1-\pi)} \qquad (5\text{-}1)$$

Analog lässt sich der Briefkurs K^{Brief} mit Hilfe der Bewertungsgleichung einer limitierten Kauforder ermitteln.[305] In diesem Fall führt die Ausgangsbedingung $K^{\text{Brief}} - V \geq L^{\text{buy}}$ zum gesuchten Ausdruck für K^{Brief}:

$$K^{\text{Brief}} = V \cdot \frac{(1+r) - q_d d(1-\pi)}{(1+r) - q_d(1-\pi)} \qquad (5\text{-}2)$$

Ein alternativer Zugang zur Ermittlung der kritischen Kursschwellen liegt in einem Vergleich des untergangsbedrohten inneren Wertes der Option mit ihrem erwarteten Wertzuwachs im Falle einer Nichtausführung. Anstatt des Gesamtwertes werden hierbei lediglich die Wertzuwächse betrachtet. Im Folgenden wird diese Überlegung anhand der Kauforder nachvollzogen. Im eingegrenzten Wertebereich $v \cdot d \leq K^{\text{Geld}} \leq v$ und unter der Vereinfachung $r = 0$ ergibt sich der untergangsbedrohte innere Wert einer Kauforder zu:[306]

$$(K - v) \cdot (1 - q_d) + (K - v) q_d \pi =$$
$$= (K - v) \cdot \left[1 - q_d \cdot (1 - \pi) \right]$$

Der Ausdruck berücksichtigt den Wertverlust im Falle einer Aufwärtsbewegung des Basiswertes und die Wahrscheinlichkeit des Untergangs der Order. Der auf diese Weise berechnete untergangsbedrohte Wert kann dem erwarteten Wertzu-

---

[305] Vgl. Formel (4-6).

[306] Falls V steigt, geht unter der weiterhin gültigen Bedingung $v \leq K^{\text{Brief}} \leq v \cdot u$ der gesamte innere Wert verloren. Sinkt V dagegen, so geht der innere Wert nur mit der Wahrscheinlichkeit π unter.

wachs der Option bei Nichtausübung gegenübergestellt werden. Für den betrachteten Wertebereich und $r = 0$ ist dieser unabhängig vom gewählten Limitpreis K und beträgt:[307]

$$q_d \cdot (v - vd) \cdot (1 - \pi) \qquad (5\text{-}3)$$

In Abbildung 30 wird die Ermittlung des Briefkurses im Einperiodenfall grafisch veranschaulicht. Dargestellt ist der Verlauf des untergangsbedrohten inneren Wertes in Abhängigkeit vom anfänglichen inneren Wert $(K - v)$. Bei $K = v$ beträgt der innere Wert und somit auch der untergangsbedrohte innere Wert Null. Für $K > v$ steigen beide Größen linear an, wobei der langsamere Anstieg des untergangsbedrohten inneren Wertes widerspiegelt, dass dieser nur in bestimmten Umweltzuständen verloren geht. Der erwartete Wertzuwachs der Option verläuft unter den getroffenen Annahmen gemäß Ausdruck (5-3) konstant. Der Briefkurs K^{Brief} ergibt sich grafisch im Schnittpunkt der Funktion des untergangsbedrohten inneren Wertes mit dem erwarteten Wertzuwachs der Option.

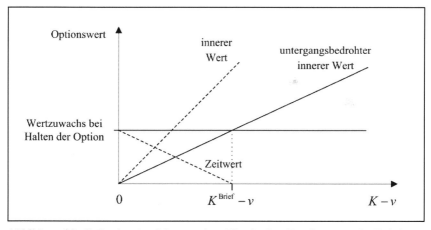

Abbildung 30: Sofortige Ausführung einer Kauforder (Bestimmung des Briefkurses)

---

[307] Die Erhöhung des inneren Wertes ist nicht von K abhängig, da $v \le K^{\text{Brief}}$ gilt.

Ergänzend ist auch der Verlauf des Zeitwertes in Abhängigkeit des inneren Wertes dargestellt. Bei einem inneren Wert von Null entspricht dieser dem erwarteten Wertzuwachs und verringert sich im gleichen Ausmaß, wie der untergangsbedrohte innere Wert der kostenlosen Handelsoption ansteigt. Die Limit Order wird sofort ausgeübt, wenn ihr untergangsbedrohter innerer Wert mindestens dem erwarteten Wertzuwachs bei Halten der Option bis zur nächsten Periode entspricht. Der Zeitwert der Option ist in diesem Fall Null. Das Gleichsetzen der Ausdrücke (5-3) und (5-4) führt nach Umformung zu

$$K^{\text{Brief}} = V \cdot \frac{1 - q_d d(1 - \pi)}{1 - q_d(1 - \pi)}$$

und entspricht damit Ausdruck (5-2) unter der Annahme $r = 0$. Beide Lösungsansätze für den Einperiodenfall lassen sich jedoch nur bedingt auf den Mehrperiodenfall übertragen, der im folgenden Abschnitt behandelt wird.

5.2.2.2 n-perioden Fall

Im Folgenden gelten die Annahmen des Abschnitts 4.4.2, in welchem die Bewertung der Limit Order im n-Periodenfall behandelt wurde. Grundsätzlich kann im Rahmen der Bestimmung der Ausführungsschwellen im n-Periodenfall auf die gleiche Bedingung wie im Einperiodenfall zurückgegriffen werden. Der pay-off der sofortigen Ausführung wird mit dem erwarteten pay-off bei späterer Ausführung verglichen. Ersterer entspricht dem inneren Wert der Option, während der erwartete pay-off bei späterer Ausführung dem gesamten Optionswert entspricht. Im Rahmen der Bestimmung des Optionswertes limitierter Orders im vierten Kapitel wurde deutlich, dass dieser nur algorithmisch bestimmt werden kann. Aus diesem Grund ist eine analytische Bestimmung der Sofortigkeitspreise im n-Periodenfall ebenfalls nicht möglich, jedoch kann bei der Ermittlung auf numerische Methoden zurückgegriffen werden.[308]

Die Bestimmung der gesuchten $t = 0$ Ausführungsschwellen im n-Periodenfall des Binomialmodells setzt die Kenntnis über den Wert der kostenlosen Han-

---

[308] Der Verlauf der optimalen Ausführungsschwelle ist im Binomialmodell bei höherer Schrittanzahl nicht konstant und wird zu einem späteren Zeitpunkt adressiert.

delsoption voraus. Für jeden Limitpreis K ist ein Vergleich zwischen dem pay-off bei sofortiger Ausführung der Limit Order in t_0 ($K - V_0$ bzw. $V_0 - K$) und dem Wert der Limit Order unter der Bedingung, dass die Ausführung in $t = 0$ unzulässig ist, $L^i \left[(K) \mid \tau \neq 0 \right]$ möglich.[309] Ist der innere Wert höher als der Wert bei Halten der Option, so garantiert der gewählte Limitpreis K eine sofortige Ausführung.[310] Ist der Wert bei Halten der Option höher als der innere Wert, findet keine sofortige Ausführung statt. Eine sofort ausführbare Order muss demnach die folgende Bedingung erfüllen:

$$K - V_0 = L^{buy} \left[(K) \mid \tau \neq 0 \right] \text{ im Fall einer Kauforder}$$

$$V_0 - K = L^{sell} \left[(K) \mid \tau \neq 0 \right] \text{ im Fall einer Verkaufsorder}$$

$$(5\text{-}4)$$

Vorliegend soll das Auffinden der gesuchten Kursschwellen mit Hilfe eines numerischen Ansatzes demonstriert werden. Hierzu wird anhand einer Kauforder die Differenz $F(K) = (K - V_0) - L^{buy} \left[(K) \mid \tau \neq 0 \right]$ betrachtet. Diese gibt an, wie weit der pay-off bei sofortiger Ausführung und der Optionswert der Limit Order auseinander liegen. Die Werte der Limit Order L^{buy} können hierfür mit Hilfe des in Abschnitt 4.4.2 dargestellten Algorithmus bestimmt werden. Mit steigendem K verläuft die Funktion monoton steigend, da $L^i \left[(K) \mid \tau \neq 0 \right]$ aufgrund des möglichen Untergangs langsamer ansteigt als der innere Wert $(K - V_0)$. Abbildung 31 skizziert den Verlauf der Funktion.

---

[309] Der pay-off bei sofortiger Ausführung berücksichtigt damit auch negative Realisationen und entspricht nicht dem inneren Wert der Option. Zur möglichen Interpretation als „negativer innerer Wert" vgl. auch Abschnitt 3.2.3.2 dieser Arbeit. Für den Wert bei Halten der Option gilt dagegen wie gewohnt $L^i \left[(K) \mid \tau \neq 0 \right] \geq 0$. Mit τ wird die Stoppzeit des Prozesses bezeichnet. Eine detaillierte Behandlung folgt in Abschnitt 5.3.2.

[310] Aus Sicht der Anleger ist jedoch nur das höchste (niedrigste) Limitgebot optimal.

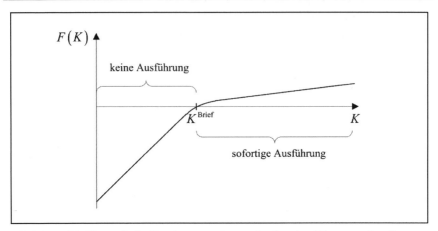

Abbildung 31: Numerische Bestimmung der optimalen Ausführungsschwelle

Positive Funktionswerte geben den Bereich an, in dem eine sofortige Ausführung der Kauforder aus Sicht des Market Makers optimal ist. Der resultierende Zeitwert der kostenlosen Handelsoption in Abhängigkeit des Limitgebots ergibt sich als $\max\left[-F(K),0\right]$. Funktionswerte größer Null implizieren einen Zeitwert von Null. Negative Funktionswerte implizieren einen positiven Zeitwert der Option und machen das Halten der Option zur optimalen Strategie. Der gesuchte Limitpreis K^{Brief} entspricht dem niedrigsten Limitgebot, bei dem der Zeitwert der Option Null beträgt und fällt folglich mit der Nullstelle der Funktion $F(K)$ zusammen.[311]

Die gesuchte Nullstelle kann ohne Kenntnis des gesamten Verlaufs der Funktion durch Iteration, beispielsweise mittels linearer Interpolation bestimmt werden.[312] Eine iterative Bestimmung des gesuchten Wertes kann ausgehend von einem zufällig gewählten Limitpreis K erfolgen. Ist die Bedingung (5-4) nicht erfüllt, kann die verbleibende Differenz, die durch die Funktion $F(K)$ gegeben ist, zur Schätzung eines neuen Limitpreises K_{neu} herangezogen werden und in eine erneute Auswertung der Differenz $\left(K_{\text{neu}}-V_0\right)-L^{\text{buy}}\left[\left(K_{\text{neu}}\right)|\tau\neq0\right]$ einfließen. Diese Vorgehensweise kann wiederholt werden, bis die ermittelte Differenz eine

---

[311] Für den gesuchten Briefkurs muss $F\left(K^{\text{Brief}}\right)=0$ gelten, da der pay-off bei sofortiger Ausführung bei diesem Limitgebot dem Wert bei Halten der Option entspricht.

[312] Auf eine Darstellung des Verfahrens wird in dieser Arbeit verzichtet.

festgelegte Toleranzschwelle unterschreitet, und ermöglicht so die iterative Bestimmung des gesuchten Limitpreises. Dieser kann im Anschluss in die relativen Kosten sofortiger Ausführung umgerechnet werden. Die Ergebnisse dieser Vorgehensweise werden gemeinsam mit den Ergebnissen des stetigen Modells diskutiert, dessen Erläuterung den Gegenstand des nachfolgenden Abschnittes bildet.

5.2.3   Sofortige Ausführung im stetigen Modell

Im Rahmen der Herleitung der Bewertungsgleichung für die Limit Order wurden in Abschnitt 4.5.2 des vierten Kapitels mit V^* und V^{**} bereits geschlossene Ausdrücke für die Schwellen der optimalen Ausführung der Verkaufs- und Kauforder aus Sicht des Market Makers abgeleitet.[313] Dort stellten sie die notwendigen Nebenbedingungen für die Lösung der Differentialgleichung dar. Diese Ergebnisse können direkt für die Analyse der Schwellen der sofortigen Ausführung im stetigen Modell verwendet werden. Anleger können ihre Gebote entsprechend dieser Schwellen wählen. Im Falle der Kauforder ist es für den Market Maker optimal, die im limitierten Verkaufsgebot enthaltene Option auszuüben, wenn der fundamentale Wert die Grenze V^{**} erreicht. Im Falle der Verkaufsorder stellt V^* die maßgebliche Schwelle dar:[314]

$$V^* = K \cdot \frac{\Omega^+\left(\lambda^{\text{buy}}\right)}{\Omega^+\left(\lambda^{\text{buy}}\right) - 1}$$

$$V^{**} = K \cdot \frac{\Omega^-\left(\lambda^{\text{sell}}\right)}{\Omega^-\left(\lambda^{\text{sell}}\right) - 1}$$

Um unter diesen Nebenbedingungen eine sofortige Ausführung zu garantieren, ist das Limitgebot K^{Geld} bzw. K^{Brief} so zu wählen, dass bereits der aktuelle Wert des Wertpapiers V_t der aus der Sicht des Market Makers notwendigen Grenze

---

[313] Vgl. Abschnitt 4.5 dieser Arbeit sowie die Ausdrücke (4-35) und (4-43).

[314] Die folgende Darstellung der Kosten sofortiger Ausführung im stetigen Modell folgt CHACKO/JUREK/STAFFORD (2008), S. 1260–1262.

V^* bzw. V^{**} entspricht. Der Geldkurs bestimmt sich auf der Basis einer limitierten, sofort ausführbaren Kauforder:[315]

$$K^{\text{Geld}}(Q) = V_t \cdot \frac{\Omega^-\left(\lambda^{\text{sell}}\right) - 1}{\Omega^-\left(\lambda^{\text{sell}}\right)} \qquad (5\text{-}5)$$

Entsprechend führt die Betrachtung einer limitierten, sofort ausführbaren Verkaufsorder zum Briefkurs:

$$K^{\text{Brief}}(Q) = V_t \cdot \frac{\Omega^+\left(\lambda^{\text{buy}}\right) - 1}{\Omega^+\left(\lambda^{\text{buy}}\right)} \qquad (5\text{-}6)$$

Aus diesen beiden absoluten Kurswerten können die relativen Kosten einer sofortigen Ausführung in geschlossener Form bestimmt werden.[316] Für den sofortigen Kauf des Wertpapiers ergibt sich:

$$\frac{K^{\text{Geld}}(Q) - V_t}{V_t} = -\frac{1}{\Omega^-\left(\lambda^{\text{sell}}\right)} \qquad (5\text{-}7)$$

Die relativen Kosten eines sofortigen Verkaufs betragen:

$$\frac{K^{\text{Brief}}(Q) - V_t}{V_t} = -\frac{1}{\Omega^+\left(\lambda^{\text{buy}}\right)} \qquad (5\text{-}8)$$

---

[315] Vgl. CHACKO/JUREK/STAFFORD (2008), S. 1262.

[316] Wie im zweiten Kapitel erläutert, ermöglicht nur eine relative Betrachtung von Transaktionskosten einen Vergleich unterschiedlicher Wertpapiere.

Im Gegensatz zum Binomialmodell lassen sich die Sofortigkeitspreise im stetigen Fall also explizit als eine Funktion der Integrationskonstante $\Omega\pm$ bestimmen. Gemäß Formel (4-29) bestimmt sich Ω wie folgt:

$$\Omega\pm\left(\lambda^i\right)=\left(\frac{1}{2}-\frac{r}{\sigma^2}\right)\pm\sqrt{\left(\frac{1}{2}-\frac{r}{\sigma^2}\right)+\frac{2\left[r+\lambda^i(Q)\right]}{\sigma^2}}$$

Bevor im nächsten Abschnitt die Determinanten der Sofortigkeitskosten ausführlich behandelt werden, lassen sich anhand dieses Ausdrucks die wesentlichen Einflussgrößen verdeutlichen. Folgt man CHACKO/JUREK/STAFFORD (2008) und vereinfacht diesen unter der Annahme, dass die risikofreie Rendite aufgrund ihres marginalen Einflusses vernachlässigt werden kann, dann ergibt sich $\Omega\pm$ als:

$$\Omega\pm\left(\lambda^i\right)\approx\pm\frac{\sqrt{2\lambda^i(Q)}}{\sigma} \tag{5-9}$$

Damit sind die relativen Kosten der Sofortigkeit proportional zur Quadratwurzel der erwarteten Zeitdauer, die bis zum Eintreffen einer entgegengesetzten Order der Größe Q verstreicht und stehen in linearer Abhängigkeit zur Standardabweichung des gehandelten Wertpapiers.[317] Der Verlauf der relativen Kosten der Sofortigkeit wird maßgeblich davon beeinflusst, welcher Zusammenhang zwischen der Ordergröße und der Order-Ankunftsrate besteht. Der folgende Abschnitt bietet eine detaillierte Behandlung der Determinanten der Sofortigkeitskosten.

5.2.4   Determinanten der Sofortigkeitskosten

Im folgenden Abschnitt werden die Determinanten der Kosten für eine sofortige Ausführung gemäß beider Modellformulierungen betrachtet. Die Berechnungen führen dabei im Wesentlichen zu identischen Ergebnissen. Während sich im vierten Kapitel der Einfluss der unterschiedlichen Annahmen bezüglich der Gültigkeitsdauer der Order in den ermittelten Optionswerten der Limit Order

---

[317] Vgl. CHACKO/JUREK/STAFFORD (2008), S. 1262.

widerspiegelt, ist dies bei der Analyse der Kosten sofortiger Ausführung nicht der Fall. Insbesondere bei ausreichend hohen Schrittzahlen führt das Binomialmodell zu vergleichbaren Ergebnissen. Der fehlende Einfluss kürzerer Gültigkeitsdauern folgt bereits aus der untersuchten Fragestellung, da bei sofortiger Ausführung von Orders ihre ursprünglich festgelegte Gültigkeit keine Relevanz mehr besitzt.

Diese Betrachtung stellt einen Schritt zur Charakterisierung der Trade-offs zwischen den Liquiditätsdimensionen dar. Zwar ist die Zeitdimension auf den Zustand sofortiger Ausführung beschränkt, jedoch wird deutlich, wie die Optionseigenschaften von Orders die Liquidität des gehandelten Wertpapiers charakterisieren können. Dabei lassen sich zwei grundlegende Zusammenhänge verdeutlichen. Zum einen lässt sich der Einfluss der Ordergröße auf die relativen Kosten der Sofortigkeit bestimmen. Zum anderen kann die Abhängigkeit dieser Kosten von der Order-Ankunftsrate betrachtet werden. In beiden Fällen lässt sich der Einfluss der Volatilität des Wertpapiers auf die jeweils untersuchte Beziehung verdeutlichen.

Bezüglich der Beziehung zwischen Ordergröße und Sofortigkeitskosten ergeben sich zwei wesentliche Aussagen aus dem Modell:

- Die relativen Sofortigkeitskosten steigen mit zunehmender Ordergröße, jedoch nicht linear.
- Sie steigen, wie bereits anhand der Formel (5-9) erläutert, entsprechend der Wurzel des Ordervolumens.

Abbildung 32 verdeutlicht diesen Zusammenhang.[318]

---

[318] Vgl. hierzu CHACKO/JUREK/STAFFORD (2008), S. 1264 f.

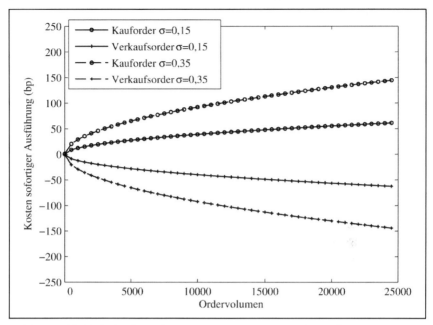

Abbildung 32: Relative Sofortigkeitspreise in Abhängigkeit des Ordervolumens

Dargestellt sind die Kosten sofortiger Ausführung für Kauf- und Verkaufsorders, jeweils für zwei unterschiedliche Volatilitäten. Der optionsbasierte Ansatz wird durch den Einfluss der fundamentalen Volatilität auf die Ergebnisse erkennbar. Wie Optionswerte steigen auch die Kosten sofortiger Ausführung mit steigender Volatilität an, da sie den Zeitwert der kostenlosen Handelsoption und somit auch den Ausübungspreis, zu dem eine sofortige Ausführung optimal ist, erhöhen.[319] Bei einer Volatilität $\sigma = 0$ ist im betrachteten Modell keine Prämie notwendig, um sofortige Ausführung durch den Market Maker zu erreichen.[320]

Das Modell kann ebenfalls den Einfluss der Order-Ankunftsrate auf die Kosten der Sofortigkeit verdeutlichen. Da ankommende Orders zunächst gegen beste-

---

[319] Je höher der Optionswert, umso größer ist der Abstand zwischen Fundamentalwert und dem Preis, bei dem der Market-Maker zu einer sofortigen Ausführung bereit ist.

[320] In der Realität lassen sich die niedrigsten Geld-Brief-Spannen bei kurzlaufenden Staatspapieren höchster Bonität beobachten. Da deren Werte in geringem Ausmaß von makroökonomischen Faktoren abhängen, ist auch hier eine (wenn auch extrem niedrige) Geld-Brief-Spanne zu beobachten.

hende Orders ausgeführt werden, stellt eine Erhöhung des order flows zusätzliche Konkurrenz für den Market Maker dar. Im Falle unendlich hoher Order-Ankunftsraten steht der Market Maker einem derart hohen Wettbewerb gegenüber, dass er seine Marktstellung nicht mehr ausnutzen kann. Mit sinkenden Ankunftsraten sind Anleger dagegen immer stärker auf die Dienste des Market-Makers angewiesen und es kommt zu einer Ausweitung der Geld-Brief-Spanne. Versiegt der Orderfluss vollständig, besitzt der Market Maker die Möglichkeit, beliebig hohe (niedrige) Preise festzulegen, da er in diesem Fall seine monopolistische Stellung voll ausnutzen kann. Abbildung 33 verdeutlicht die Auswirkung des order flow auf die Sofortigkeitspreise.[321]

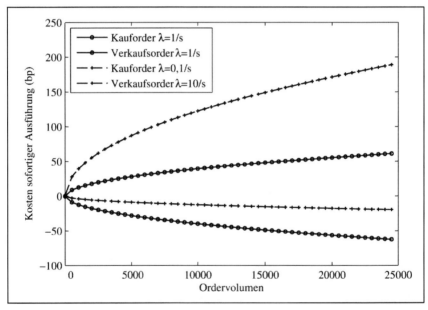

Abbildung 33: Symmetrischer und asymmetrischer order flow

In der Ausgangssituation ($\lambda = 1/s$) liegt ein symmetrisches Angebots-Nachfrage Profil vor. Die Kosten der Sofortigkeit sind entsprechend ebenfalls symmetrisch und der Mittelpunkt der Geld-Brief-Spanne entspricht dem fundamentalen Wert

---

[321] Vergleiche zu diesem Zusammenhang auch CHACKO/JUREK/STAFFORD (2008), 1266–1268.

des gehandelten Wertpapiers. Zusätzlich wird eine asymmetrische Angebots-Nachfrage-Situation dargestellt, die die Veränderung der Liquiditätskosten bei „Liquiditäts-Events" beschreibt. Diese liegen vor, wenn sich die Order-Ankunftsrate verändert.

Vorliegend ist eine Erhöhung der Order-Ankunftsrate gegenüber Verkaufsorders und eine gesunkene Orderankunftsrate gegenüber Kauforders dargestellt.[322] Die Abbildung verdeutlicht die Verschiebung der Sofortigkeitskosten für diesen Fall. Den Kauforders steht im gewählten Beispiel ein niedrigerer order flow aus Verkaufsorders gegenüber. Die Kosten sofortiger Ausführung steigen. Verkaufsorders stehen einem hohen Strom von Kauforders gegenüber und die Kosten sofortiger Ausführung verringern sich. Die Folge ist eine asymmetrische Kosten-Volumen-Struktur bei sofortiger Ausführung. Dies verdeutlicht, dass der Mittelpunkt der Geld-Brief-Spanne nicht zwingend einen zuverlässigen Indikator für den fundamentalen Wert darstellt. Würden sich Marktteilnehmer in diesem Fall am Mittelpunkt der Geld-Brief-Spanne orientieren, dann würde der asymmetrische order flow zu einer Anpassung der Wertvorstellungen führen.[323]

---

[322] Andere Anleger platzieren also verstärkt Kauforders, während die Anzahl der Verkaufsorder zurückgeht.

[323] Vgl. hierzu auch BRUNNERMEIER/PEDERSEN (2009).

5.3   Verzögerte Ausführung

5.3.1   Einführendes Beispiel

Der folgende Abschnitt analysiert die Eigenschaften von Limit Orders jenseits sofortiger Ausführung und adressiert damit die Zeitdimension der Wertpapierliquidität im Rahmen des vorgestellten Modells. Zur Einführung soll das Zweiperiodenbeispiel des vierten Kapitels aufgegriffen und fortgeführt werden. Dort wurde der Wert einer limitierten Verkaufsorder bestimmt und es wurde deutlich, dass das gewählte Limitgebot nicht zu einer Ausführung der Order durch den Market Maker in $t = 0$ führt.[324]

Die Annahmen des binomialen Kursprozesses lauten dabei unverändert $K = 95$, $V_0 = 100$, $u = 1,1$, $d = 0,9$ und die Wahrscheinlichkeit des stochastischen Untergangs der Limit Order beträgt $\pi = 0,2$. Die risikofreie Rendite liegt vereinfachend bei $r = 0$. Ergänzend zu den bisherigen Annahmen sei mit $\mu = 0,05$ der Erwartungswert der Rendite des gehandelten Wertpapiers gegeben. Mit Hilfe der expliziten Angabe des Renditeerwartungswertes μ lassen sich neben den risikoadjustierten Wahrscheinlichkeiten $q_u = q_d = 0,5$ auch die realen Eintrittswahrscheinlichkeiten der beiden Umweltzustände bestimmen. Die reale Wahrscheinlichkeit eines Kursanstiegs beträgt $p_u = 0,75$, während ein fallender Kurs mit Wahrscheinlichkeit $p_d = 0,25$ zu erwarten ist.[325]

Der Wert der Limit Order in $t = 0$ beträgt in diesem Beispiel $6,64$ und übersteigt damit ihren inneren Wert in $t = 0$ i. H. v. 5. Der gewählte Limitpreis von 95 garantiert somit keine sofortige Ausführung und führt zu der Frage, ob die Order zu einem späteren Zeitpunkt ausgeführt wird.[326] Falls dies der Fall ist, so sind die Wahrscheinlichkeiten der Ausführung und die erwartete Zeitdauer bis zur Ausführung von Interesse für die Charakterisierung der Zeitdimension der Wertpapierliquidität. Im Folgenden wird zunächst die Wahrscheinlichkeit einer Ausführung der Order in späteren Perioden betrachtet. Da die tatsächliche Aus-

---

[324] Vgl. Abschnitt 4.4.1 dieser Arbeit.

[325] Diese   realen   Eintrittswahrscheinlichkeiten   folgen   aus   der   Bedingung $p_u \cdot u + p_d \cdot d = 1 + \mu$.

[326] Ein späterer Ausführungszeitpunkt ist dabei nur unter der Annahme möglich, dass die Order bis zum Ende des Modellzeitraums (hier: zwei Perioden) unverändert fortbesteht.

führungswahrscheinlichkeit der Order gesucht ist, werden bei ihrer Bestimmung die realen Eintrittswahrscheinlichkeiten der Umweltzustände verwendet und nicht die risikoadjustierten Wahrscheinlichkeiten.[327]

Die Analyse umfasst die Betrachtung der nachfolgenden Zeitpunkte und prüft, ob bestimmte Kursrealisationen von V zu einer Ausführung der Order führen. Ist dies der Fall, so stoppt die Betrachtung des jeweiligen Pfades und die nachfolgenden, nicht mehr erreichbaren Kursrealisationen werden nicht mehr betrachtet. Abbildung 34 stellt den Binomialbaum für den Zweiperiodenfall dar, wobei nicht erreichbare Pfade mit gestrichelten Pfeilen gekennzeichnet werden. Diese Pfade verlaufen durch mindestens einen Knotenpunkt, in dem es bereits in einer früheren Periode zu einer Orderausführung durch den Market Maker kommt.[328]

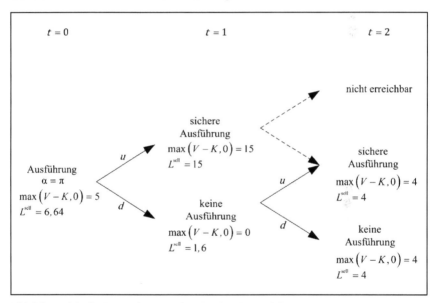

Abbildung 34: Orderausführung im Zweiperiodenfall

---

[327] Die risikoadjustierten Wahrscheinlichkeiten haben weiterhin Bedeutung, da sie für die Bewertung der Order ausschlaggebend sind und damit die kritische Ausführungsschwelle bestimmen.

[328] Der Market Maker führt die Order immer dann aus, wenn die Bedingungen der sofortigen Ausführung erfüllt sind. Diese Bedingungen wurden im vorhergehenden Abschnitt dieser Arbeit behandelt.

Die Ausführungswahrscheinlichkeit der Order zu den drei betrachteten Zeit-punkten setzt sich aus der Wahrscheinlichkeit der Ausführung durch den Market Maker und durch den stochastischen order flow zusammen. Da in $t = 0$ keine Ausführung seitens des Market Makers erfolgt, beträgt die Ausführungs-wahrscheinlichkeit dort genau π.[329] In $t = 1$ kommt es zu einer sicheren Ausfüh-rung wenn das Underlying steigt, da der innere Wert der kostenlosen Handelsop-tion in diesem Fall den gesamten Optionswert ausmacht. Wenn der fundamentale Wert sinkt, erfolgt keine Ausführung, da das limitierte Verkaufs-gebot sogar über dem fundamentalen Wert liegt.[330] Die Wahrscheinlichkeit, dass die Order in $t = 1$ ausgeführt wird, falls sie bis dahin besteht, entspricht somit der Wahrscheinlichkeit einer Aufwärtsbewegung und beträgt 0,75. Die kumu-lierte Ausführungswahrscheinlichkeit einer Ausführung bis einschließlich $t = 1$ beträgt $(1 - 0,2) \cdot 0,75 + 0,2 = 0,8$. In $t = 2$ sind mit dd und du nunmehr nur noch zwei der drei Knotenpunkte erreichbar. Bei einer Aufwärtsbewegung erfolgt eine Ausführung durch den Market Maker, bei einer Abwärtsbewegung dagegen nicht. Die reale Wahrscheinlichkeit eines positiven Umweltzustandes beträgt erneut 0,75. Die bedingte Wahrscheinlichkeit einer Ausführung in $t = 2$ (falls noch unausgeführt) beträgt erneut 0,75. Die kumulierte Wahrscheinlichkeit einer Ausführung bis $t = 2$ ist folglich $(1 - 0,8) \cdot 0,75 + 0,8 = 0,95$. Die Ergebnisse sind in der nachfolgenden Tabelle zusammengefasst. Ausführungen durch order flow (of) und Market Maker (MM) sind mit kleingestellten Symbolen gekenn-zeichnet.

---

[329] Eine Ausführung ist in diesem Fall nur durch entgegengesetzten order flow möglich.

[330] Zu diesem Preis sind weder der Market Maker, noch andere Marktteilnehmer (order flow) zu einer Ausführung bereit.

	order flow: $p_{of}(\tau=t \mid \tau \geq t)$	Market Maker: $p_{MM}(\tau=t \mid \tau \geq t)$	gesamt: $p(\tau=t \mid \tau \geq t)$	genau t: $p(\tau=t)$	bis t: $p(\tau \leq t)$
$t=0$	0,2	0	0,2	0,2	0,2
$t=1$	0,15	0,6	0,75	0,6	0,8
$t=2$	0,15	0,6	0,75	0,15	0,95

Tabelle 16:   Ausführungswahrscheinlichkeiten im Zweiperiodenfall

$p(\tau=t \mid \tau \geq t)$ gibt die bedingte Wahrscheinlichkeit einer Ausführung in Zeitpunkt t an, soweit keine vorherige Ausführung stattgefunden hat. Aus der bedingten Ausführungswahrscheinlichkeit kann die unbedingte Ausführungswahrscheinlichkeit einer Ausführung im Zeitpunkt t bestimmt werden, wenn die Wahrscheinlichkeit des Eintrittes der Bedingung bekannt ist:

$$p(\tau=t) = p(\tau=t \mid \tau \geq t) \cdot \left[1 - p(\tau<t) \right] \qquad (5\text{-}10)$$

Die unbedingten Ausführungswahrscheinlichkeiten mehrerer Perioden können zu $p(\tau \leq t)$, als Wahrscheinlichkeit einer Ausführung bis zu einem Zeitpunkt t, kumuliert werden:[331]

$$p(\tau \leq T) = \sum_{t=0}^{T} p(\tau=t) \qquad (5\text{-}11)$$

Das Beispiel verdeutlicht die Bedeutung des Limitgebotes für die Wahrscheinlichkeit einer Orderausführung in späteren Perioden und führt zur Wahrscheinlichkeitsverteilung der Ausführungsdauer. Innerhalb des Gesamtzeitraumes kommt es mit einer Wahrscheinlichkeit von 95% zu einer Ausführung der Order. Zu 5% bleibt die Order unausgeführt. Die Möglichkeit, dass eine Order bis zum Ende ihrer Gültigkeit nicht ausgeführt wird, hat weitreichende Konsequenzen für die Analyse der Zeitdimension der Wertpapierliquidität. Immer dann,

---

[331] Ausdruck (5-11) gilt bei der Betrachtung der gesamten Geltungsdauer einer Order bis $t=T$.

wenn keine Ausführung in $t = 0$ stattfindet, verbleibt eine Order mit einer positiven Wahrscheinlichkeit auch während ihrer restlichen Gültigkeitsdauer unausgeführt. Der Erwartungswert der Ausführungswahrscheinlichkeit wird somit unendlich und ist in dieser Form nicht mehr ökonomisch zu interpretieren. Dies bedeutet, dass sich die Zeitdimension der Wertpapierliquidität nicht ausschließlich als Zeitintervall angeben lässt. Dennoch lässt sie sich wie im vorherigen Beispiel anhand der Kombination aus der Zeitspanne (Geltungsdauer der Order) und der Ausführungswahrscheinlichkeit während dieser Zeitspanne charakterisieren. Die gleichzeitige Erfassung der Zeitdimension und der Ausführungswahrscheinlichkeit bilden die Voraussetzung für eine modellgestützte Charakterisierung der Zeitdimension. Im Folgenden soll die Bestimmung von Ausführungswahrscheinlichkeiten im allgemeineren n-Periodenfall betrachtet werden.

5.3.2   Optimale Ausführung im n-Periodenfall als Stoppzeit

Die optimale Ausführung der Limit Order aus Sicht des Market Makers ergibt sich aus der Abwägung zwischen dem untergangsbedrohten Gesamtwert der Option und dem aktuellen inneren Wert. Der Market Maker entscheidet sich für oder gegen die vorzeitige Ausführung der in der Limit Order enthaltenen Option.[332] Der Zeitpunkt dieser vorzeitigen Ausführung einer Limit Order wird im Folgenden als Stoppzeit bezeichnet. Bezogen auf das betrachtete Binomialmodell mit Periodenzahl T ist eine Stoppzeit $\tau \in \{t, t+1, ..., T\}$ eine vom Kursverlauf V_t abhängige Zufallsvariable, die angibt, wann die Limit Order durch den Market Maker ausgeführt wird. Eine zulässige Ausführungsstrategie $\tau = t^*$ darf dabei lediglich auf Informationen über den realisierten Kursprozess V_t für $0 \leq t \leq t^*$ zurückgreifen.[333] Der Market Maker wählt die optimale Stoppzeit τ^* aus der Menge der zulässigen Stoppzeiten so aus, dass sein Nutzenerwartungswert maximiert wird.[334]

---

[332]   Die Bedingungen wurden in den Abschnitten 4.4.2 und 5.2.2 dargestellt.

[333]   Eine in die Martingaltheorie eingebettete Darstellung von Stoppzeiten findet sich bei LAMBERTON/LAPEYRE (1996) S. 17–28 oder auch SHREVE (2004), S. 96–100. Die hier gewählte informellere Definition lehnt sich an HIGHAM (2011), S. 180 an.

[334]   Vgl. ebenfalls SHREVE (2004), S. 97.

Die Kenntnis der optimalen Stoppzeiten in Abhängigkeit des Kursverlaufes stellt die Voraussetzung für die Bestimmung der Ausführungswahrscheinlichkeit einer Order dar. Ihre Bestimmung hängt im vorliegenden Modell mit dem Erreichen der Ausführungsschwellen zusammen. Diese stellen im Modellzeitraum eine Barriere dar, deren Berührung durch den binomialen Kursprozess die Ausführung durch den Market Maker auslöst. Die Berechnung der Ausführungswahrscheinlichkeiten im n-Periodenfall erfordert deshalb zunächst die Bestimmung des Barriereverlaufs. Im folgenden Abschnitt werden hierzu zunächst die wesentlichen Eigenschaften der gesuchten Barriere analysiert.

5.3.3   Verlauf der Barriere

Die Bestimmung der Stoppzeiten und Ausführungswahrscheinlichkeiten erfolgt im Folgenden auf Basis der optimalen Ausübungsgrenze.[335] Eine Ausübungsgrenze unterteilt die Menge aller möglichen Kursentwicklungen in eine Ausführungsregion und eine Halteregion. Die Ausführungsregion gibt die Werte von V an, bei denen eine sofortige Ausübung optimal ist. Liegt der Kurs dagegen in der Halteregion, ist es optimal zu warten.[336] Die linke Seite von Abbildung 35 skizziert den Verlauf der Barriere eines Puts (Kauforder). Auf der rechten Seite ist die Barriere eines Calls (Verkaufsorder) dargestellt.

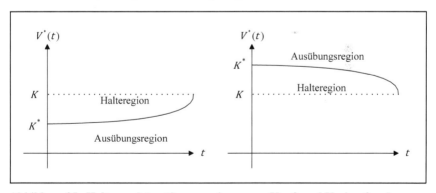

Abbildung 35: Halte- und Ausübungsregionen von Kauf- und Verkaufsorders

---

[335] Englisch: Early Exercise Boundary.

[336] In Anlehnung an Kwok (2008), S. 254 f. und Higham (2011), S. 179.

Für die Bestimmung der Ausführungswahrscheinlichkeit der Order im Binomialmodell ist die Kenntnis über den genauen Verlauf der Ausübungsgrenze notwendig. Die rekursive Vorgehensweise im Rahmen der Bewertung der Order erfordert in jedem Knotenpunkt eine Abwägung zwischen den beiden Handlungsalternativen und gibt diejenigen Knotenpunkte im Binomialgitter an, bei deren Erreichen die Ausführung aus Sicht des Market Makers zur optimalen Strategie wird. Der im vierten Kapitel erarbeitete Bewertungsalgorithmus lässt sich so modifizieren, dass die Knotenpunkte der Barriere ausgegeben werden. Gemeinsam ergeben diese Knotenpunkte den Verlauf der Ausübungsgrenze. Im Folgenden sind zunächst insbesondere die grundlegenden Charakteristika des Barriereverlaufs von Interesse, um die Vorgehensweise zur Bestimmung der Ausführungswahrscheinlichkeiten festzulegen. Diese könnte insbesondere dann vereinfacht werden, wenn von einem konstanten Barriereverlauf auszugehen ist. Dass dieser nicht gegeben ist, kann anhand der folgenden Überlegung nachvollzogen werden.

In der letzten Periode ($t = T$) wird die Limit Order in allen Zuständen mit positivem inneren Wert ausgeführt.[337] Dort wird die Grenze damit ausschließlich vom Limitpreis K und der Realisation des Zufallsprozesses Z beeinflusst. In allen früheren Zeitpunkten hängt die Entscheidung des Market Makers und damit der Verlauf der Grenze zusätzlich von der Untergangswahrscheinlichkeit π ab. Eine hohe Untergangswahrscheinlichkeit führt in allen Zeitpunkten $t < T$ dazu, dass bereits bei einem gering positiven inneren Wert eine Ausführung optimal wird, da der Anspruch auf diesen Wert bereits in der nächsten Periode verloren gehen könnte. Eine geringe Untergangswahrscheinlichkeit erlaubt es dagegen auf den nächsten Zeitpunkt zu warten, ohne Gefahr zu laufen, den angesammelten inneren Wert zu verlieren. Der Verlauf der Barriere ist daher von der Untergangswahrscheinlichkeit abhängig, wobei der Einfluss von π mit abnehmender Restlaufzeit abnimmt.

Der nicht konstante Verlauf der Ausführungsbarriere führt zur Frage nach der Art der Veränderungen des Barriereverlaufs. Dabei wird deutlich, dass die Veränderungen der Barriere zum einen monoton sind, d. h. der Barriereverlauf ist entweder immer fallend oder immer steigend. Diese Monotonität des Barriere-

---

[337] Der Zeitwert ist dort Null.

verlaufs ergibt sich aus dem abnehmenden Zeitwert der Option. Dieser muss an der Ausübungsgrenze dem ausfallbedrohten inneren Wert entsprechen. Beide sinken monoton mit abnehmender Restlaufzeit und führen zu einem monotonen Verlauf der Barriere. Zum anderen können Sprünge im Barriereverlauf ausgeschlossen werden, d. h. die Barriere verläuft stets zwischen angrenzenden Knotenpunkten. Sprünge können deshalb ausgeschlossen werden, da ein relevanter Barriereknoten immer über mindestens einen Pfad erreichbar sein muss, der nicht durch bisherige Barriereknoten führt.[338]

Im Folgenden werden diese Erkenntnisse über den Verlauf der Barriere anhand eines numerischen Beispiels grafisch veranschaulicht. Es wird zunächst eine Kauforder und der Verlauf der Barriere für drei unterschiedliche Untergangswahrscheinlichkeiten betrachtet. Die Modellparameter werden so gewählt, dass die Untergangswahrscheinlichkeit pro Periode 25%, 5% und 1% beträgt.[339] In jedem der drei Fälle wird mit Hilfe des modifizierten Bewertungsalgorithmus für jede Periode die Kursschwelle der optimalen Ausführung bestimmt, was zu drei unterschiedlichen Barriereverläufen führt. Die Ergebnisse sind in Abbildung 36 veranschaulicht.

---

[338] Ist dies nicht der Fall, so kann dieser Knotenpunkt selbst nicht erreicht werden und stellt somit keine denkbare Ausführungskurs/Zeitpunkt Kombination dar.

[339] Die unterschiedlichen Ausführungswahrscheinlichkeiten werden durch die Variation des Ordervolumens erreicht. Dieses beträgt im vorliegenden Beispiel 125.100 €, 701.500 € und 3.580.000 €.

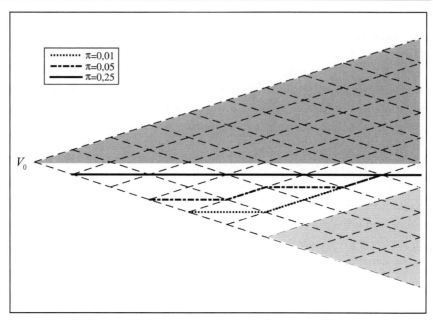

Abbildung 36: Charakteristika des Barriereverlaufs in Abhängigkeit der Untergangswahrscheinlichkeit

Es wird deutlich, dass die Barriere im Fall einer Kauforder konstant oder steigend verläuft. Ein konstanter Verlauf ist dabei lediglich bei sehr hohen Untergangswahrscheinlichkeiten (25%) zu beobachten. Niedrigere Untergangswahrscheinlichkeiten (0,05%, 0,01%) führen zu einer Verschiebung der Barriere in Richtung niedrigerer Kursrealisationen.

Die obige Darstellung soll dazu genutzt werden, weitere Eigenschaften des Barriereverlaufs zu verdeutlichen. Der Bereich der Wertpapierkurse V, in dem die Barriere verläuft, wird nach oben hin (dunkelgrauer Bereich) durch den Limitpreis K begrenzt. Dies ergibt sich aus der Bedingung, dass der innere Wert bei Ausführung größer Null sein muss. Nach unten wird der Bereich, in dem die Barriere liegen kann durch die hellgrau abgesetzte Fläche begrenzt. Diese enthält alle Knoten, in denen der Zeitwert der Option Null betragen muss, da diese dort bereits zu weit im Geld liegt. Ausgehend von diesen Kursrealisationen existieren lediglich Kurspfade, die in $t = T$ zu inneren Werten größer Null führen.[340] Da hierdurch das Recht, die Option im ungünstigen Fall verfallen zu lassen, keinen Wert mehr besitzt, ist eine vorherige Ausübung optimal.

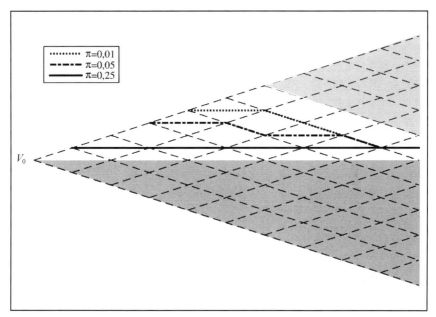

Abbildung 37: Barriereverlauf einer Verkaufsorder

Die Betrachtung einer Verkaufsorder in Abbildung 37 führt zu einem spiegelverkehrten Bild mit einem fallenden oder konstanten Barriereverlauf. Die Barrieren verlaufen oberhalb des Limitpreises K und verschieben sich für sinkenden Untergangswahrscheinlichkeiten π in Richtung höherer Kursrealisationen. Nachdem der Barriereverlauf charakterisiert wurde, kann im nächsten Abschnitt die Bestimmung der Ausführungswahrscheinlichkeiten erfolgen.

5.3.4   Ausführungswahrscheinlichkeit der Limit Order

Ausgangspunkt der Bestimmung von Ausführungswahrscheinlichkeiten ist die Bestimmung der Wahrscheinlichkeit, mit der ein Barriereknoten erreicht wird, ohne dass der Pfad bereits zuvor einen anderen Barriereknoten erreicht hat.

---

[340] In der Folge ergibt sich also ein symmetrisches Auszahlungsprofil.

Hierfür ist die Kenntnis über die Anzahl und Wahrscheinlichkeit derjenigen Pfade erforderlich, auf denen ein auf der Barriere liegender Knoten erreicht werden kann. Es handelt sich im vorliegend betrachteten Binomialmodell also um ein Zählproblem, bei dessen Lösung die im vorherigen Abschnitt erarbeiteten Eigenschaften des Grenzverlaufs genutzt werden können.[341] Da die Grenze nicht konstant verläuft, lässt sich das Reflektionsprinzip, das bei Zählproblemen dieser Art eine vereinfachte Lösung ermöglicht, nicht anwenden.[342] Auf der anderen Seite stellt der sprungfreie Grenzverlauf sicher, dass jeder Grenzknotenpunkt von jedem anderen Knotenpunkt auf mindestens einem Pfad zu erreichen ist. Zusätzlich kann auf Grund der Monotonität des Grenzverlaufs die Lage der relevanten Grenzknoten eingegrenzt werden. Je nachdem, ob eine Kauf- oder Verkaufsorder betrachtet wird, liegen diese entweder ober- oder unterhalb ihres Vorgängers. Auch ein stellenweise konstanter Verlauf ist möglich. Im Folgenden wird zunächst die Notation der Barriereknoten festgelegt.

In jedem Zeitpunkt t existieren genau $t+1$ Kursrealisationen (Knoten) des Wertpapiers. Knotenpunkte können durch ihre Lage im Binomialgitter eindeutig charakterisiert werden. Hierzu wird im Folgenden neben der Periode t eine ganzzahlige Variable j_t verwendet, die die Knotenpunkte in jedem Zeitpunkt nach der Höhe des fundamentalen Wertes des Underlyings ordnet. $j_t = 1$ bezeichnet den Knotenpunkt mit der höchsten Kursrealisation und $j_t = t+1$ den Knoten mit der niedrigsten Kursrealisation.[343] Zur Verdeutlichung dient Abbildung 38.

---

[341] Zählprobleme dieser Art treten typischerweise im Kontext der Optionsbewertung mit Hilfe von Binomialbäumen auf. Eine häufige Fragestellung ist dabei die Preisfindung von pfadabhängigen Optionen. Bei europäischen Optionen ist lediglich die Wahrscheinlichkeit von Interesse, mit der am Ende der Laufzeit bestimmte Kursrealisationen erreicht werden. Bei Optionen amerikanischen Typs wird der Binomialbaum wie im vorliegenden Fall rückwärts durchlaufen. Da hierbei der Wert der Option direkt bestimmt wird, entfällt das Zählproblem in der Regel. Im vorliegenden Fall ist die Ausführungswahrscheinlichkeit jedoch von besonderem Interesse, da es sich um eine Order handelt. Dabei ist die Wahrscheinlichkeit gesucht, mit der die Order innerhalb des betrachteten Zeitraums zur Ausführung kommt.

[342] Vgl. zur Anwendung des Reflexionsprinzips SHREVE (2004), S. 127–129 und zum Einsatz des Reflektionsprinzips bei der Bewertung europäischer Barrier Optionen SANDMANN (2010), S. 247–252.

[343] Die Variable j_t gibt damit die Ordnungszahl einer Kursrealisation innerhalb der Periode t an und nicht etwa die relative Lage der Kursrealisation im Vergleich zu V_0.

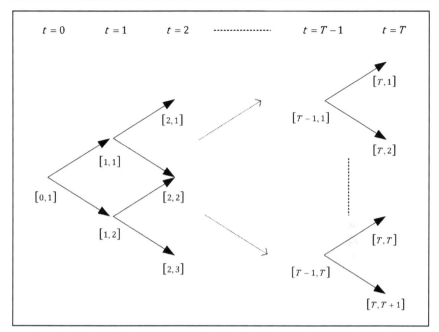

Abbildung 38: Notation im Binomialgitter

Da die Wahrscheinlichkeiten für das Auftreten einer Auf- und Abwärtsbewegung nicht identisch sind, ist es notwendig, zur Bestimmung der Ausführungswahrscheinlichkeit die Anzahl der jeweiligen Kursbewegungen in Abhängigkeit der Lage des Knotenpunktes zu bestimmen. Werden zwei Zeitpunkte i und t betrachtet, wobei $i < t$ gilt, so ergibt sich die Anzahl der Aufwärtsbewegungen, die nötig sind, um von Knoten $[i, j_i]$ aus einen Knoten $[t, j_t]$ zu erreichen als $(t - j_t) - (i - j_i)$. Beginnt der betrachtete Pfad in $i = 0$, dann ergibt sich die Zahl der Aufwärtsbewegungen vereinfacht als $(t - j_t) + 1$. Die Anzahl der notwendigen Abwärtsbewegungen ergibt sich in beiden Fällen als Differenz zwischen t und der Anzahl der Aufwärtsbewegungen.

Mit Hilfe dieser Notation wird im Folgenden die Wahrscheinlichkeit der Ausführung in Abhängigkeit des Barriereverlaufs bestimmt. Die Bestimmung erfolgt dabei abweichend vom einführenden Beispiel ohne Berücksichtigung der Ausführungsmöglichkeit durch order flow, d. h. es wird lediglich die Wahrscheinlichkeit einer Ausführung durch den Market Maker betrachtet. Diese

Vorgehensweise stellt zum einen die Vergleichbarkeit der Ergebnisse mit dem im Anschluss behandelten zeitstetigen Modell von CHACKO/JUREK/STAFFORD (2008) sicher. Andererseits ist eine formelle Bestimmung bei Einbeziehung des order flows nicht ohne weiteres möglich. Die Berücksichtung dieser Wahrscheinlichkeit erfordert die gleichzeitige Betrachtung einer weiteren bedingten Wahrscheinlichkeit, die davon abhängig ist, ob der gegenwärtige Kurs über oder unter dem Limitgebot liegt. Die Wahrscheinlichkeiten der Ausführung durch den order flow ist dann von insgesamt zwei Barrieren abhängig. Im Folgenden beschränken sich die Ausführungen auf die Bestimmung der Ausführungswahrscheinlichkeit durch den Market Maker.[344]

Zunächst lässt sich die Wahrscheinlichkeit angeben, mit der ein auf der Barriere liegender Knotenpunkt von $t = 0$ aus erreicht wird, ohne dass ein früherer Barriereknoten auf dem Pfad liegt.

Unter Rückgriff auf die Binomialverteilung ergibt sich:

$$p(\tau = t) = \left[\begin{array}{l} B_{t,p_u}(t - j_t + 1) - \\ -\sum_{i=0}^{t} p(\tau = i) \cdot B_{t-i,p_u}\left[(t - j_t) - (i - j_i)\right] \end{array} \right] \tag{5-12}$$

mit: $$B_{n,p}(k) = \binom{n}{k} \cdot p^k \cdot (1 - p)^{n-k}$$

Hierzu wird im ersten Teil des Ausdrucks die Wahrscheinlichkeit, einen auf der Barriere liegenden Knoten zu erreichen, ohne Rücksicht auf den bisherigen Verlauf der Barriere bestimmt. Im zweiten Teil des Ausdrucks wird diese um die Wahrscheinlichkeit, auf einigen Pfaden frühere Grenzknoten durchschritten zu haben, verringert. Da dabei die Kenntnis der Wahrscheinlichkeit der Ausführung in früheren Knoten $p_{(\pi=0)}(\tau = i)$ benötigt wird, ist eine periodenweise progressive Vorgehensweise bei der Bestimmung der Ausführungswahrscheinlichkeiten erforderlich. Zunächst wird also die Ausführungswahrscheinlichkeit im frühesten Knoten bestimmt und für die Berechnung der Ausführungswahrscheinlich-

---

keit im nächsten Barriereknoten verwendet. Dies wird fortgesetzt, bis der letzte Barriereknoten erreicht ist.

Die auf diese Weise für die einzelnen Zeitpunkte bestimmten Ausführungswahrscheinlichkeiten lassen sich im Anschluss kumuliert betrachten und ergeben die Wahrscheinlichkeit, dass die Order bis zu einem bestimmten Zeitpunkt durch den Market Maker ausgeführt wird.

$$p(\tau \leq T) = \sum_{t=0}^{T} p(\tau = t)$$

Die nachfolgende Abbildung veranschaulicht die ermittelten Ausführungswahrscheinlichkeiten der Order für unterschiedliche Barriereverläufe. Die Parameter des Modells wurden so gewählt, dass die Untergangswahrscheinlichkeit 0,01 bzw. 0,05 beträgt.[345] Die resultierenden Verläufe der Barriere führen zu verschiedenen Ausführungswahrscheinlichkeiten.

---

[345] Die unterschiedlichen Untergangswahrscheinlichkeiten gehen im vorliegenden Beispiel auf unterschiedliche Ordervolumina zurück. Vgl. auch die Hinweise zu Abbildung 36.

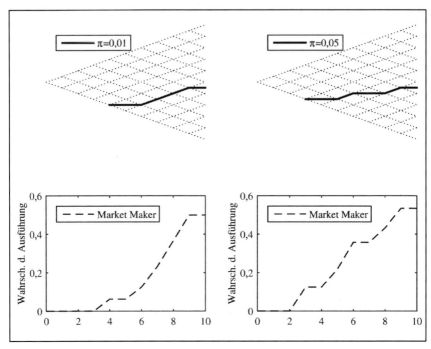

Abbildung 39: Ausführungswahrscheinlichkeit der Limit Order nach Perioden

Es wird deutlich, dass der Verlauf der Barriere die Wahrscheinlichkeitsverteilung der Ausführungszeitpunkte beeinflusst. Eine Erhöhung der Untergangswahrscheinlichkeit und die resultierende Verschiebung der Barriere in Richtung
höherer Kursrealisationen führen zu einer Verschiebung der Ausführungszeitpunkte auf frühere Perioden. Die Wahrscheinlichkeit der Ausführung im Ge-
samtzeitraum verändert sich nur leicht. Im nächsten Abschnitt wird die Bestimmung der Ausführungswahrscheinlichkeit im stetigen Fall untersucht.

5.3.5   Ausführungswahrscheinlichkeit im stetigen Modell

Auch im stetigen Modell lässt sich die Ausführungswahrscheinlichkeit einer
Order abbilden.[346] Wie die Überlegungen zum Binomialmodell gezeigt haben,
muss sich diese Wahrscheinlichkeit auf einen Zeitraum beziehen, der im Binomialmodell durch die Gültigkeitsdauer der Limit Order determiniert wurde.

---

[346] Vgl. hierzu im Folgenden CHACKO/JUREK/STAFFORD (2008), S. 1270–1273.

Gemäß den Annahmen des stetigen Modells ist die Geltungsdauer der Order jedoch unendlich, sodass die Festlegung eines Zeithorizonts notwendig wird. Mit α sei im Folgenden die Wahrscheinlichkeit einer Nichtausführung der Order in einem spezifizierten Zeitraum τ bezeichnet. Dieser Zeitraum kann als Entscheidungshorizont interpretiert werden und gibt an, nach welcher Zeit ein Gebot überprüft werden sollte.[347] Hierdurch kann er als eine individuelle Eigenschaft des Anlegers betrachtet werden.

Vollkommen ungeduldige Anleger können wie bislang durch die Bedingung α = 0 charakterisiert werden.[348] 1 − α gibt die Wahrscheinlichkeit einer Ausführung an. Der Zusammenhang zwischen dem gewählten Limitgebot K und der Ausführungswahrscheinlichkeit 1 − α innerhalb der Zeitspanne τ charakterisiert die Zeitdimension der Wertpapierliquidität.

Auch im stetigen Modell ist die Ausführung von der Nutzenmaximierung des Market Makers abhängig. Dieser führt eine Order immer und genau dann aus, wenn der Preisprozess des Underlyings eine bestimmte Barriere erreicht.[349] Dabei handelt es sich um die gleiche Schwelle, die auch für eine sofortige Ausführung relevant ist:

$$V_t = K^{\text{Geld}}(Q)_t \cdot \frac{\Omega^-\left(\lambda^{\text{sell}}\right)}{\Omega^-\left(\lambda^{\text{sell}}\right)-1} \qquad (5\text{-}13)$$

Da diese Schwelle unter den Annahmen des stetigen Modells konstant verläuft, muss die Wahrscheinlichkeit bestimmt werden, mit welcher der Kursprozess diese Schwelle erreicht. Anders formuliert, verlangt die obige Bedingung, dass das Minimum des Fundamentalwertes V_t im Zeitintervall $[t, t+\tau]$ mit einer Wahrscheinlichkeit von 1 − α dem Wert $K^{\text{Geld}}(Q)_t \cdot \frac{\Omega^-(\lambda^{\text{sell}})}{\Omega^-(\lambda^{\text{sell}})-1}$ entspricht oder darunter liegt.

---

[347] Vgl. CHACKO/JUREK/STAFFORD (2008), S. 1271.

[348] Sie hängt von den Informationskosten ab. Dabei ist anzunehmen, dass niedrige Informationskosten zu kurzen Zeiträumen führen. Hohe Informationskosten führen zu einer selteneren Aktualisierung der eigenen Preisvorstellungen.

[349] Vgl. Abschnitte 4.5.2 und 5.2.3.

Eine formale Darstellung dieser Bedingung führt zu:

$$\text{Prob}\left\{ \min V_h \le K^{\text{Geld}}(Q)_t \cdot \frac{\Omega^-\left(\lambda^{\text{sell}}\right)}{\Omega^-\left(\lambda^{\text{sell}}\right)-1}, h \in [t, t+\tau] \right\} \tag{5-14}$$

Um den gesuchten Limitpreis in Abhängigkeit von der Nichtausführungs-wahrscheinlichkeit zu bestimmen, kann auf die Annahmen des stetigen Wert-prozesses des gehandelten Wertpapiers zurückgegriffen werden. Dieser folgt annahmegemäß einer geometrisch brownschen Bewegung der Form $\frac{dV_t}{V_t} = \mu dt + \sigma dZ_t$.[350] Gesucht ist die Wahrscheinlichkeitsverteilung des laufenden Minimums dieses Prozesses. Für ein Minimum $M^*(\tau) = \min\limits_{0 \le \tau \le T} V(\tau)$ und eine Barriere $y \ge 0$ gilt:

$$P\left(M^*(\tau) \le -y\right) = +\overline{N}\left(\frac{y + \left(\mu - \frac{\sigma^2}{2}\right) \cdot \tau}{\sigma\sqrt{\tau}}\right) +$$

$$+ \exp\left(\frac{-2y \cdot \left(\mu - \frac{\sigma^2}{2}\right)}{\sigma^2}\right) \cdot \overline{N}\left(\frac{y - \left(\mu - \frac{\sigma^2}{2}\right) \cdot \tau}{\sigma\sqrt{\tau}}\right) \tag{5-15}$$

mit: $\overline{N}(x) = 1 - N(x) = N(-x)$

Der hier betrachtete Kursprozess beginnt bei V. Deshalb muss die Schwelle y relativ zu V angegeben werden:

$$y = -\ln\left(\frac{K^{\text{Geld}}}{V_t} \frac{\Omega^-\left(\lambda^{\text{sell}}\right)}{\Omega^-\left(\lambda^{\text{sell}}\right)-1}\right) \tag{5-16}$$

---

[350] Vgl Abschnitt 4.5.2.1.

Man erhält die Nichtausführungswahrscheinlichkeit $\alpha = 1 - P\left(M^*(\tau) \le -y\right)$ durch Umformung der Bedingung (5-14).[351]

$$\alpha = N(d_1) - \exp\left\{\frac{2}{\sigma^2} \cdot \left(\mu - \frac{\sigma^2}{2}\right) \cdot \ln\left[\frac{K^{\text{Geld}}}{V_t} \cdot \left(\frac{\Omega^-\left(\lambda^{\text{sell}}\right)}{\Omega^-\left(\lambda^{\text{sell}}\right) - 1}\right)\right]\right\} \cdot N(d_2) \qquad (5\text{-}17)$$

mit:

$$d_1 = \frac{-\ln\left(\dfrac{K^{\text{Geld}}}{V_t} \cdot \dfrac{\Omega^-\left(\lambda^{\text{sell}}\right)}{\Omega^-\left(\lambda^{\text{sell}}\right) - 1}\right) + \left(\mu - \dfrac{\sigma^2}{2}\right) \cdot \tau}{\sigma\sqrt{\tau}} \qquad (5\text{-}18)$$

$$d_2 = \frac{\ln\left(\dfrac{K^{\text{Geld}}}{V_t} \cdot \dfrac{\Omega^-\left(\lambda^{\text{sell}}\right)}{\Omega^-\left(\lambda^{\text{sell}}\right) - 1}\right) + \left(\mu - \dfrac{\sigma^2}{2}\right) \cdot \tau}{\sigma\sqrt{\tau}} \qquad (5\text{-}19)$$

Im stetigen Ansatz lässt sich die Wahrscheinlichkeit einer späteren Ausführung in geschlossener Form ermitteln. Auch hier werden die realen Wahrscheinlichkeiten verwendet. Diese Darstellung enthält den Sonderfall sofortiger Ausführung $(\alpha = 0)$. In diesem Fall entspricht K dem Preis sofortiger Ausführung. Im nachfolgenden Abschnitt werden die bisherigen Betrachtungen zusammengeführt, um die Trade-offs der Wertpapierliquidität zu charakterisieren. [352]

5.3.6   Vergleich der Ergebnisse

Wie im vorherigen Abschnitt gezeigt, wird der Grenzverlauf und damit auch die Ausführungswahrscheinlichkeit einer Order maßgeblich durch die Wahl des Limitpreises K beeinflusst. Deshalb werden die Ergebnisse der Analyse anhand der Abhängigkeit der Ausführungswahrscheinlichkeit vom Limitpreis diskutiert.

---

[351] Vgl. CHACKO/JUREK/STAFFORD (2008), S. 1271 f.
[352] Vgl. Abschnitt 5.2.3 dieser Arbeit.

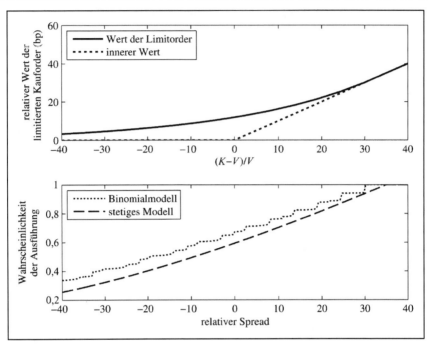

Abbildung 40: Ausführungswahrscheinlichkeit in Abhängigkeit des Limitpreises

Im oberen Teil der Abbildung ist der innere Wert einer limitierten Kauforder ihrem gesamten Optionswert gegenübergestellt. Die Darstellung enthält den Verlauf beider Größen im Bewertungszeitpunkt $t = 0$ in Abhängigkeit des Limitpreises, der als relativer Abschlag in Basispunkten angegeben ist. Der untere Teil der Abbildung gibt die Ausführungswahrscheinlichkeiten der Order in Abhängigkeit des Limitpreises für das Binomialmodell und die stetige Variante an. Es ist erkennbar, dass eine Ausführungswahrscheinlichkeit von 100% vorliegt, wenn der Wert der Option genau ihrem inneren Wert entspricht. Eine Ausführung der Order kann im vorliegenden Modell nur dann sichergestellt werden, wenn diese aus Sicht des Market Makers bereits in $t = 0$ optimal ist. Die grafische Auswertung verdeutlicht die Unterschiede in den Ergebnissen beider Modellvarianten. Die Ausführungswahrscheinlichkeit des Binomialmodells ist bei im Übrigen identischen Inputvariablen höher als die des stetigen Modells und weist zudem einen gezackten Verlauf auf. Beide Unterschiede sind auf die unterschiedlichen Annahmen zurückzuführen. Die höheren Ausführungswahrscheinlichkeiten des Binomialmodells ergeben sich aus der genaueren Berücksichtigung der Gültigkeitsdauer der Order. Die endliche Gültigkeit führt zu einem nicht konstanten Barriereverlauf, der im Falle der Kauforder fallend verläuft und eine Ausführung wahrscheinlicher macht. Es wird zudem deutlich, dass sich die Ausführungswahrscheinlichkeiten annähern, je höher diese sind. Dieser Effekt ergibt sich dadurch, dass hohe Ausführungswahrscheinlichkeiten mit einer früheren Ausführung korrespondieren. Dort besitzt der Verlauf der Barriere im Binomialmodell ebenfalls einen eher konstanten Verlauf, wodurch sich die Ergebnisse beider Modelle annähern. Der gezackte Verlauf der Ausführungswahrscheinlichkeiten im Binomialmodell ergibt sich aus der diskreten Verteilung möglicher Kursrealisationen. Für die grafische Darstellung wurde ein Binomialmodell mit 150 Schritten berechnet. Für höhere Schrittzahlen wird der Verlauf glatter. Im Übrigen sind die Ergebnisse beider Modellformulierungen vergleichbar.

5.4   Trade-offs der Liquiditätsdimensionen

5.4.1   Optionscigcnschaftcn und Trade-offs

Die Bestimmung der Ausführungswahrscheinlichkeiten schließt die Analyse der Zeitdimension ab und ermöglicht es, sich der abschließenden Zielsetzung der vorliegenden Arbeit zuzuwenden. Diese geht der Frage nach, inwieweit sich die Betrachtung einer Limit Order als kostenlose Handelsoption dazu eignet, die Dimensionen der Wertpapierliquidität simultan zu erfassen und ihre Trade-offs zu beschreiben. Im zweiten Kapitel wurde ein theoretisches Konzept der Wert-papierliquidität vorgestellt, das sich von einer marktorientierten Sichtweise löst und stattdessen eine entscheidungsorientierte Perspektive annimmt. Die drei Dimensionen Transaktionskosten, Volumen und Zeit können in das Entschei-dungskalkül eines Investors einbezogen werden, wenn seine Präferenzen und die Zusammenhänge zwischen den Dimensionen bekannt sind.[353] Nach einer Be-stimmung der Trade-offs lässt sich die Liquidität eines Wertpapiers als eine Fläche in einem von den drei Dimensionen aufgespannten Raum charakterisie-ren.

Der im Rahmen dieser Arbeit verfolgte Ansatz zur Bestimmung der unbekann-ten Trade-offs stützt sich auf die Eigenschaften von Limit Orders und der darin enthaltenen kostenlosen Handelsoption, die im dritten Kapitel der Arbeit unter-sucht wurden. Die Bewertung der Limit Order mit Hilfe der Optionsanalogie im vierten Kapitel stellte die Grundlage für die Analyse der Trade-offs im bisheri-gen Verlauf des fünften Kapitels dar. In Abschnitt 5.2 wurde zunächst der Preis-Volumen Trade-off für sofortige Ausführungen bestimmt, während Abschnitt 5.3 die Betrachtungen durch die Analyse der verzögerten Ausführung einer Li-mit Order um die Zeitdimension ergänzt. Bevor nachfolgend eine simultane Betrachtung der Trade-off Beziehungen erfolgt, wird im nächsten Abschnitt zunächst eine wichtige Besonderheit bei der Erfassung der Zeitdimension disku-tiert.

---

[353] Die Bestimmung der Liquiditätspräferenzen unterschiedlicher Investoren ist nicht Gegen-stand dieser Arbeit.

5.4.2   Spezialfall Zeitdimension

Die Analyse der Ausführungswahrscheinlichkeiten der Limit Order ermöglicht eine genaue Charakterisierung der Zeitdimension, zeigt dabei jedoch ebenfalls, dass die Zeitdimension nicht unmittelbar erfasst werden kann. Lediglich durch die gemeinsame Berücksichtigung zweier Größen, dem Entscheidungshorizont als Zeitintervall und einer auf dieses Zeitintervall bezogenen Ausführungswahrscheinlichkeit ist eine eindeutige Beschreibung möglich. Abbildung 41 zeigt, wie die Wahrscheinlichkeit der Ausführung einer Kauforder mit der Verlängerung des Entscheidungshorizonts ansteigt. Dabei sind die Ausführungswahrscheinlichkeiten für drei unterschiedliche Limitpreise dargestellt.[354]

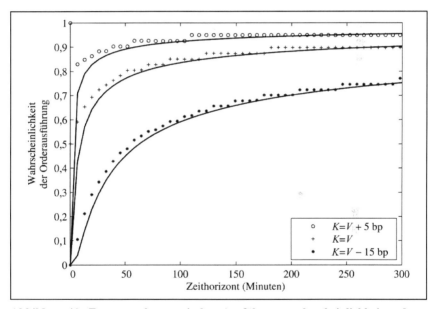

Abbildung 41: Zusammenhang zwischen Ausführungswahrscheinlichkeit und Entscheidungshorizont

Der Anstieg der Ausführungswahrscheinlichkeit verläuft nicht linear. Diese Komplexität führt dazu, dass sich die beiden zeitbezogenen Variablen nicht

---

[354] Die Abbildung ermöglicht zudem einen Vergleich zwischen den Ergebnissen des zeitstetigen Modells (durchgezogene Linie) und des diskreten Binomialmodells (Datenpunkte).

ohne Informationsverlust zusammenfassen lassen. Zudem verändert sich der Zusammenhang zwischen beiden Größen in Abhängigkeit der übrigen Liquiditätsdimensionen. In der Abbildung verschiebt sich die Kurve für steigende Kaufgebote in Richtung höherer Ausführungswahrscheinlichkeiten. Anders als im zweiten Kapitel dieser Arbeit aus theoretischer Sicht dargestellt, ist eine Erfassung der Zeitdimension im vorliegenden Modell nicht durch lediglich eine Variable möglich.[355] Zur Charakterisierung der Zeitdimension ist demnach stets die Kombination aus einem Zeitintervall und einer dazugehörigen Ausführungswahrscheinlichkeit erforderlich.

Dies führt zu der Fragestellung, ob die Ausführungswahrscheinlichkeit als eine eigenständige Dimension der Liquidität verstanden werden sollte. Diese Sichtweise erscheint zwar grundsätzlich möglich, ist jedoch nicht zweckmäßig, da die Ausführungswahrscheinlichkeit letztlich nur ein Mittel zur vollständigen Erfassung der Zeitdimension darstellt. Interessant erscheint hingegen eine Analyse der ökonomischen Folgen einer Nichtausführung. Falls eine nicht ausgeführte Order zur Entstehung von Kosten führt, könnten diese bestimmt und der Kostendimension zugerechnet werden.[356]

5.4.3   Gleichzeitige Betrachtung der Trade-offs

Trotz der höheren Komplexität, die aus der Erfassung der Zeitdimension resultiert, eignet sich die optionstheoretische Betrachtung limitierter Order zur Charakterisierung der Trade-offs der Wertpapierliquidität. Hierzu kann eine der beiden zeitbezogenen Variablen fixiert werden. Das verwendete Modell geht von einem fixen Entscheidungshorizont aus und bestimmt ausgehend hiervon die Wahrscheinlichkeit einer Ausführung in Abhängigkeit der Kosten und des Transaktionsvolumens. Diese Vorgehensweise fokussiert die Betrachtung auf drei Dimensionen und ist sowohl im stetigen Modell (siehe Abbildung 42) als auch im Binomialmodell (siehe Abbildung 43) möglich. Das Resultat einer solchen Vorgehensweise ist eine dreidimensionale Fläche, die die Liquidität des Wertpapiers beschreibt.

---

[355]   Vgl. Abschnitte 2.3 und 2.4 dieser Arbeit.

[356]   Diese weiterführende Fragestellung wird im Rahmen der vorliegenden Arbeit jedoch nicht weiter verfolgt und bietet einen Ansatzpunkt für zukünftige Untersuchungen.

Die konkreten Ergebnisse einer solchen Vorgehensweise sind in diesem Fall von der Länge des Entscheidungshorizonts abhängig. Eine ökonomische Begründung für die Wahl eines bestimmten Intervalls könnte dabei aus den Informations- und Suchkosten eines Anlegers abgeleitet werden. Besser informierten institutionellen Anlegern werden dann kürzere Entscheidungshorizonte zugeordnet als etwa Privatanlegern.[357] Ein anlegerindividueller Zeithorizont führt dann zu individuellen Wahrscheinlichkeitsverteilungen und zu unterschiedlichen Trade-offs der Liquiditätsdimensionen.

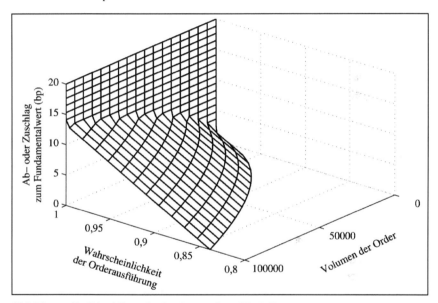

Abbildung 42: Liquiditätsfläche des stetigen Modells

Die so erzeugte Liquiditätsfläche entspricht den theoretischen Überlegungen des zweiten Kapitels mit dem Unterschied, dass statt der Transaktionsdauer die Wahrscheinlichkeit der Transaktion innerhalb eines vorgegebenen Zeitintervalls betrachtet wird. Die Analyse des gleichen Sachverhaltes mit Hilfe des Binomi-

---

[357] Neben den geringeren Kosten der laufenden Informationsbeschaffung könnte auch ein schnellerer Marktzugang als Argument für kürzere Entscheidungshorizonte institutioneller Anleger vorgebracht werden.

almodells führt zu einer vergleichbaren Darstellung, die jedoch die diskrete Natur des Modells verdeutlicht.

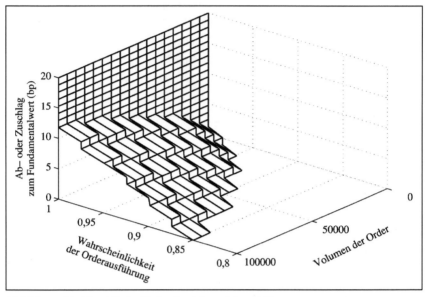

Abbildung 43: Liquiditätsfläche des Binomialmodells

Beide Darstellungen machen deutlich, wie aus der Bewertung limitierter Orders auch die Trade-offs zwischen den Liquiditätsdimensionen des gehandelten Wertpapiers abgeleitet werden können.

Bevor abschließend die wichtigsten Determinanten der auf diese Weise charakterisierten Wertpapierliquidität analysiert werden, soll eine alternative Darstellungsform der Zeitdimension gewürdigt werden. Diese besteht darin, die Wahrscheinlichkeit der Ausführung vorzugeben und ausgehend hiervon den Entscheidungshorizont zu bestimmen. Rechnerisch lässt sich dies im stetigen Modell mit Hilfe von Ausdruck (5-17) erreichen, der hierzu nach dem Zeitintervall τ aufgelöst werden muss.[358] Diese Sichtweise führt zu einer Darstellung, die im Wesentlichen der theoretischen Betrachtung des zweiten Kapitels ent-

---

[358] Diese Problemstellung ist mit der Bestimmung impliziter Volatilitäten vergleichbar. Zur Lösung kann eine Taylorreihenentwicklung oder ein iteratives Näherungsverfahren eingesetzt werden. Im Binomialmodell muss eine iterative Vorgehensweise gewählt werden.

spricht, im Unterschied hierzu jedoch nur Gültigkeit für eine bestimmte Ausführungswahrscheinlichkeit besitzt.

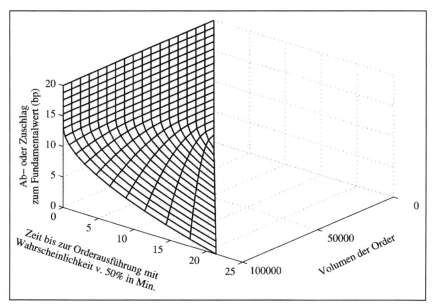

Abbildung 44: Dimensionen der Wertpapierliquidität

Die Vorteile einer solchen Sichtweise auf die Zeitdimension sind im Zusammenhang mit der Vorgabe hoher Konfidenzintervalle ersichtlich. Eine ausreichend wahrscheinliche Orderausführung könnte dabei die Vernachlässigung etwaiger Kosten einer Nichtausführung rechtfertigen.[359] Die Vorgabe niedriger Ziel-Ausführungswahrscheinlichkeiten lässt sich hingegen nicht ohne weiteres begründen. Diese Umkehrung des Modells, die ausgehend von einer vorgegebenen Ausführungswahrscheilichkeit die Bestimmung des notwendigen Zeitintervalls erlaubt, ist also grundsätzlich möglich, wenngleich ihre Aussagekraft auf die Betrachtung hoher Ausführungswahrscheinlichkeiten begrenzt ist. Im Rahmen der folgenden Betrachtungen wird daher die erste Alternative bevorzugt und die Dauer des Entscheidungshorizonts vorgegeben.

---

[359] Die Wahl einer entsprechend hohen Wahrscheinlichkeit könnte also als nahezu sichere Ausführung interpretiert werden. Die Betrachtung der Trade-offs wäre dann im Stile des zweiten Kapitels möglich.

5.4.4   Determinanten der Trade-offs der Wertpapierliquidität

Die simultane Betrachtung der drei Liquiditätsdimensionen erfolgt mit Hilfe der im zweiten Kapitel diskutierten Liquiditätsfläche.[360] Diese verkörpert aus Sicht des Entscheiders die Gesamtheit der realisierbaren Liquiditätszustände des Wertpapiers, wobei die Entfernung der Fläche vom Ursprung eine generelle Auskunft über den Liquiditätszustand gibt. Größere Abstände zum Ursprung spiegeln einen höheren Grad von Illiquidität wider. Die Trade-offs der Liquiditätsdimensionen bestimmen den Verlauf und die genaue Lage der Liquiditätsfläche. Anhand dieser Darstellung lassen sich mit dem order flow und dem Wertpapierrisiko die zwei wichtigsten Determinanten der Wertpapier-liquidität untersuchen.

Der order flow λ gibt an, wie hoch der Orderstrom auf der Gegenseite des Marktes ist. Gesteigerter order flow erhöht die Wahrscheinlichkeit einer Ausführung und verbessert auf diese Weise die Liquidität eines Wertpapiers. Die nachfolgende Abbildung stellt die Liquiditätsfläche für unterschiedliche order flows dar. Die Darstellung links oben entspricht der Liquiditätsfläche für den höchsten order flow, während die Darstellung rechts unten die Wertpapier-liquidität für den niedrigsten order flow beschreibt.

---

[360] Vgl. Abschnitt 2.4 dieser Arbeit.

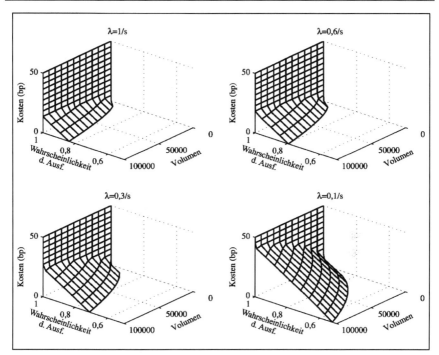

Abbildung 45: Liquiditätsfläche und order flow

Je weiter der order flow absinkt, umso deutlicher entfernt sich die realisierbare Liquiditätsfläche vom Ursprung. Dies entspricht einer abnehmenden Wertpapierliquidität. Zwar lässt sich weiterhin in jeder der betrachteten Dimensionen ein liquider Zustand erreichen, jedoch steigen mit sinkendem order flow die Nachteile in den anderen Liquiditätsdimensionen. Dies ist Ausdruck der sich verändernden Trade-offs der Wertpapierliquidität. Diese Darstellung zeigt ebenfalls, dass einzelne Liquiditätsmessgrößen den Umfang von Liquiditätsveränderungen unterschätzen können. In obiger Darstellung erhöhen sich die Kosten sofortiger Ausführung für niedrige Transaktionsvolumina nur geringfügig.[361] Für höhere Transaktionsvolumina steigen die Kosten jedoch deutlicher

---

[361] Diese Größe entspricht der hälftigen Geld-Brief-Spanne, die ebenfalls die Transaktionskosten für geringe Transaktionsvolumina angibt. Die Geld-Brief-Spanne ist einer der am häufigsten verwendeten Liquiditätsindikatoren in der empirischen Forschung.

an. Alternativ muss eine verzögerte Ausführung der Order in Kauf genommen werden.

Das Risiko des Wertpapiers stellt einen weiteren Faktor dar, der die Lage der Liquiditätsfläche determiniert. Abbildung 46 verdeutlicht, wie ein höheres Risiko die Kosten einer Ausführung verteuert. Der Einfluss des Risikos ist dabei nicht nur auf sofortige Transaktionen beschränkt, sondern verteuert ebenfalls die Transaktionen bei geringeren Ausführungswahrscheinlichkeiten.

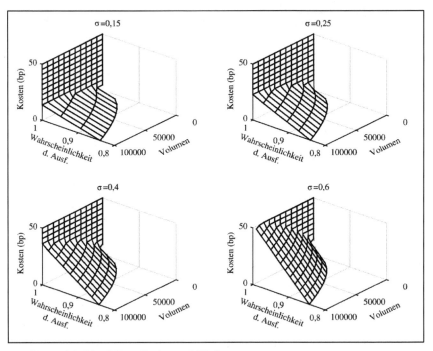

Abbildung 46: Liquiditätsfläche und Risiko

Aus dem Vergleich von Abbildung 45 und Abbildung 46 wird deutlich, dass die Veränderung der Wertpapierliquidität jeweils auf unterschiedliche Art erfolgt. Während eine Veränderung des order flows gleichzeitig alle Trade-offs beeinflusst, ist eine Erhöhung des Risikos am deutlichsten bei den Kosten sofortiger

Transaktionen spürbar. Für geduldige Marktteilnehmer, die eine geringere Ausführungswahrscheinlichkeit in Kauf nehmen, ändert sich hingegen nichts.[362]

Dies verdeutlicht, weshalb die Betrachtung lediglich einer Dimension oder einer Kombination aus zwei Dimensionen ein unvollständiges Bild der Wertpapierliquidität liefert. Liquiditätsmessung mithilfe einzelner Kennzahlen kann die ökonomischen Beziehungen zwischen den einzelnen Dimensionen der Wertpapierliquidität nur bedingt abbilden. Der Vorteil einer einfachen empirischen Erfassbarkeit muss gegen den damit einhergehenden Informationsverlust abgewogen werden. Das vorgestellte dreidimensionale Liquiditätskonzept kann dagegen die Bezieungen zwischen unterschiedlichen Liquiditätsindikatoren erfassen. Die Trade-offs erlauben darüber hinaus eine Transformation der Liquiditätsdimensionen. Die Bestimmung der Trade-offs stützt sich dabei jedoch auf ein optionspreistheoretisches Modell mit verhältnismäßig strengen Annahmen und erfordert die Beobachtung und Prognose von Marktvariablen wie dem order flow. Der empirischen Messung und der Prognose von order flows sollte in Zukunft höhere akademische Aufmerksamkeit zu Teil werden. Einen Orientierungspunkt können dabei historische, realisierte order flows liefern, die anhand hochfrequenter Transaktionsdaten beobachtet werden können.[363]

---

[362] Vgl. Abbildung 46, in der die niedrigsten Ausführungswahrscheinlichkeiten (kostenfreie Transaktion) nicht durch das Risiko des gehandelten Wertpapiers beeinflusst werden.

[363] Das gehandelte Volumen liefert dagegen nur eine ungenaue Prognose des order flows, da diese Größe lediglich realisierte Transaktionen erfasst.

6   Zusammenfassung

Die Zielsetzung dieser Arbeit bestand in der Untersuchung der Trade-off Beziehungen in den Dimensionen der Wertpapierliquidität. Als Motivation für diese Fragestellung dienten die teilweise widersprüchlichen Aussagen empirisch gemessener Liquiditätsindikatoren. Im zweiten Kapitel konnten, ausgehend von der Definition des Liquiditätsbegriffs, zunächst die multidimensionalen Eigenschaften der Wertpapierliquidität beschrieben werden. Ansatzpunkt für die weiterführende detaillierte Analyse der Trade-off Beziehungen zwischen den einzelnen Liquiditätsdimensionen bildeten die optionsähnlichen Eigenschaften limitierter Orders. Die Annahmen unter denen diese Optionsanalogie Gültigkeit besitzt, wurden im dritten Kapitel erörtert und durch eine finanzwirtschaftliche Abgrenzung beider Geschäftstypen vervollständigt. Im Anschluss daran konnte die ökonomische Relevanz der kostenlosen Handelsoption aus unterschiedlichen Perspektiven beurteilt werden.

Das vierte Kapitel widmete sich der Bewertung von limitierten Orders und der darin enthaltenen kostenlosen Handelsoptionen. Dabei wurden die notwendigen Annahmen und Erweiterungen der Optionspreistheorie dargestellt und diskutiert, um im Anschluss die Bewertung im Rahmen eines Binomialmodells sowie in stetiger Zeit durchzuführen. Das Bewertungsmodell konnte im darauffolgenden fünften Kapitel verwendet werden, um die Trade-offs zwischen den Dimensionen der Wertpapierliquidität zu charakterisieren und den Einfluss der Modellvariablen auf die Wertpapierliquidität aufzuzeigen.

Die wesentlichen Ergebnisse der Untersuchung lassen sich anhand der folgenden Thesen verdeutlichen:

- Eine möglichst vollständige Messung und Erfassung von Wertpapierliquidität erfordert die simultane Erfassung der Liquiditätsdimensionen und der Trade-off Beziehungen zwischen diesen Dimensionen. Erfolgt die Betrachtung vor dem Hintergrund einer Investitionsentscheidung, so stellen die Transaktionskosten, das Transaktionsvolumen und die Transaktionsdauer geeignete Dimensionen zur Beurteilung der Wertpapierliquidität dar.

- Eine Visualisierung der Trade-offs kann mit Hilfe einer Fläche erfolgen, deren Verlauf in einem (von den drei Dimensionen aufgespannten) Raum die Liquidität eines Wertpapiers beschreibt. Diese Liquiditätsfläche gibt alle realisierbaren Liquiditätszustände des Wertpapiers an. Bei der Durchführung einer Wertpapiertransaktion entscheidet sich ein Marktteilnehmer entsprechend seiner Liquiditätspräferenzen für einen bestimmten Liquiditätszustand. Die realisierte Kombination der drei Liquiditätsdimensionen entspricht einem Punkt der Liquiditätsfläche.

- Limit Orders enthalten wesentliche Informationen über die Liquidität des gehandelten Wertpapiers. Ihre Existenz impliziert das Vorliegen eines unvollkommenen Kapitalmarktes. Unter der zusätzlichen Voraussetzung einer asymmetrischen Informationsverteilung sind Limit Orders mit Finanzoptionen vergleichbar. Da Limit Orders in der Regel ohne monetäre Gegenleistung platziert werden, können sie als kostenlose Handelsoptionen bezeichnet werden.

- Der Wert einer kostenlosen Handelsoption steht im Zusammenhang mit ihrer Liquiditätswirkung, da Liquiditätsnachfrage als Ausübung einer sich aus dem Geld befindlichen kostenlosen Handelsoption interpretiert werden kann. Auf realen Wertpapiermärkten finden die Optionseigenschaften von Limit Orders Beachtung durch Marktteilnehmer und Finanzintermediäre. Das Verhalten von Marktakteuren spricht für eine ökonomische Relevanz der Optionseigenschaften limitierter Gebote. Marktteilnehmer versuchen, die unnötige Aufgabe kostenloser Handelsoptionen zu vermeiden oder werthaltige kostenlose Handelsoptionen anderer Marktteilnehmer auszuüben.

- Die Bewertung von Limit Orders auf Basis der Optionsanalogie kann auf die Optionspreistheorie zurückgreifen, erfordert jedoch zusätzliche Annahmen bezüglich der Marktstruktur und der Risikopräferenzen des Optionsinhabers. Dies ermöglicht die Berücksichtigung der Unterschiede zwischen Finanzoptionen und kostenlosen Handelsoptionen. Das vorgestellte Bewertungsmodell erfordert die Schätzung des order flows für das betrachtete Wertpapier. Der Optionswert von Limit Orders bewegt sich in einer absolut gesehen niedrigen Größenordnung.

- Die Entwicklung des Optionswertes einer Limit Order während ihrer Geltungsdauer und die Beeinflussbarkeit des Optionswertes durch die Wahl geeigneter Limitgebote und Ordervolumina können zur Bestimmung der Trade-offs zwischen den Liquiditätsdimensionen eingesetzt werden. Die Zeitdimension der Wertpapierliquidität kann im Modell durch die Kombination aus einem Zeitintervall und einer darauf bezogenen Ausführungswahrscheinlichkeit erfasst werden.

- Die Trade-offs der Liquiditätsdimensionen werden wesentlich durch die Eigenschaften des Marktes (order flow) und die Eigenschaften des gehandelten Wertpapiers (Risiko) beeinflusst. Der Mehrwert einer dreidimensionalen Betrachtung ergibt sich dadurch, dass Liquiditätsindikatoren nicht isoliert betrachtet werden. Die Kenntnis der Trade-off Beziehungen zwischen den Dimensionen der Wertpapierliquidität ermöglicht eine simultane Berücksichtigung und Interpretation der Liquiditätseigenschaften eines Wertpapiers.

Die vorstehenden Thesen rücken die zu Beginn der Arbeit aufgegriffene Problematik der widersprüchlichen Aussagen empirisch gemessener Liquiditätsindikatoren in ein neues Licht. Vor dem Hintergrund des diskutierten Liquiditätskonzeptes lassen sich empirisch gemessene Schwankungen der Liquiditätsindikatoren auf zwei Ursachen zurückführen. Zum einen kann tatsächlich eine Veränderung der Wertpapierliquidität vorliegen, andererseits können sich Schwankungen der Liquiditätsindikatoren bereits durch veränderte Liquiditätspräferenzen der Marktteilnehmer ergeben. Die erste Alternative ist mit einer Veränderung des Verlaufs der Liquiditätsfläche gleichzusetzen. Die zweite Möglichkeit stellt dagegen lediglich die Realisierung anderer Kombinationen der drei Liquiditätsdimensionen durch die Marktteilnehmer dar. Bei der Untersuchung realer Wertpapiermärkte ist anzunehmen, dass sich Wertpapierliquidität und Liquiditätspräferenzen gleichzeitig verändern. Eine widersprüchliche Entwicklung empirisch gemessener Liquiditätsindikatoren spricht für ein solches Szenario.

Aus ökonomischer Sicht stellen Veränderungen der Wertpapierliquidität und Veränderungen der Liquiditätspräferenzen verschiedene Sachverhalte dar, die unterschiedlich zu interpretieren sind. Eine weiterführende wissenschaftliche Auseinandersetzung mit den zeitveränderlichen Liquiditätspräferenzen der

Marktteilnehmer erscheint deshalb wünschenswert. Auch die Frage danach, welcher Anteil der empirisch messbaren Schwankungen von Liquiditätsindikatoren auf eine tatsächliche Veränderung der Wertpapierliquidität und welcher Anteil demgegenüber auf die Veränderungen der Präferenzen der Marktteilnehmer zurückzuführen ist, bedarf weiterer (insbesondere empirischer) Untersuchungen. Das im Rahmen der vorliegenden Arbeit diskutierte Konzept zur Charakterisierung der Wertpapierliquidität und der Trade-offs der Liquiditätsdimensionen könnte dabei als Referenz dienen und auf diese Weise die Abgrenzung beider Sachverhalte erleichtern.

Literaturverzeichnis

Acharya, Viral / Pedersen, Lasse Heje (2005): Asset pricing with liquidity risk, in: Journal of Financial Economics, 77. Jg., Nr. 2, S. 375–410.

Aitken, Michael / Berkman, Henk / Mak, Derek (2001): The Use of Undisclosed Limit Orders on the Australian Stock Exchange, in: Journal of Banking and Finance, 25. Jg., Nr. 8, S. 1589–1603.

Aitken, Michael / Comerton-Forde, Carole (2003): How should liquidity be measured?, in: Pacific-Basin Finance Journal, 11. Jg., Nr. 1, S. 45–59.

Akerlof, George (1970): The Market for "Lemons": Quality Uncertainty and the Market Mechanism, in: Quarterly Journal of Economics, 84. Jg., Nr. 3, S. 488–500.

Alam, Zinat / Tkatch, Isabel (2009): Strategic Order Splitting and the Demand / Supply of Liquidity, Working Paper, Georgia State University.

Amihud, Yakov / Mendelson, Haim (2006): Stock and bond liquidity and its effect on prices and financial policies, in: Financial Markets and Portfolio Management, 20. Jg., Nr. 1, S. 19–32.

Amihud, Yakov / Mendelson, Haim (1980): Dealership market: Market-making with inventory, in: Journal of Financial Economics, 8. Jg., Nr. 1, S. 31–53.

Amihud, Yakov / Mendelson, Haim (1986): Asset Pricing and the bid-ask spread, in: Journal of Financial Economics, 17. Jg., Nr. 2, S. 223–249.

Anand, Amber / Martell, Terrence (2001): "Informed" Limit Order Trading, Working Paper, Syracuse University; City University of New York.

Bagehot, Walter (1971): The only Game in Town, in: Financial Analyst Journal, 27. Jg., Nr. 2, S. 12–14 und S. 22.

Benvenuto, Nevio / Zorzi, Michele (2011): Principles of Communications Networks and Systems, Chichester.

Berkman, Henk (1996): Large Option Trades, Market Makers, and Limit Orders, in: Review of Financial Studies, 9. Jg., Nr. 3, S. 977–1002.

Bestmann, Uwe (2007): Börsen- und Finanzlexikon, 5. Aufl., München.

Bessembinder, Hendrik / Panayides, Marios / Venkataraman, Kumar (2009): Hidden Liquidity: An Analysis of Order Exposure Strategies in Electronic Stock Markets, in: Journal of Financial Economics, 94. Jg., Nr. 3, S. 361–383.

Biais, Bruno / Weill, Pierre-Olivier (2009): Liquidity Shocks and Order Book Dynamics, Working Paper, NBER, Nr. 15009.

Biais, Bruno / Hillion, Pierre / Spatt, Chester (1995): An Empirical Analysis of the Limit Order Book and the Order Flow in the Paris Bourse, in: Journal of Finance, 50. Jg., Nr. 5, S. 1655–1689.

Björk, Thomas (2004): Arbitrage Theory in Continuous Time, 2. Aufl., Oxford.

Black, Fisher (1986): Noise, in: Journal of Finance, 41. Jg., Nr. 3, S. 529–543.

Bortenländer, Christine (1996): Börsenautomatisierung: Effizienzpotentiale und Durchsetzbarkeit, Wiesbaden.

Boulatov, Alex / Hendershott, Terence / Livdan, Dmitry (2013): Informed Trading and Portfolio Returns, in: Review of Economic Studies, 80. Jg., Nr. 1, S. 35–72.

Brammsen, Joerg (2012): Marktmanipulation (§ 38 Abs. 2 WpHG) "über die Bande" - Das perfekte Delikt?, in: Wertpapier-Mitteilungen Teil IV – Zeitschrift für Wirtschafts- und Bankrecht, 66. Jg., Nr. 45, S. 2134–2143.

Brunnermeier, Markus / Pedersen, Lasse Heje (2009): Market Liquidity and Funding Liquidity, in: Review of Financial Studies, 22. Jg., Nr. 6, S. 2201–2238.

Brunner, Antje (1996): Meßkonzepte zur Liquidität auf Wertpapiermärkten, Frankfurt a. M.

Budimir, Miroslav / Schweickert, Uwe (2009): Latency in Electronic Securities Trading: A Proposal for Systematic Measurement, in: Journal of Trading, 4. Jg., Nr. 3, S. 47–55.

Budish, Eric / Cramton, Peter / Shim, John (2014): The High-Frequency trading Arms Race: Frequent Batch Auctions as a Market Design Response, Working Paper, University of Chicago Booth School of Business.

Buti, Sabrina / Rindi, Barbara / Wen, Yuanji / Werner, Ingrid (2013): Tick Size Regulation and Sub-Penny Trading, Working Paper, Fisher College of Business, Nr. WP 2013-03-14.

Chacko, George / Jurek, Jakub / Stafford, Erik (2008): The Price of Immediacy, in: Journal of Finance, 63. Jg., Nr. 3, S. 1253–1290.

Chen, Jing (2005): Pervasive liquidity risk and asset pricing, Working Paper, Columbia University.

Chordia, Tarun / Roll, Richard / Subrahmanyam, Avanid (2001): Market Liquidity and Trading Activity, in: Journal of Finance, 56. Jg., Nr. 2, S. 501–530.

Chollete, Lorán / Næs, Randi / Skjeltorp, Johannes (2008): The risk components of liquidity, Working Paper, Norges Bank.

Clemons, Eric / Weber, Bruce (1992): Demand for Off-Exchange Trading Systems: Trading Preferences of Investors on the London Stock Exchange, Working Paper, Leonard N. Stern School of Business, Nr. IS-92-20.

Cochrane, John (2001): Asset Pricing, Princeton, New Jersey.

Cohen, Kalman / Maier, Steven / Schwartz, Robert / Whitcomb, David (1981): Transaction Costs, Order Placement Strategy, and Existence of the Bid-Ask Spread, in: Journal of Political Economy, 89. Jg., Nr. 2, S. 287–305.

Constantinides, George (1986): Capital Market Equilibrium with Transaction Costs, in: Journal of political economy, 94. Jg., Nr. 4, S. 842–862.

Copeland, Thomas / Weston, Fred / Shastri, Kuldeep (2007): Financial Theory and Corporate Policy, 4. Aufl., Boston et al.

Copeland, Thomas / Galai, Dan (1983): Information Effects on the Bid-Ask Spread, in: Journal of Finance, 38. Jg., Nr. 5, S. 1457–1469.

Coval, Joshua / Stafford, Erik (2007): Asset fire sales (and purchases) in equity markets, in: Journal of Financial Economics, 86. Jg., Nr. 2, S. 479–512.

Cox, John / Ross, Stephen / Rubinstein, Mark (1979): Option Pricing: A Simplified Approach, in: Journal of Financial Economics, 7. Jg., Nr. 3, S. 229–263.

Damodaran, Aswath (2006): Damodaran on Valuation, 2. Aufl., Hoboken.

Degryse, Hans / van Achter, Mark / Wuyts, Gunther (2012): Internalization, Clearing and Settlement, and Liquidity, Working Paper, European Banking Center, Nr. 2012-001.

Deutsche Börse AG (2000): Xetra Rundschreiben 143/2000, Frankfurt am Main.

Deutsche Börse AG (2008a): Xetra Rundschreiben 096/08, Frankfurt am Main.

Deutsche Börse AG (2008b): Xetra Rundschreiben 179/08, Frankfurt am Main.

Deutsche Börse AG (2012): Xetra Release 13.0, Marktmodell Aktien, ohne Ort.

Deutsche Börse AG (2013b): Trading Parameter Xetra Frankfurt as of September 2013, ohne Ort.

De Winne, Rudy / D'Hondt, Catherine (2007): Hide-and-Seek in the Market: Placing and Detecting Hidden Orders, Working Paper, EDHEC.

Diamond, Douglas / Raghuram, Rajan (2011): Fear of Fire Sales, Illiquidity Seeking, and Credit Freezes, in: The Quarterly Journal of Economics, 126. Jg., Nr. 2, S. 557–591.

SEC (1994): Market 2000; An Examination of Current Equity Market Developments, Washington D.C.

Duffie, Darrell / Gârleanu, Nicolae / Pedersen, Lasse (2005): Over-the-Counter Markets, in: Econometrica, 73. Jg., Nr. 6, S. 1815–1847.

Eisenführ, Franz / Weber, Martin / Langer, Thomas (2010): Rationales Entscheiden, 5. Aufl., Heidelberg et al.

Ellul, Andrew / Holden, Craig / Jain, Pankaj / Jennings, Robert (2007): Order dynamics: Recent evidence from the NYSE, in: Journal of Empirical Finance, 14. Jg., Nr. 5, S. 636–661.

Esser, Angelika / Mönch, Burkart (2007): The Navigation of an Iceberg: The Optimal Use of Hidden Orders, in: Finance Research Letters, 4. Jg., Nr. 2, S. 68–81.

Fama, Eugene (1970): Efficient Capital Markets – A Review of the Theory, in: Journal of Finance, 25. Jg., Nr. 2, S. 383–417.

Fong, Kingsley / Liu, Wei-Man (2010): Limit Order Revisions, in: Journal of Banking & Finance, 34. Jg., Nr. 8, S. 1873–1885.

Foucault, Thierry / Kadan, Ohad / Kandel, Eugene (2005): Limit Order Book as a Market for Liquidity, in: Review of Financial Studies, 18. Jg., Nr. 4, S. 1171–1217.

Foucault, Thierry / Kadan, Ohad / Kandel, Eugene (2013): Liquidity Cycles and Make/Take Fees in Electronic Markets, in: The Journal of Finance, 68. Jg., Nr. 1, S. 299–341.

Foucault, Thierry (1999): Order Flow Composition and Trading Costs in a Dynamic Limit Order Market, in: Journal of Financial Markets, 2. Jg., Nr. 2, S. 99–134.

Frino, Alex / Jarnecic, Elvis / McInish, Thomas (2006): The Option Value of the Limit Order Book, in: Advances in quantitative analysis of finance and accounting, hrsg. von Cheng Lee, River Edge, NJ, S. 57–71.

Gärtner, Christian (2007): Liquidität am deutschen Kapitalmarkt, Wiesbaden.

Garman, Mark (1976): Market Microsctructure, in: Journal of Financial Economics, 3. Jg., Nr. 3, S. 257–275.

Garbade, Kenneth (1982): Securities Markets, New York et al.

Glosten, Lawrence / Milgrom, Paul (1985): Bid, Ask and Transaction Prices in a Specialist Market with Heterogeneosly Informed Traders., in: Journal of Financial Economics, 14. Jg., Nr. 1, S. 71–100.

Glosten, Lawrence (1994): Is the Electronic Open Limit Order Book Inevitable?, in: Journal of Finance, 49. Jg., Nr. 4, S. 1127–1161.

Gomber, Peter / Schweickert, Uwe (2002): Der Market Impact: Liquiditätsmaß im elektronischen Wertpapierhandel, in: Die Bank, ohne Jg., Nr. 7, S. 485–489.

Gombert, Till (2005): Buchliquidität, Präsenzliquidität und Bietverhalten, Wiesbaden.

Gomber, Peter / Gsell, Markus (2009): Algorithmic Trading Engines versus Human Traders: Do They Behave Different in Securities Markets?, Working Paper, CFS Working Paper, Nr. 2009/10.

Gomber, Peter / Arndt, Björn / Lutat, Marco / Uhle, Tim (2011): High-Frequency Trading, Working Paper, Goethe Universität Frankfurt am Main.

Hall, Anthony / Hautsch, Nikolaus (2006): Order aggressiveness and order book dynamics, in: Empirical Economics, 30. Jg., Nr. 4, S. 973–1005.

Handa, Puneet / Schwartz, Robert (1996): Limit Order Trading, in: Journal of Finance, 51. Jg., Nr. 5, S. 1835–1861.

Harris, Lawrence (2003): Trading & Exchanges – Market Microstructure for Practitioners, Oxford.

Harris, Lawrence / Panchapagesan, Venkatesh (2005): The Information Content of the Limit Order Book: Evidence from NYSE Specialist Trading, in: Journal of financial markets, 8. Jg., Nr. 1, S. 25–67.

Harris, Lawrence (1990): Liquidity, Trading Rules and Electronic Trading Systems, New York.

Hasbrouck, Joel / Saar, Gideon (2002): Limit Orders and Volatility in a Hybrid Market: The Island ECN, Working Paper, Stern School, Department of Finance.

Heismann, Günther (2013): Nachrichten aus Finsterworld, in: WirtschaftsWoche, 67. Jg., Nr. 47, S. 100–103.

Henderson, Vicky (2002): Valuation of Claims on Nontraded Assets Using Utility Maximization, in: Mathematical Finance, 12. Jg., Nr. 4, S. 351–373.

Higham, Desmond (2002): Nine Ways to Implement the Binomial Method for Option Valuation in MATLAB, in: SIAM Review, 44. Jg., Nr. 4, S. 661–677.

Higham, Desmond (2011): An Introduction to Financial Option Valuation, Cambridge.

Hodrick, Laurie / Moulton, Pamela (2009): Liquidity: Considerations of a Portfolio Manager, in: Financial Management, 38. Jg., Nr. 1, S. 59–74.

Hoffmann, Peter (2013): A Dynamic Limit Order Market with Fast and Slow Traders, Working Paper, European Central Bank, Nr. 1526.

Ho, Thomas / Stoll, Hans (1981): Optimal dealer pricing under transactions and return uncertainty, in: Journal of Financial Economics, 9. Jg., Nr. 1, S. 47–73.

Jarrow, R / Rudd, A (1983): Option Pricing, Homewood.

Johanning, Lutz (2003): Organisation des Aktienhandels und Best Execution bei deutschen Kapitalanlagegesellschaften, München.

Kasch-Haroutounian, Maria / Theissen, Erik (2009): Competition between Exchanges: Euronext versus Xetra, in: European Financial Management, 15. Jg., Nr. 1, S. 181–207.

Kempf, Alexander (1998): Was messen Liquiditätsmaße, in: DBW, 58. Jg., Nr. 3, S. 299–311.

Kempf, Alexander (1999): Wertpapierliquidität und Wertpapierpreise, Wiesbaden.

Kindermann, Sebastian (2005): Liquiditäts- und Effizienzmessung im Aktienhandel, Wiesbaden.

Korajczyk, Robert / Sadka, Ronnie (2008): Pricing the commonality across alternative measures of liquidity, in: Journal of Financial Economics, 87. Jg., Nr. 1, S. 45–72.

Kraus, Alan / Stoll, Hans (1972): Price Impacts of Block Trading on the New York Stock Exchange, in: The Journal of Finance, 27. Jg., Nr. 3, S. 569–588.

Kumpan, Christoph (2006): Die Regulierung außerbörslicher Wertpapierhandelssysteme im deutschen, europäischen und US-amerikanischen Recht, Berlin.

Kumpan, Christoph (2010): WpHG § 2 Begriffsbestimmungen, in: Kapitalmarktrechts-Kommentar, hrsg. von Eberhard Schwark und Daniel Zimmer, München, Rn. 1–132.

Kwok, Yue-Kuen (2008): Mathematical Models of Financial Derivatives, 2. Aufl., Berlin, Heidelberg.

Kyle, Albert (1985): Continuous Auctions and Insider Trading, in: Econometrica, 53. Jg., Nr. 6, S. 1315–1335.

Lamberton, Damien / Lapeyre, Bernard (1996): Introduction to Stochastic Calculus Applied to Finance, London et al.

Linnainmaa, Juhani (2010): Do Limit Orders Alter Inferences about Investor Performance and Behavior?, in: Journal of Finance, 75. Jg., Nr. 4, S. 1473–1506.

Lippman, Steven / McCall, Jahn (1986): An Operational Measure of Liquidity, in: American Economic Review, 76. Jg., Nr. 1, S. 43–55.

Liu, Wai-Man (2009): Monitoring and Limit Order Submission Risks, in: Journal of Financial Markets, 12. Jg., Nr. 1, S. 107–141.

Lo, Andrew (2004): The Adaptive Markets Hypothesis, in: Journal of Portfolio Management, 30. Jg., ohne Nr., S. 15–29.

Ludwig, Matthias (2004): Alternative Trading Systems: State of the Art in Europa, in: Die Bank, ohne Jg., Nr. 6/7, S. 421–425.

Lüdecke, Torsten (1996): Struktur und Qualität von Finanzmärkten, Wiesbaden.

Madhavan, Ananth / Porter, David / Weaver, Daniel (2005): Should Securities Markets Be Transparent?, in: Journal of Financial Markets, 8. Jg., Nr. 3, S. 266–288.

Maslov, Sergei / Mills, Mark (2001): Price Fuctuations from the Order Book Perspective—Empirical Facts and a Simple Model, in: Physica A: Statistical Mechanics and its Applications, 299. Jg., Nr. 1-2, S. 234–246.

McInish, Thomas / Wood, Robert (1992): An Analysis of Intraday Patterns in Bid/Aks Spreads for NYSE Stocks, in: Journal of Finance, 43. Jg., Nr. 2, S. 753–764.

McPartland, John (2014): Recomendations for Equitable Allocation of Trades in High Frequency Trading Environments, Working Paper, Federal Reserve Bank of Chicago.

Merton, Robert (1990): Continuous-Time Finance, Malden et. al.

Mittal, Hitesh (2008): Are You Playing in a Toxic Dark Pool?, in: Journal of Trading, 3. Jg., Nr. 3, S. 20–33.

Moorthy, Sri (2003): Liquidity in the Equity Market: A Portfolio Trader's Perspective, in: Liquidity Black Holes, hrsg. von Avinash Persaud, London, S. 21–40.

Morawski, Jaroslaw (2008): Investment Decisions on Illiquid Assets: A Search Theoretical Approach to Real Estate Liquidity, Wiesbaden.

Moulton, Pamela (2005): You Can't Always Get What You Want: Trade-Size Clustering and Quantity Choice in Liquidity, in: Journal of Financial Economics, 78. Jg., Nr. 1, S. 89–119.

Mutschler, Sibylle (2007): Internalisierung der Ausführung im Wertpapierhandel, Baden-Baden.

Nabben, Stefan / Rudolph, Bernd (1994): Die Börse als Marktplatz und Dienstleister, in: Marketing ZFP, 16. Jg., Nr. 3, S. 167–180.

Næs, Randi / Skjeltorp, Johannes (2002): Equity Trading by Institutional Investors: Evidence on Order Submission Strategies, Working Paper, Norges Bank, Nr. 2002/12.

Neftci, Salih (2000): An Introduction to the Mathematics of Financial Derivatives, 2.. Aufl., San Diego, Calif. et al.

NYSE Euronext, (HRSG) (2013): Appendix to Euronext Instruction 4-01 Euronext Cash Market Trading Manual, ohne Ort.

O'Hara, Maureen / Oldfield, George (1986): The Microeconomics of Market Making, in: Journal of Financial and Quantitative Analysis, 21. Jg., Nr. 4, S. 361–376.

O'Hara, Maureen (1996): Market Microstructure Theory, Cambridge.

Omberg, Edward (1987): A Note on the Convergence of Binomial-Pricing and Compound-Option Models, in: Journal of Finance, 42. Jg., Nr. 2, S. 463–469.

Pennacchi, George (2008): Theory of asset pricing, Boston et al.

Picot, Arnold / Bortenlänger, Christine / Röhrl, Heiner (1996): Börsen im Wandel: Der Einfluß von Informationstechnologie und Wettbewerb auf die Organisation von Wertpapiermärkten, Frankfurt am Main.

Pohl, Michael / Schierenbeck, Henner (2009): Die Berücksichtigung von Liquiditätsrisiken und Marktilliquiditäten im Risikomanagement und Accounting, Working Paper, Union Investment Institutional GmbH, Nr. 1.8, Edition Risikomanagement.

Prix, Johannes / Loistl, Otto / Huetl, Michael (2007): Algorithmic Trading Patterns in Xetra Orders, in: European Journal of Finance, 13. Jg., Nr. 8, S. 717–739.

Rendleman, Richard / Bartter, Brit (1979): Two-State Option Pricing, in: Journal of Finance, 34. Jg., Nr. 5, S. 1093–1110.

Roşu, Ioanid (2009): A Dynamic Model of the Limit Order Book, in: Review of Financial Studies, 22. Jg., Nr. 11, S. 4601–4641.

Saar, Gideon (2001): Price Impact Asymmetry of Block Trades: An Institutional Trading Explanation, in: Review of Financial Studies, 14. Jg., Nr. 4, S. 1153–1181.

Sadka, Ronnie (2006): Momentum and post-earnings-announcement drift anomalies: The role of liquidity risk, in: Journal of Financial Economics, 80. Jg., Nr. 2, S. 309–349.

Sandas, Patrik (2001): Adverse Selection and Competitive Market Making: Empirical Evidence from a Limit Order Market, in: The Review of Financial Studies, 14. Jg., Nr. 3, S. 705–734.

Sandmann, Klaus (2010): Einführung in die Stochastik der Finanzmärkte, 3. Aufl., Berlin, Heidelberg.

Scholes, Myron (2000): Crisis and Risk Management, in: American Economic Review, 90. Jg., Nr. 2, S. 17–21.

Schickinger, Thomas / Steger, Angelika (2001): Diskrete Strukturen 2: Wahrscheinlichkeitstheorie und Statistik, Berlin, Heidelberg.

Schwartz, Robert / Francioni, Reto (2004): Equity Markets in Action: The Fundamentals of Liquidity, Market Structure & Trading, Hoboken.

Schulz, Anja (2006): Der Einfluss von Dividenden auf Aktienrenditen, Wiesbaden.

Schlag, Christian / Mönch, Burkart / Schurba, Anna (2006): Eisberge voraus! Verborgene Liquidität in einem offenen Orderbuch, in: Börsen, Banken und Kapitalmärkte, Festschrift für Hartmut Schmidt zum 65. Geburtstag, hrsg. von Wolfgang Bessler, Berlin, S. 109–128.

Schmidt, Hartmut / Iversen, Peter (1991): Geld-Brief-Spannen deutscher Standardwerte in IBIS und MATIS, in: ZBB, 3. Jg., Nr. 4, S. 209–226.

SEC (2011): Alternative Trading System Agrees to Settle Charges That It Failed to Disclose Trading by an Affiliate, https://www.sec.gov/news/press/2011/2011-220.htm, aufgerufen am 22.12.2014.

Shleifer, Andrei / Vishny, Robert (2011): Fire Sales in Finance and Macroeconomics, in: Journal of Economic Perspectives, 25. Jg., Nr. 1, S. 29–48.

Shreve, Steven (2004): Stochastic Calculus for Finance I: The Binomial Asset Pricing Model, New York.

Smith, James / Nau, Robert (1995): Valuing Risky Projects: Option Pricing Theory and Decision Analysis, in: Management Science, 41. Jg., Nr. 5, S. 795–816.

Stoll, Hans (1992): Principles of Trading Market Structure, in: Journal of Financial Services Research, 6. Jg., Nr. 1, S. 75–107.

Stoll, Hans / Schenzler, Christoph (2006): Trades Outside the Quotes: Reporting Delay, Trading Option, or Trade Size?, in: Journal of Financial Economics, 79. Jg., Nr. 3, S. 615–653.

Stützel, Wolfgang (1959): Liquidität, in: Handbuch der Sozialwissenschaften, hrsg. von Erwin Beckerath, Carl Brinkmann und Hermann Bente, Stuttgart et al., S. 622–629.

Swift, Randall / Wirkus, Stephen (2007): A Course in Ordinary Differential Equations, Boca Raton et al.

Theissen, Erik (2002): Internalisierung und Marktqualität: Was bringt Xetra Best?, in: Kredit und Kapital, 35. Jg., Nr. 4, S. 550–571.

Theissen, Erik (1998): Organisationsformen des Wertpapierhandels: Gesamtkursermittlung, kontinuierliche Auktion und Market-Maker-System, Wiesbaden.

van der Hoek, John / Elliott, Robert (2006): Binomial Models in Finance, New York.

Vatter, Stefan (2010): AktG § 10, in: Kommentar zum Aktiengesetz, hrsg. von Gerald Spindler und Eberhard Stilz, München, Rn. 1–90.

Vayanos, Dimitri / Wang, Tan (2007): Search and endogenous concentration of liquidity in asset markets, in: Journal of Economic Theory, 136. Jg., Nr. 1, S. 66–104.

Viebig, Jan (2013): High Frequency Trading, Statistical Arbitrage und die Adaptive Markets Hypothesis, in: Corporate Finance biz, 4. Jg., Nr. 8, S. 469–478.

von Wyss, Rico (2004): Measuring and Predicting Liquidity in the Stock Market, Riazzino.

Wang, George (2012): Evaluating an Investment Project in an Incomplete Market, in: Review of Finance and Banking, 4. Jg., Nr. 1, S. 55–73.

Watanabe, Akiko / Watanabe, Masahiro (2008): Time-Varying Liquidity Risk and the Cross Section of Stock Returns, in: Review of Financial Studies, 21. Jg., Nr. 6, S. 2449–2486.

Watson, Ethan / Van Ness, Bonnie / Van Ness, Robert (2012): Cancelling Liquidity, Working Paper, University of Mississippi.

Weiß, Christian (2004): Wertpapiere, in: Lexikon der Betriebswirtschaft, hrsg. von Wolfgang Lück, München, Wien, S. 738–739.

Wilmott, Paul (2006): Paul Wilmott on Quantitative Finance, 2. Aufl., Chichester.

Wilmott, Paul / Howison, Sam / Dewynne, Jeff (1995): The Mathematics of Financial Derivatives, Cambridge et al.

Ye, Mao (2011): A Glimpse into the Dark: Price Formation, Transaction Costs, and Market Share in the Crossing Network, Working Paper, University of Illinois at Urbana-Champaign.

Aus unserem Verlagsprogramm:

VERLAG DR. KOVAČ
FACHVERLAG FÜR WISSENSCHAFTLICHE LITERATUR

Postfach 57 01 42 · 22770 Hamburg · www.verlagdrkovac.de · info@verlagdrkovac.de